U0960015

中国教育科学研究院“学校育人模式整体建构的理论与实践研究”（GYH2019007）成果

学校育人模式整体建构的理论与实践研究

方铭琳　李建民　易凌云　等 著

天津大学出版社
TIANJIN UNIVERSITY PRESS

图书在版编目（CIP）数据

学校育人模式整体建构的理论与实践研究 / 方铭琳等著. -- 天津： 天津大学出版社，2021.11

中国教育科学研究院“学校育人模式整体建构的理论与实践研究”（GYH2019007）成果

ISBN 978-7-5618-7061-7

Ⅰ. ①学… Ⅱ. ①方… Ⅲ. ①中小学－教育模式－研究 Ⅳ. ①G632.0

中国版本图书馆CIP数据核字（2021）第203571号

出版发行 天津大学出版社
地　　址 天津市卫津路92号天津大学内（邮编:300072）
电　　话 发行部:022-27403647
网　　址 www.tjupress.com.cn
印　　刷 北京盛通商印快线网络科技有限公司
经　　销 全国各地新华书店
开　　本 185mm×260mm
印　　张 12.5
字　　数 309千
版　　次 2021年11月第1版
印　　次 2021年11月第1次
定　　价 48.00元

前　　言

基础教育涵盖学前教育、义务教育、普通高中教育共15年的学校教育，是国民教育体系的根基，是中央关心、群众关切、社会关注的规模最大、持续时间最长的教育。本研究成果涉及的是基础教育全学段的学校（含幼儿园）。

围绕立德树人、破“五唯”的教育改革要求，当前中小学的学校育人模式亟待转型。本课题研究以系统论的思想为指导，从整体建构的视角，基于新时代对人才培养的要求，探究影响学校育人模式的关键性要素及要素组合机制，引领和促进学校育人模式的根本转型，实质性推进和深化我国中小学和幼儿园教育教学改革，最终旨在贯彻党的十八大、十九大精神，落实立德树人根本任务，回答在当前形势下“为谁培养人”“培养什么人”“怎样培养人”的问题，为实现教育高质量发展、建设教育强国的时代梦想而献计献策。

本研究梳理了影响我国中小学和幼儿园创新发展的诸多因素，从中选取了学校文化、发展规划、课程体系、深度学习、家校合作共五个方面的关键要素，进行了系统和整体建构的理论研究；同时结合中国教育科学研究院基础教育研究所多年来对教育综合改革实验区的深入指导，探索总结区域内中小学和幼儿园的育人模式整体转型策略的实践经验；选取中国教科院两个教育综合改革实验区——广州市荔湾区、宁波市北仑区若干所中小学和幼儿园的育人模式整体建构案例，结合相关专家点评，既肯定了亮点，也指出了存在的不足和努力的方向，力图为基础教育学校育人模式整体建构提供具有可操作性的经验和启示。

目　　录

第一章　育人模式整体建构总论 …… 1
一、整体建构持续探索的历史脉络 …… 1
二、育人模式整体建构的意义和趋势 …… 3
三、整体育人的学校发展要素组合 …… 5
四、各个要素自成体系的整体建构 …… 6
五、学校整体育人需要教育整体优化 …… 7
第二章　学校文化建设 …… 9
一、学校文化建设的意义 …… 9
二、理解学校文化建设 …… 10
三、凝练学校教育理念 …… 11
四、凝练学校办学理念 …… 15
五、学校优秀案例及点评 …… 20
第三章　学校发展规划 …… 22
一、理解学校发展规划 …… 22
二、学校发展规划的构成要素 …… 25
三、学校发展规划制定的路径与策略 …… 26
第四章　学校课程体系建设 …… 35
一、学校课程体系建设的重要性 …… 35
二、学校课程体系的价值取向 …… 36
三、学校课程体系的建构路径 …… 38
第五章　课堂深度学习实践 …… 48
一、深度学习的内涵与特征 …… 48
二、深度学习视阈下的教学转变 …… 50
三、深度学习视阈下的课程变革 …… 52
四、深度学习的课堂教学实现策略 …… 54
五、深度学习的校本化实践 …… 55
第六章　家校协同共育 …… 62
一、家校协同共育的地位和作用 …… 62
二、家校协同共育的教育原则 …… 64
三、建设家校学习共同体的操作体系 …… 65

四、家校协同共育的实践策略 ……68
五、学校优秀案例及点评 ……69
第七章　中学育人模式整体建构案例 ……73
一、文化引领课程的育人模式构建 ……73
二、深度教学体系建构 ……77
三、家校育人共同体构建 ……81
四、共学共建促家校协同共育 ……84
五、用三年发展规划整体建构 ……87
六、整体构建“三自”校本育人模式 ……90
七、“信,望,爱”课程体系构建 ……93
八、“生长教育”课程体系的整体建构 ……97
第八章　小学育人模式整体建构案例 ……102
一、打破“围墙”让协同致远出新出彩 ……102
二、文化内生让百年老校焕发新样态 ……105
三、后疫情时期的课堂教学创新 ……108
四、“润泽教育”的探索与实践 ……112
五、“品学管理”的组织结构变革 ……115
六、小港湾走向大世界的整体创新探索 ……118
七、“养正”课程设计及实践策略 ……121
八、以圆通课堂培养追求完满的人 ……126
九、探索合创课堂教学新模式 ……131
十、闪光人生素养课程的建构与实施 ……134
十一、香凝正气文化建设助力整体建构 ……137
十二、海拓文化引领育人模式整体建构 ……139
第九章　幼儿园育人模式整体建构案例 ……142
一、“和乐”课程整体建构 ……142
二、“同悦课程”体系建构及实施 ……145
三、“容爱教育”引领下的课程建设 ……148
四、“美趣课程”体系建构和实施 ……151
五、源乐课程的建构与实施 ……154
六、“和芳园”办学文化整体建构 ……158
七、基于顶层设计思考“融乐教育” ……162
八、“贤品教育”建设与探索 ……165
九、“源之教育”整体建构 ……168
十、疫情背景下“空中阅之旅”的多维发生 ……175

十一、田园课程的园本建构模式 …… 180
十二、“蒙爱”课程的建构 …… 182
后记 …… 189

第一章　育人模式整体建构总论

整体建构在我国教育发展史上一直起着重要的作用，本章梳理了改革开放以来学校整体建构探索的历史脉络。21世纪来临，课程改革、素质教育实施等各种改革层出不穷，一些学校追求翻烧饼式的短期项目式改革，丢失了整体建构。即便近年来，学校高质量发展已聚焦育人模式转型，全国各地也有一些学校经过长期实践，探索出成功的做法，总结了许多有益的经验。但是，这些做法和经验多呈零散无序状态，甚至碎片化的不良状态。由于做法和经验得不到有效总结和提炼，特别是形成不了整体的物化成果，很难得到进一步推广。育人模式转型和学校创新发展涉及的内容十分广泛，学校不能只看到学校工作的某一方面、某一侧面、某一环节，需要学会打"组合拳"，从整体建构的角度思考育人模式转型和学校发展创新。本章重点介绍了育人模式整体建构的意义和趋势、要素和组合路径以及亟须的教育整体优化的支撑。

一、整体建构持续探索的历史脉络

整体建构一直是教育理论研究和实践探索中的一个重要课题。20世纪60年代起，教育实践领域就一直在探索"整体改革实验"，取得了一些理论研究成果，并带动了一批学校的发展，这些学校也成为当地乃至全国的名校。可见，整体建构是教育领域学校发展的重要方法论。

1. 整体改革实验的探索内容

整体改革实验是对学校教育中的多种要素进行改革，并着力构建一个和谐的教育结构，以最大限度发挥学校教育的育人功能的实验。整体改革实验始于20世纪60年代，但兴盛于改革开放之后。在1978年至2000年，整体改革实验可分为四个阶段：自主探索阶段（1978年—1985年）、积极发展阶段（1985年—1988年）、推广总结阶段（1988年—1993年）、主题展开阶段（1993年—2000年）。实验内容包括了学校教育的各种要素，如学制、课程、教材、学科教学方法、学生的德育、学校教学管理、学校与家庭的关系、学校与社会的关系等。

1981年春，华东师范大学教育科学学院成立小学综合实验组，拉开了我国中小学整体改革实验的序幕。其后，北京、上海、浙江、湖北、四川等地相继开展了中小学整体改革实验，这些实验有以教育教学体系为主的整改，有以学生发展为主题的整改，还有以学校各项教育工作为主题的整改等，而且这些实验比较集中，时间较长，影响也较大。到20世纪90年代初，中小学整体改革实验已覆盖了全国二十多个省、自治区、直辖市的上千所中小学校。可见，中小学整体改革实验是中国当代教育实验史中具有代表性的实验之一，它不仅具有强大的生命力，还是当代中国教育实验的主流与重心所在[①]。

2. 整体改革实验的主要成效

整体改革实验形成了若干模式。模式是连接理论与实践的桥梁。早期的整体改革实验在模式上突出了方法论的特征，主要模式有纵接式、横联式、纵横式和抓纲式。纵接式是以学制为主的纵向整体改革，关注学生在各个阶段的发展的纵向衔接。具体表现在学制上就是实行“一条龙”的办学形式及“幼小”“小中”过渡衔接的办学模式。横联式主要强调教育诸要素的横向优化组合，有教育、教学、课外活动一体化的多项横向联系的整体改革，还有建立学校、家庭、社会三结合的单项横向联系的整体改革。纵横式纵向上要求各学段的相互衔接、横向上要求各教育要素的相互渗透，形成纵横交叉的网络式改革模式。抓纲式的特征是从整体的思想出发，抓住改革的重点，选择突破口，从局部推进整体改革，可谓“牵一发而动全身”。

从教育学角度，整体改革模式可划分为以教育活动系列化为主题，以学制、课程结构改革为主题，以改革学校管理体制为主题等八类。例如，上海建平中学从学校文化建设方面入手，通过对学校环境的优化来提升教师与学生的文化素质，以达到物质建设和精神建设合二为一的目的。北京市第十二中学从学校管理体制切入，充分调动教职工的积极性，之后再进行学校教育教学体系的改革。大连市实验中学从“德育体系”“教学体系”“课外活动”三个突破口展开整体改革实验。成都市实验小学的“以学校教育为中心，构建学校、家庭、社会三结合的教育结构，实现学生全面和谐的发展”则是将教育教学改革、学校内部管理改革与学校外部关系协调相统一进行的整体改革实验。江苏南通师范二附小以充分培养儿童共产主义道德情操与提高其创造力、促进儿童整体和谐的发展为目标，实施了以教育教学体系为突破口的改革实验。

随着中小学整体改革的发展与深化，以学校教育工作为主题的研究逐步发展为以学生发展为主题的研究，如上海市闸北八中的“成功教育”、武汉粮道街中学的“希望教育”、天津和平区四平东道小学的“金色的童年”、北京一师附小的“愉快教育”、南京琅琊路小学的“三个小主人”、杭州天长小学及胜利小学的“三自能力”培养实验等。

3. 整体改革实验的重要启示

整体建构促进了学校教育发展整体效益的提升。整体改革实验几十年的丰富实践成果证明了整体建构对学校发展是重要且有益的。中小学整体改革实验在整体性观点的指导下，通过纵向各级各类教育目标的结合与各学段之间的系统衔接，以及横向各种教育因素的相互整合，对学校教育纵横联系的诸多教育因素进行系统的设计与全面的改革。它不是学校教育中单科、单项改革实验的简单相加，而是在优化的教育结构中发挥学校教育整体效益的教改实验[②]。尽管到世纪之交，伴随着《关于当前积极推进中小学实施素质教育的若干意

---

① 杨蕾：《中国“中小学整体改革实验”研究（1978年—2000年）》，硕士学位论文，西华师范大学，2015。

② 顾明远：《教育大辞典》，上海教育出版社，1990，第88页。

见》(1997 年)和《中共中央国务院关于深化教育改革,全面推进素质教育的决定》(1999 年)的颁布与实施,人们越来越关注素质教育的实践与研究。到 2001 年,新一轮基础教育课程改革启动,中小学整体改革实验似乎慢慢淡出教育界。但几十年整体改革实验对很多学校产生了持久的影响,一批优质学校涌现。

例如,上海实验学校主要以“学生的个性化、差异性教学”为主题开展整体改革实验,通过设置开展“特需课程”,来满足培养创新型人才的需要。上海实验学校的整体改革实验是为了适应未来社会需要的超前性探索,并为广大中小学提供了可借鉴的办学模式。

成都市实验小学的整体改革课题研究始于 1984 年,是国内较早开展整体改革课题研究的学校之一。成都市实验小学以学校教育为中心,以学校管理为基础,组建学校、家庭、社会三结合教育网络,将整体改革适度扩展,使整体改革实验初具大教育形态。在具体的改革实验中,每一突破口又成为一个相对独立的系统,系统内部又由多个要素构成最佳的系统结构,以发挥系统的最佳教育效果,推进整体改革的深入发展。

杭州天长小学开展“小学生最优发展综合实验”,并没有从全盘出发抓整改,而以培养学生的“三自能力”为主题,开展带动全局的整体改革实验,有针对性地实施改革。天长小学在吸取之前整体改革实验经验的基础上,以“宏观思维,系统设计”为指导思想陆续开展了系列的课程、教法等子系统的改革。近些年,天长小学在“差异教学”上做了大量的实验与研究。可以说,天长小学后期差异教学是对前期整体改革实验的深化与巩固,是对整体优化的有益补充,二者相辅相成,进一步开展了教育共性与个性的研究。

当然,整体建构也要避免模式固定化产生刻板效应。模式是改革过程诸要素的组合方式及其动作流程,它的建立便于教师操作,便于将教育理论成功转化为教育实践活动。但是我们也应该看到模式的固定化带来的刻板效应等。

二、育人模式整体建构的意义和趋势

学校育人模式整体建构首先要考虑的是育人目标,围绕育人目标来定位学校办学理念等学校文化,以课程体系和教学手段等为实施载体,以学校发展规划和家校协同的治理方式为保障。育人模式整体建构只有把学校文化、发展规划、课程体系、课堂教学、家校协同五方面内容有机结合在一起考虑,才能得到一个比较符合客观规律、育人规律的对策,最终实现学校整体育人的发展目标。

1. 育人模式转型的意义

模式是人们根据实践需要和一定的科学原理设计、创造和构思出来的理论的简化形式,是提供给人们的照着去做的标准样式。育人模式是人们基于对育人规律的认识,并在育人规律的指导下进行人才培养的一种对策。育人模式转型对落实立德树人根本任务、促进教育高质量发展、培养德智体美劳全面发展而有个性的人具有重要意义。

（1）新时代落实立德树人任务的要求

新时代基于新的教育方针和教育思想以及中高考改革的背景，对学校育人模式提出了更新、更高的要求。学校育人模式整体构建是适应立德树人、打破“五唯”教育的必然要求。育人模式整体构建有利于引导学校回到育人的根本功能上，全面落实立德树人根本任务，纠正“五唯”教育的片面追求以及缓解从高中到幼儿园层层传导的内卷压迫。整体建构最终引导学校结合自身特点、办学思想和基础条件等，进一步形成自己的理念体系，进一步丰富立德树人在人才培养过程中的内涵和完善落实机制①。

（2）促进高质量教育发展的要求

基础教育已进入高质量发展的阶段，人民满意的教育就是让每个孩子享受到有质量的教育公平，满足其从“有学上”到“上好学”的利益诉求。好学校一定注重育人模式和学校创新发展的整体建构，具有整体性和系统性。整体性是对学校发展本质和规律的认识的必然逻辑。学校在发展的过程中，使各方面要素相互联系、相互渗透、相互制约，形成一个有机整体，系统性是指一个要素都不能少。凸显整体和系统性，就是要对学校文化、发展规划、课程建构、课堂改革、家校协同等五个关键方面进行整体考虑，促进学校高质量办学，整个区域的学校促进区域高质量教育发展。

（3）培养德智体美劳全面而有个性人的要求

社会和教育变化提出学校育人模式需整体建构。未来社会对人才的需求一定是多层次、多样性的，也正好吻合人的发展的多层次性、多样性的自然样态。当下的学校教育要发展五育并举、促进人的全面而有个性发展的育人模式，一定需要整体建构。同时，面对社会的变化，特别是随着人工智能时代的到来，只有人的创造性和审美的情感不会被机器替代，这就更需要我们的教学从被动走向主动，课程从大一统走向选择性，评价从单一走向多元，课外活动从学科的延伸走向真正的社会活动，培养德智体美劳全面发展而有个性的人，只有这样我们的教育才能够真正适应社会变化带来的挑战。

2. 学校发展整体建构的趋势

学校发展的目标、路径、方式和手段，为思考和设计学校发展模式提供了思路框架。学校创新发展整体建构除了考虑目标、路径、方式和手段等要素的组合，更重要的是树立“把人放在教育的正中央”的核心理念和管理宗旨，契合学校整体性和系统性发展的需求，尊重来自基层实践的自下而上的创新经验。

（1）把人放在教育的正中央

美国管理学家霍尔的“三维管理知识结构”理论认为，学校管理要素可以分为三个维

① 李建民、陈如平：《新时代普通高中教育转型发展关键在育人模式变革》，《中国教育学刊》，2019 年第 9 期，第 32-37 页。

度——管理职能、工作职能和人，其中管理职能包括愿景、规划、组织、人事、指挥、评价、创新等，工作职能包括德育、课程设置、课堂教学、教师发展、学校制度、学校文化、教育国际化、家校关系等，人就是指所有学生、教师和家长以及这些人的组合。只有将以上要素按照一定的逻辑重新排列组合，才能整体构建出具有生命活力的新的学校教育体系。学校发展整体建构一定是把人当成最核心的要素，始终把师生的发展、家长的满意放在最重要的位置，无论是在学校文化建设中，还是在发展规划制定、课程教学改革中，都要首先定位学校的育人目标。育人目标在遵循国家教育方针的基础上要有校本化的表达，它就是学校发展的灵魂和追求的目标，即“培养什么人，为谁培养人和怎样培养人”。

（2）体现整体性和系统性的需求

“整体建构”是基于当前学校教育发展情况而提出的创新性思路，它包括价值观、方法论和操作体三个层面，三者上下衔接、相互关联、形成体系。由于学校改革发展具有多起点、多途径、多策略的特点，要改变碎片化的状况，必须转变思维方式，运用整体性思维，从系统性、整体性、协同性的角度来思考学校发展问题，设计出一条可靠可行的学校发展路径①。

（3）指导基层学校实践的经验

近十年来，中国教育科学研究院基础教育研究所承担了全国多个区域的学校发展指导任务，经过反复研究、深入思考和探索创新，提出运用“整体建构”模式来指导学校文化的顶层设计、学校发展规划制定、特色提炼和品牌创建、课程和教学体系改革等工作。经过实地指导、研讨论证和实验实践，研究所帮助学校形成了诸多各具风格特点、立体呈现学校历史、紧密结合区域文化的特色品牌，基本实现了“一校一品”②。较为突出的案例就是在广州市荔湾实验区和宁波市北仑实验区的指导探索，通过整体建构，学校师生得到了更好的发展，学校育人质量有了大幅提高。

三、整体育人的学校发展要素组合

学校发展涉及的要素很多，本研究认为最主要的还是“文化理念顶层设计、学校发展规划制定、课程体系建设、课堂教学改革、家校合作协同”五大要素。组合的机制就是以育人目标为灵魂，坚持五大要素内和要素间的系统性、整体性和协同性运作机制。

1. 五大要素建设的内容

本研究基于对中小学育人模式转型发展面临的新形势的全面分析，以解决中小学育人模式整体建构中的基本问题为核心，遵循理论、政策、实践三结合的基本原则，系统梳理整体建构主要要素及各要素的功能、要素整合的机制创新等，促进学校教育教学质量整体提升。

---

① 陈如平：《学校改革急需整体性架构》，《中国民族教育》，2018 年第 12 期，第 8 页。

② 陈如平：《学校发展模式的整体建构》，《中国德育》，2014 年第 4 期，第 43-47 页。

聚焦整体建构的五大要素本研究具体研究以下几点内容。第一，学校文化的理念体系和实证案例研究。重点结合学校育人目标，分析学校精神、行为、物质等学校文化要素和功能，进行理论、政策梳理和案例研究。第二，学校发展规划制定的理论与实证研究。研究学校发展规划制定的功能、要素、路径和策略，总结区域和学校经典案例。第三，学校课程体系整体建构的理论与实证研究。研究和分析与学校课程体系建构有关的主要影响维度，确定学校课程建设的关键目标和举措，总结区域和学校经典案例。第四，学校教学模式建构的理论与实证研究。围绕深度学习的理念，研究和分析学校课堂教学模式建构的主要维度、关键目标和举措，总结区域和学校经典案例。第五，家校合作的理论与实证研究。围绕现代学校治理体系，研究家校合作要素、路径和策略，总结区域和学校经典案例。

2. 五大要素整体建构路径

整体建构的路径策略包括：①要将学校视为一个系统来做分析；②要认识到体系具有一定的结构性，包含诸多相互联系的要素；③要建立各要素之间的内在逻辑关系；④描绘并呈现结构化框架[①]。例如学校文化整体建构的操作路径一般包括：挖掘文化基因、提炼教育主题和办学理念、构建文化体系、创新实施载体、凸显学校特色。

四、各个要素自成体系的整体建构

育人模式整体建构除了强调五大要素的有机整体的组合外，每个要素内部也要注重整体建构。以课程建设为例，需要站在“整体育人”的高度建构学校课程体系。

1. 整体把握学校课程体系建构

首先，要系统把握梳理课程“族概念”。从管理上看，根据设立者或批准者不同，课程分为国家课程、地方课程、校本课程。从形态上看，课程分为学科课程、活动课程、社团课程、实践课程、环境课程。从课程领域上看，根据学习内容不同，课程可分成若干个课程群落。从功能上看，课程分为基础性课程、拓展性课程、选择性课程和综合性课程。从学习方式上看，课程有必修课、必选课，有自修课、自选课，还有学校分普修、专修、精修。从表现形式上看，课程分为显性课程和隐性课程。学校所有的课程都可以对号入座。

其次，要树立学校课程体系意识。学校课程体系是学校育人目标的具体化和实施载体，规定了育人模式实施的规划方案。从本质上讲，课程体系就是对所有课程以及课程应具备的要素进行排列组合以后形成的课程结构框架和实施运作体系，包含众多课程要素，规定明确具体的程序、步骤以及每个步骤的操作事项。

最后，分步骤实施学校课程体系构建。学校课程体系构建一般分两个阶段。第一个阶段主要围绕学校育人目标的设计。第二个阶段主要解决学校课程体系的本体问题，即从课

---

① 陈如平：《学校发展模式的整体建构》，《中国德育》，2014 年第 4 期，第 43-47 页。

程目标到内容，再到课程具体设置、课程结构的搭建，同时考虑到课程资源（包括教师、学生、时间、地点以及相关的资源等），并对整个课程进行全程评价。在这两个阶段中，将育人目标转化为课程目标是课程体系设计的关键与难点。如果在这方面有所突破，整个学校课程设置、内在逻辑，甚至是最后呈现出来的课程结构框架都会非常合理、精巧。从育人目标出发，有助于从整体上把握学校课程体系的构建[①]。

2. 把握学校课程体系构建的“三度”

学校课程体系需要整体系统建构，以体现学校品格的育人理念为主线，聚焦学习，关注和满足不同类型、不同层次学生发展的具体需求。这要求我们在建构学校课程体系的过程中始终围绕“培养什么人、怎样培养人”做文章，注意把握学校课程体系的高度、整合度和适切度。所谓“高度”就是要始终基于立德树人去审视、思考和设计学校课程，在国家政策方针指导下合理设计学校的具体育人目标，回答好培养什么人的问题。整合度主要是针对学校课程体系的结构而言的，学校课程体系不等于校本课程，也不是国家课程、地方课程和校本课程的简单相加，而是基于课程内容和功能进行系统化梳理和整合，形成的学校特有的课程逻辑结构。适切度侧重于育人目标与课程目标、课程设置之间的关联性，也就是课程的结构安排是否有助于育人目标的实现，是否真正满足不同类型、不同层次学生发展的真实需要，适切度高的学校课程体系必然会表现出较强的层次感[②]。

五、学校整体育人需要教育整体优化

学校育人模式整体建构不仅要把握建构的主要要素和激发组合的功能机制，更需要教育整个过程的整体优化的生态环境支持。只有教育生态得到整体优化，才能实现人才培养效益最大化的目标，即培养全面发展且有个性的人。

1. 营造教育过程整体优化的生态环境

基础教育发展要实现教育过程的整体优化，为每一所学校实现整体育人的发展目标创造良好的生态环境。当下的教育改革，无论是宏观的教育政策制定、中观的预期教育发展规划，还是微观的学校整体育人，都非常需要整体思维。缺乏整体思维不仅会导致教育发展失衡、结构失调，而且会导致教育发展没有后劲、不可持续。所以，近些年国家针对基础教育发展出台了一系列高层次的政策文件，为基础教育系统发展架构了四梁八柱。具体到实施层面的教育过程整体优化，就是要做到站位高、视野广、考虑全、设计好，做到如下六个方面的重视观照：观照整体而不只是局部，避免只见树木不见森林；观照本质而不只是表象，避免只看现象不看本质；观照发展而不只是现状，避免只看眼前不看长远；观照大局而不只是本位，避免只见知识不见育人；观照联系而不只是片面，避免头痛医头、脚痛医脚；观照差异而不只

---

① 陈如平：《课程改革必须落到学校整体层面》，《中国教师》，2017 年第 12 期，第 16-18 页。

② 李建民、陈如平：《新时代普通高中教育转型发展关键在育人模式变革》，《中国教育学刊》，2019 年第 9 期，第 32-37 页。

是共性，避免一人生病集体吃药。

2. 教育生态整体优化的超越展望

新时代的国家教育已开启了新的征程，教育过程整体优化需要更广的视野和更开阔的思路，打破边界和壁垒，实现超越要素的整体优化。具体表现在以下几个方面。

①超越知识的整体优化。面对人工智能时代的信息大爆炸，知识多得都学不完，而知识的更新迭代加快，一些知识即便学完又很快过时，但同时知识获取也变得越来越容易，人的存储知识的能力远不如机器。所以，现代的学习要由知识中心转向人本位、素养本位。我国提出了中国学生全面发展核心素养，包括三领域、六素养、十八个基本要点，开创了各学科核心素养，通过各学科核心素养统领学生的正确价值观、关键能力、必备品格。

②超越学科的整体优化。跨学科主题学习、项目式学习等大主题的课程，都是综合性探究的学习方式，这种以解决实际问题为目的的综合性探究方式已成为教育的风向标。倡导超越学科的教育，促进了从单学科中心向多学科综合式学习转变，具体通过教师教学方式的转变实现学生学习方式的变革。学科教学逐步走向学科教育，有利于培养学生的核心素养。当前强调探索的“思政课程化、课程思政化”也是跨学科的整体优化。

③超越课堂的整体优化。学校培养的人才终究要融入社会，为促进国家和社会的发展发挥重要作用。教育将进一步让学生从校园小课堂走向社会大课堂，切实提升学生实践能力，从而实现“知行合一”。教育改革强调的综合实践课程、生涯规划教育等都是超越课堂方面的有益探索。

④超越学段的整体优化。例如：建立大中小德育一体化的研究，切实落实立德树人根本任务，重点解决“培养什么人”这个教育的首要问题。大中小知识体系的衔接、习惯的培养、科学幼小衔接的探索等，以及九年、十二年一贯制学校的蓬勃发展，都在进行跨学段的整体优化。

⑤超越区域的整体优化。例如当前教育集团的发展趋势也是朝向跨区域的整体优化，通过名校带动，教育公平与义务教育均衡发展逐步走向现实。

⑥超越时空的整体优化。一切都在转化为数据，所有的东西都在不断迭代升级。信息化、数字化时代，线上线下融合教学将成为新常态。面向未来，我们的教育必然会走向大规模的个性化教育，满足个性化发展的需求，培养学生自主学习、终身学习的能力[①]。

总之，教育生态系统中各因子之间只有建立起一种自然的、健康的、符合规律的、相互支持和互促互进的和谐关系，才能最大限度地使系统保持足够的活力和张力，确保一所学校、一个区域的教育工作始终处于高效状态。事实也证明，调动和利用一切有利因素，营造整体的、和谐的教育生态环境，能让每个因子在自己的“生态位”上得到最大限度的发展。但是，营造一个良好的教育生态环境，是一项持久工作，是一项系统工程，需要精心谋划、综合施策、协同推进[②]。

---

① 沈杰：《立德树人，实现教育过程的整体优化》，第七届全国中小学校长论坛主旨发言，2020 年 11 月 7 日。

② 陈如平：《构建教育新生态需要各方协同发力》，《中国民族教育》，2018 年第 11 期，第 10 页。

第二章　学校文化建设

当前，我国基础教育的发展态势已从追求数量规模转向提升质量和效能，学校文化建设是提升教育质量和凸显学校特色的可行之路。文化立校，既赋予学校深厚的底蕴，又成为很多学校首选的现代学校发展方式和育人模式整体建构的重要路径。本章阐述学校文化建设的重要性，并重点就学校文化建设中最为关键的教育理念和办学理念的提炼提出操作建议。

一、学校文化建设的意义

1. 有利于学校整体优势的形成

学校文化不是从天而降的，有学校的地方就有文化。学者张东娇提出“学校是一个文化所在”，“学校想要和所缺的是‘文化’灵魂”，“学校文化是学校内涵发展的动力，学校文化可以打造一种信仰，提高团队凝聚力，只有物质和文化协调同步发展，才能激发每个人的创造力，最终形成学校的整体优势与核心竞争力”。

2. 是新时代学校发展的立校之本

学校文化是人的文化，是活的文化，是活人的文化，是可触摸、可提炼、可看到的文化。在指导学校进行育人模式整体建构时，各校校长开始关注学校文化框架体系的搭建及以文化为本的培养目标的确立，开始理解学校文化，从研究上琢磨学校文化，从表达上斟酌学校文化，在实践中得到了成果，促进了学校的发展。学校文化建设逐渐成为教育界理论研究者和校长等实践肯定和关注的着力点。从文化视角来审视学校建设的研究思路方兴未艾，建设学校文化愈发成为新时代学校发展的立校之本。

3. 激发学校办学活力和增强内生动力

2020 年 9 月，《教育部等八部门关于进一步激发中小学办学活力的若干意见》发布，其中“增强学校办学内生动力”部分强调“强化学校文化引领作用”，具体内容如下。坚持以社会主义核心价值观为引领，大力构建积极向上、奋发有为、团结和谐、富有特色的学校文化，注重创建学校党建工作品牌，在师生中深入开展“一训三风”（校训、校风教风学风）征集提炼、培育弘扬活动，创作设计富有文化内涵、时代特征和学校特色的校歌、校徽、校旗，以科学正确的办学理念，凝聚广大师生的价值追求和共同愿景。加强校园绿化、美化和人文环境建设，深入开展校园文化活动，增强学校文化的感染力凝聚力。

二、理解学校文化建设

1. 认识文化

前人对“文化”的理解由表及里大致可以分为三个层面：肉眼可见的制度、仪式、规则、器物、建筑等载体；归纳总结出的生活样式、行动模式；升华抽象出来的价值观、精神、意义。

文化是指特定群体的生活方式，它的核心是精神（价值观）。文化由制度、物质、仪式、规则等符号来承载，文化是历史的累积，它在当下依然极具活力，它通过不断扬弃和超越使人和世界更加完美。

2. 认识学校文化

从静态来说，学校文化是围绕着“育人”这个核心所产生的一整套价值观念、制度规范、行为方式、语言符号、风俗习惯以及自然和建筑风格的综合。从动态来说，学校文化是学校成员在特定的教育价值观念引导下的学校生活方式。

学校文化不是从天而降的，是学校内的人共同创造的；学校文化具有独特性，没有两个学校的文化是完全一样的；学校文化可能是正面的，也可能是负面的，其形成需要人发挥主观能动性；学校文化会对学校内的亚文化具有一定的压制性。

3. 认识学校文化建设

学校具有培养个体、服务社会和造福人类的价值。针对个体，学校可以促进学生个体的发展，引导学生个体的发展，规范学生个体的发展；面向社会，学校是人们开始社会生活的基础，是维护社会团结的纽带，是社会进步的有效工具；对于人类学校，是唤醒人类意识的场所，是增进人类理解的工具，具有培育人类共同体的力量。

学校文化建设是将自发的、零散的、中性的学校文化，转变为自觉的、整体的、褒义的学校文化，从而助推学校功能的更好实现，其根本目的在于促进学校中“人”的发展。学校文化建设回答“我是谁”的问题，学校文化建设坚持“育人”原则。

学校发展不能仅在一颗颗珍珠上下功夫，更不能“脚踩西瓜皮，滑到哪儿算哪儿”，而要找到串起珍珠的那根“线”。而育人模式整体建构在学校文化建设上，就是要抓住学校文化建设的顶层设计，特别是要重点聚焦学校教育理念和办学理念的提炼。

三、凝练学校教育理念

(一)辨析学校教育理念

1. 认识教育理念

教育理念是关于教育的理念,普遍而言,教育是培养人的社会实践活动。教育理念解决的是培养什么人、怎样培养人的问题。"教育理念是关于教育的应然状态的判断,是渗透了人们对教育的价值取向或价值倾向的'好教育'观念。"①"教育理念是关于教育发展的理想的、精神的、永恒的范型。"②"教育理念是教育主体在教学实践及教育思维活动中形成的对教育应然的理性认识和主观要求。"③

所以,教育理念以其应然性来指导教育实践活动,为教育实践活动提供合理性辩护,具有理想性。教育理念可以是超前的,也应该是超前的。在这个意义上,我们甚至可以说教育理念是用来追求的,教育变革与发展就在以实际行动来接近和践行某种理想的教育理念。

2. 教育理念的作用

教育理念作为一种基于教育问题的价值取向,其关心和期待解决的问题可以是关于教育本质的,也可以是关于教育功能、教育方法、教育目的的,只要给人以启示、取得认同、引起追求即可,客观上它并不需要全面、系统。而且,就教育理念的语言表达而言,它是生活世界的日常语言和逻辑世界的概念语言的混合体,我们不能否认"一切为了孩子、为了孩子的一切、为了一切孩子"是一种教育理念,但从逻辑上这种表达却有失严谨、周全。所以"教育理念既可是系统化的亦可是非系统的、单一或彼此独立的理性概念或观念"③。

3. 教育理念与办学理念相互塑造

教育理念不同于办学理念,但二者联系密切,这尤其体现在发生学意义上的相互塑造。

首先,教育理念是办学理念的底蕴基础,办学理念总是基于一定的教育理念而提出的,如"有教无类、出类拔萃"的办学理念生发于"教育的公平性、学校教育的增值能力"的教育理念下。恰如廖世承先生认为的办学者必须具备三种素养,"略谙教育原理,确具实验精神,有恒心"。"惟不谙教育原理,故宗旨不定,俯仰随人,徒知剿袭成法,而不克独抒所见。"④这里的教育原理指的就是教育理念。办学理念的制定与形成,反映着学校管理者的教育理念。

---

① 陈桂生:《"教育学视界"辨析》,华东师范大学出版社,1997,第 4-12 页。

② 李萍、钟明华:《教育的迷茫在哪里——教育理念的反省》,《上海高教研究》,1999 年第 5 期,第 22-25 页。

③ 眭依凡:《大学校长的教育理念与治校》,华东师范大学,2001,第 37 页。

④ 廖世承:《施行新学制后之东大附中》,中华书局,1924,序二。

其次，办学理念是教育理念的实践源头。有些教育理念由上位的哲学、社会学、经济学等理念衍生而来，有些教育理念源于提出者对社会大问题的挑战与教育的回应，但还有些教育理念是由办学理念转化而来的。如苏霍姆林斯基在帕夫雷什中学提炼出的集体主义的办学理念，经过实践和历史的检验，逐渐上升为具有普遍适用性的教育理念。

（二）提炼教育理念的方法

学校教育理念是学校主体对教育事业、学校使命、培养目标的理解，是普遍的教育理念在特定学校的特殊的、校本化的表达。学校教育理念是学校文化的灵魂要素，它内在地引导和规约着学校课程体系、管理制度、校园文化、师生行为等学校文化的其他要素。学校教育理念提炼是学校文化建设的核心任务，在学校教育理念的提炼过程中，要避免出现理论性单薄、过于具象化、杂扰要素较多和教育性不强等典型问题，使学校教育理念提炼更加科学和专业，更符合学校实际情况和发展需求。

1.“理论研究法”

学校教育理念提炼的主体是学校中的教师群体，特别是校长。自斯滕豪斯（Lawrence Stenhouse）旗帜鲜明地提出“教师作为研究者”的观点并进行论证之后，学校教育实践群体的教育研究主体的身份便具有了合理性。对研究的认可和对其成果的使用是学校教育理念提炼工作的前提，而学校教育理念提炼也是学校教育研究工作的内容之一。作为一种活动和过程的研究具有系统性和理论指导性两个重要特征，但其在学校教育理念提炼这一研究过程中却存在一定的缺失。

首先，大部分教师因缺乏专业的教育研究方法的训练而难以把握学校教育理念提炼过程的系统性。例如：有学校试图在校园里的百年老树上做学校教育理念的文章，只关注到“树木”与“树人”的关联性以及树的历史见证作用，却忽略了更大范围的学校本身的发展历史；更为常见的是学校在自己的特色课程、特色学科或特色活动上努力耕耘，抽象出该特色的精神实质并将其上升到学校教育理念层面，却没有意识到特殊与一般、点与面之间的差异。

其次，大部分教师在理论积淀上存在欠缺，致使学校教育理念提炼缺乏理论框架和理论意识，不能对表征学校教育理念的诸多现象进行抽象，不能捕捉到不同现象背后的关联，继而局限于具体现象和问题，缺乏普遍性和清晰性。

“学理是我们研究问题的一种工具。没有学理做工具，就如同王阳明对着竹子痴坐，妄想格物，那是做不到的事。有了许多学理做材料，见了具体的问题，方能寻出一个解决的方法。”[①] 因此，“学理”即理论能够使研究者拨开问题的迷雾，超越具体问题，找出最本质的要素，从根本上把握问题，在变幻莫测的事物发展中把握方向，在困难和问题面前找到基本的解决方法。

① 牛楠森：《学校教育理念提炼的问题与化解》，《中小学管理》，2018 年第 2 期，第 33-35 页。

例如某校在提炼学校教育理念时，在德育领域中的“责任教育”和教学领域中的“高效课堂”之间举棋不定，在学习了康德的责任思想之后豁然开朗。康德认为，责任就是由尊重规律而产生的行为必要性。责任的必要性、约束性和强制性，这一切的一切都来自规律，规律是责任的基础。而规律用中国传统哲学语言来讲即为“理”。学校意识到课堂的高效来自对教育之理、师生交往之理、知识之理的尊重和利用，而行责任之事是对理的认知的必然结果，明白道理的责任才是自主的责任，才不会因诱惑而放弃责任，才不会受到蛊惑，承担责任。无论对责任的承担，还是对知识的把握，都离不开对理的探寻和明了。因此，学校最终将学校教育理念定位为“明理教育”。从这个例子我们能够看到理论研究在学校教育理念提炼中的力量。而要熟练掌握“理论研究法”这一工具，除多读书外别无他法。

2.“抽象继承法”

任何一所学校都有自己的教育理念，只是学校中的人对其的觉解程度不同而已。问题在于当“学校教育理念”进入教育理论和实践的思考视界中，即意味着要以有价值取向的、明晰的、独特的、系统的“新”学校教育理念，去取代无立场的、自然的、特征不明确的、碎片化的“旧”学校教育理念。当前理论研究者和实践工作者都很明确“新”“旧”学校教育理念之间的关系，也深知“新”学校教育理念必须要从“旧”学校教育理念中脱胎而出，那种否认学校历史、否认学校文化传统的态度基本不见踪迹。但学校在热衷于“通过历史发现未来”的学校教育理念提炼过程中，也出现了一种将学校文化传统“实体化”的倾向，即对学校历史中出现的人、物、事件做“实体化”解读。例如：有些学校提出培养“兰的精神”“玉的品质”等教育理念，然而“兰的精神”“玉的品质”是什么？它们是否与学校的精神气质相契合？它们对育人而言意味着什么？这都是需要追问的。这种对学校教育理念的“实体化”处理只是在常识或经验层面上的具象，而没有对其进行更深刻的哲学抽象。

冯友兰先生在中国哲学遗产继承问题上提出了“抽象继承法”的方法论，对学校教育理念的继承与提炼具有借鉴意义。他认为要对中国哲学史中的哲学命题做全面了解，应该注意到这些命题的两方面意义：一是抽象的意义，二是具体的意义。在了解哲学史中的某些哲学命题时，我们应该把具体意义放在第一位，因为这与提出这些命题的哲学家所处的社会环境有直接关系，但是也应该注意它的抽象意义，忽略这一方面也是不够全面的。那么在学校教育理念提炼的过程中，首先，要分析某理念的时代特征以及提出者当时当地赋予它的教育意义，这需要对学校历史有一番全面而严谨的叙述，即以客观中立的立场、同情了解的态度，对既有的学校教育理念做不增不减、不偏不倚的叙述，把握其体系、来源、影响和得失。此即冯先生所说的“照着讲”，也就是对既有的学校教育理念的具体意义要有全面而深刻的把握。其次，要对该理念进行超越或者说使其分离于彼时、彼地、彼用的具体情境，在抽象意义上对其进行现代解读，继承其最核心的实质内容，即冯先生所说的“接着讲”。

在学校教育理念的提炼上，“照着讲”的价值在于为“接着讲”做准备。现实中的“实体化”现象实际只是停留在了“照着讲”的层面，而没有“接着讲”。要想运用“抽象继承法”提炼学校教育理念,一方面学校管理者和教师要提高哲学素养,进行哲学思维方式的训练,提升自己的抽象概括能力;另一方面学校要借助专业支持,延请志同道合的教育专家,帮助学校对已有文化传统进行哲学上的抽象概括。

3."自评他评共证法"

学校是一种历史的存在。从小处来说,大部分学校都有多年的办学史;从大处来讲,即使是新建学校也承载着校址所在地的历史。对前者而言,学校在不同的历史时期会有体现具体时代特征的学校文化精神。尤其对于一些文化底蕴深厚的老校而言,其校史中曾出现多种具有文化意义的理念、概念或者口号,也许是学校曾经参与的具有典型时代意义的事件,也许是学校创始人对学校的定位,也许是学校某任有为校长对学校使命的规定,也许是学校培养出来的著名校友的人格特征等。对后者而言,中华文明的历史源远流长,任何一个地点都有丰富的史料可供学校使用,如当地的名人、关键事件等。

面对如此丰富多样的学校教育理念史,有些学校不加选择、照单全收,每一个都舍不得放弃,使得学校各种教育理念繁杂。这样一来,一方面各种理念之间必然会有冲突或重复,使学校自己不知所措,也使他人不清楚学校到底持何种理念,陷入教育理念的"概念丛林";另一方面,这种"多和全"会在客观上遮蔽学校精神的真实所指。正如庄子所言:"夫道不欲杂,杂则多,多则扰,扰则忧,忧而不救。"

如何在多样化的文化理念中进行选择?在理论上,我们可以说学校应进一步加强对学校文化的理论学习和感悟,但是在实践上是否有较为便捷的方法呢?"自评法"是一个具有实效性的工作方法。学校可以面向本校师生,以"你认为学校的特点是什么""你认为我校的学生具有哪些特征"等为主题开展调查研究,在全校师生的自我体认中获得对学校教育理念的认知。但"自评法"可能会存在"身在庐山不知全貌"的问题,故而需要辅以"他评法",即调研兄弟学校、教育行政人员、社区居民对学校的概要印象和特征定位。然后,学校对"自评""他评"的结果进行分析、比较、综合,依靠"自评"与"他评"共同证明、共同确认的方式来确定学校教育理念。

4."双重转化法"

学校并非孤岛,它是社会系统中的一个构件,必然带有特定地域的文化特征,可以说地域文化是学校文化的母文化。故而,一些学校会主动将地域文化作为学校文化建设的可用资源,深入挖掘学校所处地域的自然、社会、历史等背景中的文化要素。这是一种值得肯定的、开放的学校教育理念提炼策略。但一些学校将普遍的地域文化等同于特殊的学校文化,对二者不加区别和分析,没有对地域文化进行教育性转化。通过这种方式得到的学校教育理念是失去了教育性的伪学校教育理念。

学校是促进个体的社会化和社会的个性化的专业机构,是以培养人为主的专门机构,学校工作的一切形式和内容都应该体现明确的教育意图。因此,学校教育理念的核心特征是鲜明和强烈的育人性。"双重转化法"中的第一重就是将地域文化转化为学校文化，对地域文化进行教育性解读，在地域文化要素与人的特定性格养成之间建立关系。杨九俊认为，从水之滋润衍生出人的"内蕴"，进而推演到教育的吸收与融合，从水之灵动推演到教育的因时因势而进，从水之氤氲推演到教育的生命活力。第二重转化则是将提炼出来的学校文化转化到学校的课程体系、学科教学、组织管理等学校具体工作中去，使学校明确推崇的教育理念体现于真实的学校教育生活中。毕竟，大多数人是通过师生精神面貌、行为举止、人际关系和学校处理各种教育事务的方式方法等来感知和评判一所学校的教育理念的。

四、凝练学校办学理念

（一）溯源学校办学理念

1. 办学理念的提出者

办学理念是以校长为核心的学校历史和当下的所有成员在分析学校的过去、现在与未来的基础上共同提出来的。尽管办学理念的提出者多为现任校长或学校历史上的重要人物，但办学理念的归属却是学校。所以，学校的办学理念是人带不走的，办学理念的所有权和解释权始终归属学校。

假使校长换了学校，有思想的校长必然会根据新学校的情况提出新的办学理念，而不是直接沿用之前学校的办学理念。例如，经亨颐先生治校宁波中学时，提出了"与时俱进"的办学主张和"自律、自立、自强"的校训，而其创办的春晖中学则依其"以哲人统治之精神自谋进行"的思路办学，也因位于乡间的白马湖畔而以"发展平民教育，培养有健全人格的国民"① 为兴学目标。

2. 办学理念的作用

办学理念解决的是办什么样的学校、怎样办学校的问题，其存在的价值在于指导和规范办学活动，是一所学校办学的总体指导思想。"'定位'与'定向'的双重叠加，构成办学理念的基本内容。'定位'表现为确定学校发展的时空方位，确定学校错位发展的基本方略，体现自身独到的办学特色。'定向'表现为明确学校发展的目标，描绘学校发展的未来愿景，引导学校向预定的方向迈进。"②

所以，办学理念有着强烈的现实关怀，其提出也是为了运用和践行的。在这个意义上，我们可以说办学理念是用来落实的，是学校实现成功办学的思想准则。仇忠海校长经过 15 年的努力将一个当初像"烂摊子"一般的上海七宝中学，办成了上海名校，其主要经验就是

① 毕唐书:《远去的中学历史名校——经亨颐的春晖中学》，http://www.sohu.com/a/115193901_100928，2016 年 9 月 27 日。

② 罗欣、郑金洲:《办学理念：问题探寻与改进策略》，《上海教育科研》，2011 年第 6 期，第 30-33 页。

找到了“全面发展，人文见长”这个正确的理念，带动了学校的发展。

3. 办学理念的系统性

办学理念是两种认知的复合体。一是关于“学校”的认知，即对学校这一特殊的组织机构的基本看法与理性认识，包括对学校的内涵、定位、价值的认识，是办学理念中最基本的理念。二是关于“办”的认知，即对如何举办、经营学校的基本看法与理性认知，是涉及如何经营的实务。具体而言，经营一所学校会涉及学校的育人目标、课程体系、教学模式、管理机制、校园文化、师资队伍等，办学理念应该一以贯之地体现在上述各个学校实践系统中。“学校”认知是“办”的认知的前提，“办”的认知是“学校”认知的实践表达，二者相互塑造，具有内在的一致性，对外则表现为一种系统性。

而且学校是传播知识的场所，教师是知识型工作者，因而办学不只是一个实操问题，更是一个需要整体思维、宏观把握的管理哲学问题。因为“领导学校，首先是教育思想的领导，其次才是行政上的领导”①。教育思想的领导，说的就是学校成员普遍认同的办学理念，所以办学理念是具有内在结构层次的完整系统。

4. 办学理念适用的普遍性

办学理念植根于提出者的教育理念和对学校的认知，但它“形成于对办学实践及积淀的梳理与反思”②，是结合特定学校的历史文化传统以及具体的实践，对学校发展方向的回答。这个“特定学校”就限定了办学理念的唯一性。比如一个校长换了学校，其教育理念体系可能没有改变，但办学理念却必然而且也应该发生改变。此外，时代的变化也会给办学理念带来变革性的影响。

“面对新时期的挑战，面对北京实验二小近百年的历史和丰富的资源，也包括存在的问题，实验二小的办学理念，应该怎样与时俱进地发展呢?……在继承传统的基础上，如何进一步形成实验二小在新时期独特的办学理念?”③ 李烈校长的疑问恰恰反映出在时间、空间、人这三个要素的共同塑造下，办学理念总是为特定学校打造的，具有定制性，它可以变化，但却不可复制和迁移。

(二)学校办学理念的本质特征

学校的类型是多种多样的，不同类型的学校具有不同性质的办学理念。从学校性质来说，有公立、私立、混合之分；从学校类型来说，有普通学校与职业学校之分；从学段来说，有大学、中学、小学之分。各级各类学校的办学理念构成了办学理念的体系，而所有办学理念共同具有的性质，是判断一个办学理念是其所是的本质特征。

---

① 苏霍姆林斯基:《和青年校长的谈话》，赵玮，译，上海教育出版社，1983，第 13 页。

② 刘飞:《办学理念:对学校三个追问的回答》，《中国教育学刊》，2010 年第 2 期，第 29-30 页。

③ 李烈:《以爱育爱形成办学理念——“双主体育人”办学理念的缘起与发展》，《中小学管理》，2005 年第 11 期，第 43-47 页。

1. 实践性

办学理念的实践性是指办学理念是出于实践、为了实践、在实践中的，这是办学理念的基本立场。展开来说，出于实践，即办学理念只能是基于学校的现实状况、时代和地域境遇而提出来的，那种贴标签式的办学理念严格来说并不能称为某学校的办学理念。为了实践，则立场鲜明地指出办学理念不是“纸上谈兵”，而是要切实服务于学校办学，引导学校华丽转身或是精益求精的。在实践中，指的是办学理念存在于学校工作的方方面面，以教学、管理、师生关系等为载体，而不是藏于文本、挂在墙上的。

所以，办学理念是实践哲学的行动准则，其存在的意义在于改变行动、改进学校。因为“生活的反思、实践的批判才能开启人类知识和生活的新篇章”，使学校“教育生活呈现出新意义，臻至新境界”①。

2. 系统性

办学理念的系统性是指办学理念作为学校办学的行动蓝图，必须是系统的、一以贯之的，这是办学理念的外在形态。在真实的学校生活世界中，办学理念是以系统的方式存在于一个更大的系统之中的。更大的系统指的是学校文化这个系统。一般而言，学校文化有精神文化、制度文化、行为文化、物质文化。办学理念就隶属于精神文化。

与此同时，办学理念又是自成系统的。它一般包括核心价值观、学校定位、育人目标、校训，以及一以贯之且相互区别的教学理念、课程理念、管理理念、师生观、学校建筑理念等。需要明确的是，办学理念的系统性并不仅仅指向结构，其强调的是系统构成组件之间的一致性连接，即学校办学理念是一种起到统摄、整合、凝聚作用的灵魂式的存在。

3. 校本性

办学理念的校本性是指办学理念是特定学校的办学理念，具有身份上的唯一性。有一千所学校，就应该有一千个办学理念。具体而言，办学理念是以改进特定学校发展、解决特定学校面临的问题为出发点的，它会吸收各种教育理念，学校应具体分析自身的实际，对症下药式地探寻出自己的办学理念。相应，没有谁能比学校成员们更了解学校，因而办学理念的建构者只能是学校里的人，专家、局长等作为“局外人”可以提供建议，但不能替代决策。正如研究者所概括的，校本性有“三方面的含义：一是为了学校，二是在学校中，三是基于学校”②。

即使是教育集团，也要遵循办学理念的校本性。如北京史家教育集团各分校在传承史家小学育人理念之“和谐”内涵的基础上，紧扣自身实际情况提出了既有史家传统又有自身特色的办学理念。如北京史家实验学校的“和谐+生态”，北京史家七条小学的“和谐+七巧”，北京史家小学分校的“和谐+同行”以及北京西总布小学的“和谐+适应”。

---

① 石中英：《教育哲学》，北京师范大学出版社，2007，第 25 页。

② 郑金洲：《基础教育改革与发展的世纪走向》，《华东师范大学学报（教育科学版）》，2000 年第 9 期，第 1-10 页。

（三）学校办学理念的诞生

与常用的产生、形成等用词不同，本研究使用了“诞生”这一隐喻。生命诞生之前有着长期的孕育过程，诞生之后也有着艰难的成长过程，所以，诞生是孕育的结果，也是成长的起点。因此，对学校来说，自觉的、清晰的、适当的办学理念是有一个诞生期的，在此之前是学校认识到办学理念的重要性进而明确表达对办学理念的需求从而开始其孕育过程，时机一旦成熟，就需要开启其诞生过程。但诞生并不意味着一劳永逸，办学理念必然随着学校境遇的变化而相应成长。本章只讨论办学理念的“诞生”过程。

1. 鼓励人人表达观点

办学理念的归属权和解释权属于学校，学校是由场地、人、时代、建筑、设备及其之间的连接构成的一个组织机构。明晰状态的办学理念是由学校中的人提出来的，这里的人不仅指校长，还包括教师、学生、家长、社区代表等与学校密切相关的各类人群。在如今这个强调多元治理和教育民主管理的时代，教师对办学理念的形成正在发挥积极作用。因此，所有教师应该基于校情分析和对学校未来发展趋势的判断，把自己对教育、对学校的认识、判断和憧憬表达出来。校长在其中扮演的角色是“平等中的首席”，其作用是引导、鼓励、提炼教师们的表达。

因为“如果教师自己没有清晰的愿景，那么试图提出一个共享的愿景几乎是不可能的。由校长简单地宣布一个理念然后强加给学校无法产生推动学校向前发展的集体力量”[①]。办学理念是全体学校成员的“共同愿景，而不是个人愿景”[②]。忽视或者无视教师的意见和愿景会导致办学理念的“二元结构”现象，“校长独唱改革高调，教师们我行我素，严重时，可能导致校长与教师矛盾激化，学校冲突四起，学校发展遭遇重重障碍，出现许多事与愿违的情况”[③]。

2. 进行有前提的协商

学校中的每个成员都有表达的权利，这只是办学理念诞生的第一步。止于表达的结果极有可能造成表达的堆积，加速分裂，陷入混乱。因而，学校成员需要民主协商，超越“独白式表达”，进入“对话式表达”的协商程序。因为“独白式表达”可能具有“随意性”“模糊性”等缺陷而不能真正体现学校成员们的意愿，而“对话式表达”则需要深入反思自己的真实意图和真正需要，不断澄明自己对办学理念的理解。

此外，这是一个价值多元、利益多样化的时代，每个人的表达都是基于自身立场、认识和诉求的。因此“没有任何一种主张、要求及信仰是不证自明的，因此任何的利益主张、偏好

① 张爽：《学校活力的表现和提升策略》，《教育学报》，2017 年第 1 期，第 39-45 页。
② 陈建华：《基础教育哲学》，文汇出版社，2003，第 282 页。
③ 陈如平：《学校办学理念的“二元结构”现象剖析》，《教育发展研究》，2005 年第 10 期，第 60-63 页。

要求要想获得公共的支持，就必须在公共辩论与说服的过程中获得公共的证明”[①]。即，每一位学校成员要为自己对办学理念的坚持提供“他人可以接受的理由”。

但是我们也要清楚，不管是“对话式表达”还是“独白式表达”，其本质都是表达，表达本身为办学理念的合法性与合理性提供了基础，但并不能确保结果的合法性与合理性。因此，还需要引入一个重要的前提，那就是所有成员的表达必须是基于公共利益的，以“为学生与学校的更好发展”为宗旨的，而不能仅仅考虑某一个学科、部门、位置。可以看出，学校成员们以形成办学理念为目标而展开的协商，其实是了解自己、了解他人的背景、观念、价值立场和学校认知的过程。这个过程本身就是办学理念的内涵要义，而非前提。

3. 达成以话语为载体的共识

办学理念的凝练是学校的公共事务，只有达成共识，才能发挥其引导和规范学校发展的本质作用。在“为了学生和学校的更好发展”的真理性标准下，经过不断协商，学校在求同存异的原则下，基本上能够形成关于办学理念的共识。

真实而有效的办学理念共识，一要有概念体系，学校独有的、可以代言学校的关键词是核心构件；二要有价值指向，办学理念内蕴着学校成员的共同价值观；三要有范式支撑，办学理念是学校共同体之下所有成员的思维方式和看人视物的分析框架；四要有学理基础，即办学理念是基于教育理念而非经验的表达。那么，办学理念诞生的共识阶段更多表现为学校所独有的关于办学理念的话语体系的形成，具有语用学意义。这样一套被学校成员们共享的话语体系，客观地规定着学校成员讨论的问题域、所用的核心概念以及背后的分析框架和理论依据。如此才能使得关于办学理念的讨论更加彻底、更加聚焦、更加深刻、更加自觉，才能形成有根的、能说服人的、可实施的办学理念。

与此同时，作为话语体系的办学理念，不仅要深刻，还要广泛。当然，在一定程度上，深刻是广泛的基础。那么办学理念的广泛是指它要体现在学校管理、师生交往、教学方式、课程建构、校园建设等学校工作的方方面面。而这个过程，学校要有意为之，更要以多种形式来反复打磨。比如北京第二实验小学每学期会举办数次“以爱育爱大家谈”活动，将“以爱育爱”办学理念作为每年度“青年教师‘凌空杯’比赛”的内容。在学校的长期推动下，这种办学理念一步步深入人心，并转化为每个人自觉自愿的认识和行为，从最初的“李校长说……”变成了（老师们的）“我认为……”[②]。

4. 通过故事对外传播办学理念

前三个阶段主要发生在学校场域之内，发生于学校成员之间，以形成一套取得校内共识的话语体系为宗旨。但在开放办学的今天，每一所学校的办学理念都需要提高其能见度、扩大其话语范围，因而办学理念还需要对外“亮相”。一则避免自我陶醉而带来的故步自封，

① 刘明：《西方协商民主理论中的程序与实质》，《西南大学学报（社会科学版）》，2019年第1期，第12-20页。

② 李烈：《以爱育爱形成办学理念——“双主体育人”办学理念的缘起与发展》，《中小学管理》，2005年第11期，第43-47页。

二是借助他人的力量，让办学理念在对外宣传的过程中接受检验和质疑，在与别校的比较中得到凸显与确信。那么，学校就要有故事思维，在讲好学校故事的过程中传播学校的办学理念。

如何讲好学校故事？有两个原则，从故事来源看，其应产生于学校的真实世界中，是学校办学理念诞生过程中所发生的冲突及冲突的化解，真实和冲突是好故事的重要特征。从故事表达看，要避免“有故事，没理念”“有理念，没故事”两种情况。有的学校确实在讲故事，但在故事中却看不到学校，没有体现学校的办学理念。有的学校虽然在表达办学理念，但却是板起面孔说理，硬度有余软性不足，这跟办学理念本身的实践性是不符的。理想状态是，学校故事与办学理念之间建立起了对应关系，一定范围内听故事的人能够识别出故事出自哪所学校。

五、学校优秀案例及点评

1.“鸿图教育”理念体系

广州市荔湾区鸿图苑小学提出“鸿图教育”的理念体系，深入挖掘红棉的文化精神，以红棉文化为核心，用红棉品格感染和激励学生，内化正气品格，培养学生良好的人格品质与精神追求，引领学生健康成长，走出了一条学校特色发展之路。

学校基于红棉树这种“向上、向直、向高、向远”的精神内涵，基于英雄人物的优秀品质，基于学校文化的内生文化和校名“鸿图”内涵，基于时代先锋人物的品质塑造，基于以上内容的哲学思辨，构建了“鸿图教育”的理念体系。该体系以“红棉树正气，鸿图导人生”为发展理念，以红棉文化为核心，引导学生立鸿鹄志，树“正直担当”红棉魂，做“有凌云志的新时代小先锋”。其中校训是志存高远，校风是正直向上，学风是正心勤勉，育人目标就是培养有凌云志的新时代小先锋。

（案例供稿：黄伟斌）

【点评】“红棉树正气，鸿图导人生”，鸿图苑小学的核心理念，可谓贴切、独一无二，它只能是鸿图苑小学的理念，其他学校皆不可用。其原因在于学校深谙学校办学理念提炼之道，以 SWOT 为分析工具，更将学校本身的历史、学校所在地的文化、学校象征物的精神、学校所属民族、国家之大义五者融通整合，才拥有了独一无二的办学理念。在贴标签、拿来主义、行政命令畅行的学校文化建设乱象之中，该学校循大道、明大义，始有此成果。

2.“龙舟文化”品牌塑造

广州市荔湾区龙溪小学提出“龙舟文化”的理念体系。“龙舟文化”中包含了团结包容、奋勇拼搏、开拓进取等人文内核，也是师生成长的核心价值观，而龙舟竞渡中的强大精神也正是龙溪小学发展所急需的动力——学校正如一条龙舟，所有成员只有风雨同舟、荣辱与共，才能排除万难、共渡难关，与学校一起走出困境。经过反复讨论，学校最终确定以“龙舟文化”为校园文化，带动学校实现全面发展。

借力“龙舟文化”，奏响学校发展三部曲。

重构发展愿景。把学校建设成“在区域范围内特色明显的、最美的乡村小学”，培养“有传统文化烙印和民族情怀的优质现代公民”。

重构办学理念。把“灵动发展，力争上游”作为学校的办学理念，旨在针对学校地处城乡接合部以及学生群体的实际情况，带领学校及师生在发展困局中敢于突围，在创新中灵动发展，团结协作，力争上游，追求卓越。

重构管理理念。在“龙舟文化”背景下，学校主张“四赢”管理理念，即“学校赢在文化、管理赢在执行、教师赢在课堂、学生赢在习惯”。先进的校园文化能将散落的师生个体串起来，如同一根坚韧、无形的细丝，是学校在激烈竞争中的制胜法宝。而完美的执行力则是学校发展愿景、办学理念、办学思想得以实现的根本保证。学校认为教师得课堂者得天下，要求教师聚焦课堂，从落实每节课的教学目标做起。

同时，学校特色创建的目的是真正推动学校实现内涵发展，生成一种生态校园。孩子们作为这个生态体系中最重要的个体，其习惯的养成是学校这个生态园长久兴盛的重要因素。学生在小学六年的学习，归根到底都是习惯的培养，这里的习惯包括了行为习惯、思维习惯等。只有回归到习惯的培养，培养出来的学生才具有可持续的竞争力。

（案例供稿：曾悦）

【点评】学校赢在文化，这个判断能够成立的前提是该文化必须是内生于学校的，不是强加的，更不是贴上的，否则文化将不能真正推动学校发展，反而会起到阻碍作用。龙溪小学地处龙舟文化繁荣地区，在学校发展的文化自觉之下，抓住地域文化特点并将其运用到学校中，使学校与当地社区具有了文化上的有机联系，社区群众和文化成为学校发展的新生资源。更可贵的是，学校将一般性的“龙舟文化”转化为教育性的“灵动发展，力争上游”的学校文化，进而起到凝聚学校全体师生，促进学校、教师和学生发展，培养师生素养的作用。

第三章　学校发展规划

当前教育进入高质量发展的阶段，也对学校的内涵发展提出更高要求。在这样的发展阶段和时代要求下，学校发展需要摆脱长期以来固有管理模式的负面影响，以现代学校制度建设为主要途径，通过科学编制、有效执行学校发展规划来推动学校高质量发展，实现育人模式的整体建构。2021 年是“十四五”规划的开局之年，根据新时代的发展要求，学校要抓住重新思考与规划学校定位与办学发展方向的重大契机。本章分析了学校发展规划的构成要素，并提出制定的路径和策略。

一、理解学校发展规划

学校发展规划是现代学校制度建设的重要组成部分，也是建设现代学校制度的路径和要求的具体化。2012 年颁布的《全面推进依法治校实施纲要》将现代学校制度建设的路径和要求具体化。2018 年，习近平总书记在全国教育大会上指出要“加快推进教育现代化”，对现代学校制度建设提出更高要求。

（一）学校发展规划的定义

在中国，规划一词既涉及私人领域也涉及公共领域。在古汉语中，规划的释义为“规者，有法度也；划者，戈也，分开之意”；在《现代汉语词典》中规划被解释为计划，尤指比较全面的长远的发展计划。英文中规划一般称为“planning”，源于动词“plan”（原义指对某个物体进行描述、勾勒或图解），是指制订计划的行为或过程。规划不同于计划，计划是静态意义上的蓝图文本、报告和材料，而规划是由专业人员完成的具有动态性的专业技术方案。计划强调的是文本的形成，而规划强调的是行动的过程，规划是为了实现目标和结果的行动过程①。

国内外学者分别从过程论、文本方案、资源效率等角度对规划进行定义，例如，沃特斯顿（Albert Waterston）认为规划本质上是选择最佳方案以达到特定目标的一种有组织的、有意识的、持续的努力；叶敬忠认为规划是一个不断选择和决策的过程，它旨在利用有限的资源来完成未来特定时间内的特定目标。可以看到，对于规划的界定并不统一，它虽是计划的一种，但不等同于计划，更突出战略性、发展性、导向性等。英国的哈格里夫和霍普金是较早明确而系统提出“学校发展规划”（school development planning，SDP）这一概念的学者。在他们看来，学校发展规划是为了学校的发展、管理变化而采取的必要行动，是对学校发展过程

① 陈建华：《中小学发展规划》，北京大学出版社，2013，第 48 页。

进行描述且更为规范化的一种解释，是施加给学校的一种具有创造性的革新方式。

在本研究看来，学校发展规划是指一所学校根据国家或地区教育发展战略计划的要求，结合自身条件，在学校未来三至五年内要达到的主要目标和发展途径，如发展目标、发展方式、组织结构、人力资源、办学条件、实施策略等方面所做的安排。从时限上看，学校发展规划属于学校中期计划或三至五年的远景规划；从覆盖面看，它是学校层面的微观计划，而同涉及国家或地区的宏观教育计划相区别；从内容上说，它主要涉及学校整体及与整体相关的工作方面的规划；从操作上说，学校发展规划强调的不仅仅是静态的规划（plan）结果，更关注动态的规划及其实施过程（planning）。

（二）学校发展规划的主要特征

学校发展规划是统领学校发展的战略性展望，是针对学校发展问题对规划技术手段的综合运用。学校发展规划至少具有以下五个方面的特征。

第一，学校发展规划是一种学校管理理念的更新。把学校发展规划理解为一个动态过程，其实际上是对学校管理进行的系统思考，关注学校管理结构的调整、行为的改变，在参与、体验、反思的过程中，对学校发展进行理性的分析，由此确定学校在较长一段时间内的发展策略、目标定位、发展内容及保障制度、监控措施等，真正促进学校的发展。

第二，学校发展规划是一种系统的学校管理方式。学校发展规划在内容上不仅涉及学校管理的各个方面，也表现出学校组织发展的整体性和长远性；不仅使人们关注学校发展的目标、过程与绩效，而且重视在相关的活动过程中追问各种管理方式的适切性、有效性和合理性，由此真正寻找到适合特定学校的管理方式，群策群力地探索学校未来的发展策略、方法与路径。

第三，学校发展规划是持续行动的过程。学校发展规划通过制定、实施和评价的系列活动与过程，激励并联合社会各界力量，不断改进学校的硬件和软件，改善学校的管理、教学和科研工作，并在长期、持续、自觉的行动过程中，调动校内外各种积极因素，逐步开发学校及其所在社区的人力、社会和自然资源，发挥学校和社区的潜能，努力将学校组织的共同愿景一步步转化为现实。

第四，学校发展规划注重主体性，关注学校的内在发展。学校发展规划关涉学校教职员工及其所在社区人员的共同愿望，必须包含全体人员所自主选择的目标、内容和方法。学校发展应是一种自主的过程，尽管外在的帮助是必要的，但这种帮助不能演变为对学校人员思想、能力以及积极性等的压抑或控制，应唤醒学校教职员工、社区人员的自主性以及相应的意识、责任和创造力等，这才是实现学校发展的关键因素。

第五，学校发展规划强调广泛参与、自下而上、责任分担。学校发展规划要求关注学校以及相关人员的发展意识与能力，重视学校教职员工以及其所在社区人员的真正参与，通过发扬民主、广泛采纳相关利益群体的意见和建议来改善学校管理、设计和实施有助于学校发展的系列过程与活动，学校在这个过程中不断协调学校组织内部、学校组织与其周围环境之间的关系，从而获得广泛的认同，促进学校与社区的共同发展[①]。

（三）学校发展规划的主要功能

学校发展规划是学校管理的重要环节，是确定学校发展方向和目标以及设计有效措施促进学校发展的重要活动。学校发展规划从制定到执行应贯穿学校发展的全过程，应充分发挥学校办学主体的自主性，提升现代学校制度建设水平。

1. 推动学校整体改进

学校发展规划的制定和实施有助于推动学校整体改进。学校整体面貌和教学质量提升是一个系统工程，需要在全面把握学校基本状况的前提下，发动校内外各类主体参与到这个过程中。从这个意义上讲，学校发展规划是在明确学校发展方向的基础上，协调、整合和优化校内外各种资源的方式。学校发展规划围绕学校发展的制定和实施，学校的组织、教师培训、教研活动、课程设置、教学方式等多个方面采取积极措施，这对整个学校来说是一种培训，能够形成学校发展的合力。通过对学校发展规划活动的参与，教职工的归属感得到提升，更乐于深入分析发展规划，进而提升教育教学效果。

2. 助力学校自主发展

学校发展规划的制定和实施有助于学校实现自主发展。学校发展规划的出现和兴盛得益于教育改革中的“放权”。教育行政部门权责的厘定和调整，为学校创造了更大的自主空间。对于办学者而言，利用好改革释放出来的自主办学空间自然成为学校发展规划的首要任务。学校实现自主发展需要动员全体教师，在校长的带领下，回顾、整理和分析学校发展情况，寻求适合本校发展的路径和策略。在制定和实施学校发展规划的过程中，首先要通过学校共同体的讨论明确发展方向和目标，形成学校共同体成员对学校使命、价值和愿景的一致认识，从而辅助学校实现更为有意义、有内涵、有实效的自主发展。

3. 助力学校彰显特色

学校发展规划的制定和实施有助于学校发展彰显特色。学校发展规划是一定时期内办学者教育思想和主张的集中体现。每所学校在长期的办学积淀中都形成了自己的相对稳定的文化氛围和办学风格，这正是校情所在，也是制定和实施学校发展规划的基础和起点。通过学校发展规划，形成体现学校发展特色的理念系统（例如办学理念、育人目标、实施策略等）能够使学校在发展的整个过程中得到制度化保障，为学校持续的特色发展提供相对稳定的校内环境。

在此基础之上，学校根据自身发展的需求，将学校组织变革、教师专业发展、学校文化建设、课程改革、教学方法选用等关键内容纳入发展规划，扬长避短，为特色发展提供制度保

---

① 楚江亭：《学校发展规划：内涵、特征及模式转变》，《教育研究》，2008年第2期。

障。例如,在华东政法大学附属中学的三年发展规划中,学校明确将办学理念、发展目标等体现学校特色的内容凸显,结合政法大学的这个无形教育资源,形成自己的办学思路,彰显办学特色。

二、学校发展规划的构成要素

学校发展规划是在对学校办学方方面面进行总体考量的基础之上,对未来学校发展的系统而全面的整体设计。学校发展规划的内容可以涉及学校工作的多个方面,根据学校文化背景以及未来几年学校发展重点的不同,学校发展规划的内容应有所侧重。从学校组织的构成要素来看,学校发展规划应当涵盖人、财、物、时间和信息五大要素。制定学校发展规划就是要在明确学校办学理念的基础上,对这五大要素进行整合,助力未来学校发展目标的实现。

(一)人的要素规划

从“人”的这个要素来看,学校发展主要涉及学校内部的学生和教师,以及学校外部的家长。这就要求学校发展最终要能够推动学生的发展,满足家长的教育需求。在考虑学校发展规划的具体内容时,则要从育人目标、学情、教师队伍等几个方面全面、深入、细致地了解情况,做出合理的判断,形成对未来发展的构想。

(二)财的要素规划

从“财”的要素来看,规划学校发展所需要的经费等都属于“财”的范畴。在当前我国以县为主的教育行政管理体制下,尤其是自 2012 年教育经费占 GDP 比重超过 4%以来,学校教育经费得到了越来越有力的保障。学校在谋划自身发展的过程中更要关注如何使用越来越多的教育经费,在发展规划中着重做好对教育投入的规划,使经费投入与教育质量、课程改革、教师发展等联系得更为紧密,更有效地发挥其促进作用。

(三)物的要素规划

从“物”的要素来看,学校发展离不开校园环境、办学条件等教育资源的支持。校园环境和办学条件的改善的最终目的是要发挥其教育性,促进学生的发展,因而如何更为有效地运用“物”成为学校发展的重要课题。在制定学校发展规划的过程中,学校不仅要考虑校园环境的整体设计,也要考虑学校对各类办学条件的使用和管理,例如实验室使用制度等,更要考虑如何在教育教学中有效加以运用。

（四）时间的要素规划

从“时间”的要素来看，学校发展规划需要注意各项工作和学校发展各个领域有关时间要素的总体安排。时间要素不仅包含各项工作的进度安排，也包括各领域中的时间性问题，例如根据不同学段学生发展的特点设计综合实践活动等。

（五）信息的要素规划

从“信息”的要素来看，学校发展过程中涉及的各类数据、资料、材料等都属于信息的范畴。学校发展中最为重要的内容就是学校课程的建设和实施，需要全体教师的共同努力，它是将学校办学理念和育人目标烙在学生身上的重要桥梁。在制定学校发展规划的过程中，对学校课程的考虑应当处于学校重点工作的位置，制定合理的课程管理制度，结合学校办学理念制定和实施学校课程。

三、学校发展规划制定的路径与策略

学校发展规划是一个系统性工程，它在对过去工作进行深入分析的基础上整体规划学校未来发展，在内容上涉及学校发展目标、领导与管理、课程与教学、教师队伍建设、学校文化建设以及资源统筹等多个方面，各个环节要面对学生、家长、教师及社区人士等各种利益相关者，要协调和处理许多复杂的因素。学校发展规划培训的对象不能局限于校长和中层干部。学校在制定发展规划的过程中，应充分发挥各方主体的积极作用，采取科学有效的路径和策略，凝聚共识，形成具有指导意义、具体可行的学校发展规划。

（一）形成多方共商的制定方式

学校发展规划的制定过程大致包括设定目标和问题、制定解决问题和实现发展目标的备选方案、评估和选择方案、对选定方案进行修正和反馈等几个阶段。学校在制定发展规划的过程中，需要注意选择恰当的方法分析学校状况，政策制定过程中要注重学校共同体全体成员的参与，即要体现民主性，同时，发展目标和措施手段要得当可行，既不能过于超越学校发展现状，也不可滞后于学校发展需求。

1. 充分调动全校成员共同参与

众人拾柴火焰高。学校发展规划的制定不仅需要校长等学校领导层的有力引领和推动，更需要学校教师的共同参与。在起草学校发展规划方案的过程中，应主要发挥学校共同体成员，即全体教职员工的集体智慧。校长应带领学校管理层主动、积极地创设民主、开放、融洽的参与氛围，激励教职员工在规划制定中发挥作用。例如，在分析学校课程改革问题时，应充分利用一线教师和学科组长对本学科的了解，促使其提出课程及教学中存在的主要问题、未来发展预期。尽管在不同的学校发展规划模式下，共同体成员参与程度有所差异，但无疑都对规划的进一步实施产生积极影响。

2. 遵循科学的步骤和方法

学校发展规划的制定也需要遵循一定的步骤和科学的方法。在着手制定学校发展规划时，校长应带领教师思考几个问题，即我们的学校是什么，现在在哪里（即发展现状），学校未来将要到哪里去（即发展目标），如何到达目的地（即发展路径和措施），怎么能知道是否到达了目的地（即发展规划评估与反馈），在对这些问题进行思考和讨论的基础上，再进一步按照发展规划制定的基本步骤逐步推进。

3. 选择适合校情的规划路径

学校发展规划可以根据学校自身的实际情况和发展基础，选择适合的路径。学校发展规划具有多重属性，既是对未来一段时期内最适合自己发展方式的蓝图设计，也是一个目标导向下的改进和管理过程。在这个设计和管理过程中，需要根据学校的应为和能为，结合时机、时势等因素确立规划的重点，有的放矢，同时需要各方执行主体以及相关利益主体的充分参与，让执行主体尤其是教师在发展规划中找到自己的定位和空间。

因此，自上而下和自下而上两种路径相结合，即多方共商的学校发展规划制定方式，既注重顶层领导和引领的整体布局，又注意发挥教师、家长、社区、学生代表等的积极性，实现群策群力。这种方式更有助于调动学校全体成员的参与积极性，让教职员工共同确定学校发展的蓝图，寻找破解学校发展难题的突破口和行动计划，从而将学校发展理念全面融入学校管理的整个过程，推动学校发展规划的有效落实。

（二）准确把握学校发展的基本状况

从现有相关研究可以发现，准确把握校情是保证学校发展规划科学有效的重要环节。分析学校发展状况、面临的问题和挑战在方法和技术上有多种选择，常用的有 SWOT 分析法、GAP 分析法、问题树分析法、德尔菲法等。每种分析方法都有其特定的操作步骤，对校情的分析也不可能尽善尽美，学校要根据发展需求和现有能力选择适合学校的一种或几种分析方法。在进行校情分析的过程中，分析者也可以选择不同的技术手段收集和整理相关信息，例如问卷调查、访谈、校史回顾等，从纵向和横向展开，力图收集到能够反映学校发展状况和问题的有效信息。

1. 摸清学校发展性问题

摸清学校发展性问题是学校发展规划制定的起点。学校发展规划不是简单的学校工作计划，而是更加强调战略性和问题导向的规划，制定发展规划的最根本的目的在于促进学校发展和学生的成长。这就要求校长充分发挥能动性，带领学校全体教师深入分析学校当前发展的基本状况和未来发展面临的主要问题，也就通常所说的校情分析。通过校情分析，学校能够清楚当前以及未来几年学校发展中的主要问题、重点问题、紧急问题以及面临的挑战等，对这些问题进行区分，进而确定学校发展规划中要解决的问题。

2.SWOT 分析定位方法

SWOT 分析法（SWOT analysis，又称强弱危机分析、优劣分析法等），最早源于一种企业竞争态势分析方法，是市场营销的基础分析方法之一，通过评价自身的优势（strengths）、劣势（weaknesses），外部竞争上的机会（opportunities）和威胁（threats），在制定发展战略前对自身进行深入、全面的分析以及竞争优势的定位。

SWOT 分析法非常注重整体分析。从整体上看，SWOT 可以分为两部分：第一部分为 SW，主要用来分析内部条件；第二部分为 OT，主要用来分析外部条件。利用这种方法可以从中找出对自己有利的、值得发扬的因素，以及对自己不利的、要避开的东西，发现存在的问题，找出解决办法，并明确以后的发展方向。这种分析方法可以将问题按轻重缓急分类，明确哪些是急需解决的问题，哪些是可以稍微拖后一点儿的事情，哪些属于战略目标上的障碍，哪些属于战术上的问题，并将这些研究对象列举出来，依照矩阵形式排列，然后用系统分析的方法，把各种因素相互匹配起来加以分析，从中得出一系列相应的结论，而结论通常带有一定的决策性，有利于领导者和管理者做出较正确的决策和规划。

很多学校发展规划中也采取这种分析法，它特别有利于从整体上把握学校的基本情况及未来的机遇和挑战，促进育人模式的整体建构。

资料：《山东省济南中学三年发展规划（2018—2020）》节选

二、SWOT 分析

（一）优势

1. 学校具有悠久的历史传统和丰厚的文化积淀。（略）

2. 学校拥有强大的师资力量。（略）

3. 学校有丰富多元的校园文化。（略）

4. 学校有优秀的管理团队。（略）

5. 学校有先进的办学策略。一个时期以来，济南中学实施“阳光教育”办学总策略，以此为统领，学校逐渐形成了以“和而不同，赢在执行”的管理理念、“传承创新，和谐发展，做本色人，创特色校”的发展思路、“超越自我、永不言弃”的学校精神、“科研兴校、创新活校、民主治校、机制强校、文化立校、和谐铸校”的发展策略、“精业强能、身教善行”的教师队伍建设目标、“立德、立业、立人”的育人目标为内容的办学策略体系。“阳光教育”及其办学策略体系共同构成了济南中学鲜明的办学特色。

（二）劣势

1. 生源质量一般。（略）

2. 办学条件有限。(略)

3. 新旧动能转换方面稍显滞后。(略)

4. 激励机制亟待完善。(略)

(三)机遇

1. 新时代为济南中学发展提供了最为广阔的平台。以习近平同志为核心的党中央绘就了新时代中华民族发展腾飞的新蓝图,十九大报告和习近平系列讲话精神激励着全体国人"撸起袖子加油干"、斗志昂扬地走在实现"中国梦"的康庄大道上。中国梦,我的梦;中国梦,济南中学梦。大梦想蕴含小梦想,小梦想成就大作为,以"打造四个中心,建设现代泉城"为内容的"济南梦",以"打造均衡而有温度、公平而有质量的济南教育"为方向的"济南教育梦",赋予济南中学人更多理由成为新时代的"追梦人"。尤其是近一个时期以来,全国、省、市教育工作会议为新时代教师指明了奋斗方向,拓展了职业前景,为济南中学全体教职工实现梦想渲染了辉煌壮丽的布景。

2. 初高中直升模式为济南中学开辟了一方教育教学的试验田。初高中直升班的设立,为稳固初中自有优质生源、探索初高中六年一贯制教育模式、优化丰富初高中衔接课程及尝试更多可能的改革和探索创造了有利条件。积极开展初高中直升课题研究,变直升模式为办学优势,变直升特色为办学特长。

3. 位于唐冶新城的济南中学东校区即将交付使用。(略)

4. 新的课程和考试改革拉开大幕。新的课标变化、教材变化、国家高考改革、济南市中考改革,为学校改变教育教学方式、改变办学模式提供了机遇。

(四)挑战

1. 如何适应快速变化的济南教育形势。近一个时期以来,济南本域不断衍生新的教育力量,新建市直高中、小区配套中学、民办高中、国际学校等新办学实体不断涌现,济南教育出现了在动态中寻求均衡、在均衡中不断竞争的新业态。"办有温度的教育""延伸服务""家校共育"等创新举措为济南中学提出了更多更新的要求。在新的态势下,如何在保持办学稳定性的同时增强办学活力,如何在保持自身教育风格的同时增强应变能力,对济南中学而言,是一种挑战。

2. 如何突破学校发展瓶颈。就学校现有的生源质量、办学条件、管理水准、教育习惯和教学策略而言,如何提升办学水平,如何提高教育质量,如何突破学校发展的"瓶颈",是摆在每个济南中学人面前急迫而沉重的课题。

3. 如何回应社会期待。望子成龙、盼女成凤是家长的心愿。每一个家长都希望自己的孩子考入名牌重点学校,甚至考入北大、清华。家长和社会希望学校有更多的责任担当,更高的教育质量。回应社会期待,是济南中学面临的挑战之一。

4. 如何管理好东校区。师资安排,管理人员和教辅人员的分配调度,后勤保障方面的物业化管理和服务,寄宿制学生的培养和管理,等等,都是摆在我们面前的崭新课题,都是必须正确应对的新挑战。

资料来源:《山东省济南中学三年发展规划(2018—2020)》

http://qsy.jinan.gov.cn/ggsy/jcms_files/jcms1/web17/site/art/2018/11/27/art_6465_79524.html

(三)发展目标设定要反映发展方向

在通盘考虑学校发展方方面面问题的时候,校长也要时刻保持清醒的头脑,科学、合理地确定学校发展目标。按照管理学相关理论来看,发展目标的确立并不是简单的事情,过于理想化或者过于低估发展势头都不利于组织自身的发展。换句话说,学校发展目标的确立也要"量力而为",不可过低也不可过高。

1. 基于问题分析确定适度目标

发展目标和措施是规划中的关键内容,要契合学校当前发展的现实并能够满足未来发展的需要。设定的发展目标过高,步子迈得过大,不仅难以激励教职员工共同努力,反而可能会挫伤其积极性,使得发展规划被束之高阁,成为应对上级检查或学校宣传的点缀。发展目标的确定要让教职员工能"看到希望",要"目中有人",要与教职员工的努力程度直接相关。

首先要对学校发展规划要解决的发展性问题进行分析,找准问题产生的原因,确定学校发展目标。学校发展目标的确立源于对几个方面因素的考虑,包括办学理念、学校定位、学校发展基础等,发展目标应当与这些因素相契合、相协调。

资料:《上海市复旦实验中学三年发展规划(2019—2021)》节选

(二)发展目标

1. 学校办学目标

学校办学目标是"坚持'依法办校、以德立校、科研兴校、集团发展、特色办校'的办学思路,建设办学条件优化、教育质量提高、集团发展紧密、人文特色凸显的区域特色学校"。

"办学条件优化":针对基础设施遭遇的瓶颈,整合各类教育资源,科学优化教育布局,全面提高装备水平,使得学校育人环境日臻优化。

"教育质量提高":坚持先进教育观念引领,坚持科学精细化管理,不断提高教育内容质量、过程质量、方式质量及管理质量。

"集团发展紧密":抓住"复旦实验中学"教育集团成立的发展契机,凝聚文化共识、推进课程共创、强化教学共研、落实队伍共建、实现成果共享。

“人文特色凸显”：“人文素养培育”的办学特色要体现在学校管理特色上，体现在教师教育教学特色上，体现在人才培养方式特色上，最终体现在学生素养特色上。

2. 学生发展目标

学校育人目标是“坚持‘厚德、乐学’的理念，全面实施素质教育，培养品行端正、乐学善思、基础扎实，具有终身学习和可持续发展能力的中学生”。

“品行端正”：人品决定态度，态度决定行为。学校重视立德树人，培养富有爱心、懂得包容合作、心态阳光高雅的中学生。

“乐学善思”：依据复旦大学校训“博学而笃志，切问而近思”，学校培养乐于学习、善于学习、勤于学习，乐于思考、善于思考、勤于思考并且“知行合一”的中学生。

“基础扎实”：基本功的夯实是成功的前提。学校培养思路开阔、能够扎实地掌握并能熟练运用基本技能和基础知识，懂得循序渐进的中学生。

3. 教师发展目标

教师专业发展目标是“注重职业道德建设，提高教师整体素质，形成具有责任意识、创新勇气、好学精神、善于合作的研究型教师队伍”。

“责任意识”：教师具有人文精神、爱岗敬业、富有爱心的责任意识。

“创新勇气”：教师观念要创新，教学有法，教无定法，贵在得法，与时俱进，做智慧型教师。教师具有学识的底气、坚持的毅力、敢为人先的创新勇气。

“好学精神”：教师具有勤于学习、充实自我、与时俱进的好学精神。

“善于合作”：教师具有宽宏气量、共享智慧、共同成长的团队精神。

资料来源：《上海市复旦实验中学三年规划（2019—2021）》
http://ypfdsy.edu.sh.cn/info/1022/3345.htm

2. 遵循目标确定的 SMART 原则

关于发展目标的确立，20 世纪 70 年代管理学大师 Peter Drucker 提出目标管理，要求在确定目标的过程中要遵循 SMART 原则（表 3-1）。所谓 SMART 原则是指目标必须是明确的（specific），目标必须是可以度量的（measurable），目标必须是可以实现的（attainable），目标必须和其他目标具有相关性（relevant），目标必须具有时限性（time-based）。制定学校发展目标也可以参考这一原则。同时，也要注意学校发展目标不是单一的目标表述，而是一个包含多个层次的目标体系。总体性目标要能够突出学校未来发展方向，二级或三级目标则要能支撑总体性目标，要更为细化、可测。

表 3-1　SMART 原则解析

原则	内涵	示例
明确性（specific）	目标表述能清楚说明要达成的行为标准	将教师校本培训时间增加一倍
可度量性（measurable）	目标有具体可衡量的依据	每周开展一次教师校本培训
可实现性（attainable）	目标可以让执行人能够实现	加强校本研究和教学科研，力争未来五年里学校的市、区级课题达到一定的数量与质量，争取有省、市级获奖项目
相关性（relevant）	目标与其他目标具有相关性	根据“做精、做亮、做强”的理念，逐步扩大办学规模，2015 年将教学班数扩大为 27 个左右
时限性（time-based）	目标实现有时间限制	在一年内将学生中考成绩提高 5 分

（四）设定具体可行的任务和策略

在科学设定学校发展目标的基础上，探寻系统性解决策略成为促进目标实现的关键。学校教育的开展是一个系统性工程，发展规划就是立于对学校未来发展的构想和愿景之上，从总体上把握学校发展所面临的主要问题和解决策略。简单地以“头痛医头，脚痛医脚”方式制定学校发展规划，在当前教育发展形势下不再适用。寻找系统性解决策略要求校长能够带领学校全体成员，寻找和深入分析当前面临的主要问题及其成因，积极探寻解决这些发展性问题的有效策略。

校长要将学校发展愿景充分贯彻到每位教师，让发展愿景成为学校成员思想和行为的共同信念。在确定学校发展愿景的基础上，要确立将愿景落地的发展目标，它应该具有可接受性、可检验性、可分解性、可实现性和明确性。

资料：《上海理工大学附属中学发展规划（2016 年—2020 年）》节选

三、主要任务

（一）品德教育：培养具有理想信念、公民素质和健全人格的学生

具体目标要求：落实社会主义核心价值观教育，全面开展学校生命教育实践，创建生命教育品牌特色。开展“新三进”社会实践基地建设项目；落实家庭教育指导建设项目，积极开展家校合作实践，发现和总结梳理家校合作创新的实践经验；进一步挖掘校外教育资源，推进校外教育活动场所内涵建设，开展学生社会实践社区指导站建设项目，为课内外的有效衔接提供平台。提升学校德育工作领导能力。

项目一：生命教育项目

以《区域学校生命教育试点项目三年行动计划》为引领，结合心理健康教育工作，完善生命教育课程的学段衔接：作为“区性别（青春期）教育联合研训”基地校，完成高中性别教育理论大纲；作为“区生命教育之家庭教育研训”基地校，完成高中生家庭教育课程纲要；完成中学生情绪智力课题文献资料综述。

项目二:行为规范养成教育项目

深化学生自主管理机制,坚持做好每月行规一重点,坚持每周行规一点评;抓“温馨教室”创建,结合上海市“闵行杯”中小学班主任基本功竞赛,分年级开展“行为规范示范班”“班级文化特色班”等特色班集体创建活动;通过主题教育、社会实践、传统节日纪念、艺术节等多种途径与方法,夯实社会主义核心价值观“新三进”工作。

项目三:生涯发展指导项目

开设班级辅导课程、团体辅导活动及社团活动等学生课程,组织家长讲座与校内教师培训活动。每学期组织“专业与职业巡礼”主题活动,通过外出参观与体验、外请专家入校办讲座及提供咨询等方式,帮助学生增加对于职业与大学的认识与了解。建设生涯星空室,为师生及家长提供丰富多样的生涯信息。实施相关测验,建立学生档案,提供评估服务。

项目四:社会实践指导项目

开展学生军训、农村社会实践、志愿服务(公益劳动)、社会文化活动、社会考察(调查)等社会实践活动,深入挖掘校外资源,拓展志愿者岗位、活动项目,提升“暑期创意漂流”“创意嘉年华”等品牌活动内涵,秉承“客观记录、内容全面、注重过程、公平公开”的原则及时录入信息。

达成标志:

创建上海市心理示范校;力争建成上海市行为规范示范校;完成《社会主义核心价值观主题教育设计方案汇编》《高中性别教育理论大纲》《生命教育之家庭教育指导课程纲要》《生命教育之家庭教育指导课程序列手册》;编写校本生涯发展指导课程教材及《学生发展指导手册》;区域合作完成《上理工附中生涯辅导联盟校本行动方案及活动课程方案汇编》;完成高中生社会实践不少于90天,其中志愿者服务不少于60学时;形成“暑期创意漂流”“创意嘉年华”品牌实践课程和评价指标。

(二)课程教学:提供学生高质量多样化的教育

项目五:提升课程领导力项目(略)

项目六:推进活力课堂项目(略)

项目七:创新实验室创建项目(略)

项目八:落实高考新政下的教学改革项目(略)

达成标志:工程素养系列校本教材、“活力课堂”教学专辑、“活力课堂”特质的精品示范课入选“一师一优课”,形成区域创新实验室联合运作方案,学科带头人和骨干教师数有增长。

(三)队伍建设:提升教师专业水平

项目九:教师专业梯队建设项目(略)

项目十:教师培养机制创新项目(略)

项目十一:学科高地和教研联合体建设项目(略)

项目十二:科研课题研究项目(略)

达成标志：构建科学合理教师专业发展成长链，争创上海市教师专业发展示范校。新增特级教师1~2名，新增区学科带头人和骨干教师3~5名。建设1~2门学科高地。对接区域教师培养机制创新项目，完成"促进职初教师专业成长的共同体机制研究"，完成教育部重点课题"见习教师规范化培训支持体系建构研究"子课题研究项目。

（四）教育国际化：培养具备全球化视野的学生

项目十三：深化国际课程项目（略）

项目十四：拓展国际交流项目（略）

项目十五：华文教育基地建设项目（略）

达成标志：建立与日本冈山大学、美国Woodstock高中的合作关系，形成华文教育校本课程。

（五）教育信息化：为学生学习需求提供支撑环境

项目十六：构建学校数字化校园环境（略）

项目十七：构建基础数据库服务平台项目（略）

项目十八：营造便捷高效的数字化学习环境（略）

达成标志：数字化校园平台、教学资源（微课、微视频）平台、教育质量精细化管理平台

（六）教育治理现代化：促进教育自主发展和创新发展

项目十九：完善学校治理结构项目（略）

项目二十：家庭学校社区共建项目（略）

项目二十一：教育环境优化项目（略）

达成标志：形成学校"一校一章程、一校一规划、一校一制度"，形成具有"尚理"文化特质的校园环境。

资料来源：《上海理工大学附属中学发展规划（2016年—2020年）》

http://fwpt.yp.edu.sh.cn/slgfzwmcj/info/1015/1384.htm

第四章　学校课程体系建设

当前，我国中小学课程改革已经取得了显著成效，但在新时代和新阶段的背景下，中小学课程也暴露出一些新的问题，整体规划、协同推进不够，与立德树人的要求还存在一定差距，学校课程的系统性、适宜性不强，课程资源开发利用不足，支撑保障课程改革的机制不健全，这些问题和困难直接影响立德树人根本任务的实现，亟待通过全面深化课程改革予以解决。本章主要阐述了学校课程体系的基本内涵、构建路径，并以部分学校为例，总结学校课程体系建设的经验，以期指导学校课程体系建构，充分发挥每一种课程元素的功能，增强整体育人的针对性、实效性。

一、学校课程体系建设的重要性

（一）全面深化课程改革的进程

为了适应学生发展的需求，教育部于 2001 年颁布《基础教育课程改革纲要（试行）》，对我国基础教育的课程体系、结构、内容等进行改革，以构建适应时代发展要求和符合素质教育要求的新的基础教育课程体系[①]，从而解决现有课程的诸多弊端，如改变课程内容过于注重知识传授的功能等，强调充分发挥课程育人功能，从而使学生学会学习，并形成正确的价值观。

新课程改革以来特别是《国家中长期教育改革和发展规划纲要（2010—2020 年）》发布实施以来，各地认真贯彻落实中央有关精神，积极探索，勇于实践，推动课程改革取得显著成效，符合素质教育和时代要求的课程教材体系不断完善，人才培养模式改革不断深化，自主、合作、探究的学习方式与启发、讨论、参与的教学方式不断推广，育人的针对性、实效性进一步增强。课程改革工作的不断深化，为进一步推动立德树人工作奠定了基础。

2014 年，教育部印发《关于全面深化课程改革落实立德树人根本任务的意见》（以下简称《意见》）。《意见》明确指出，课程是教育思想、教育目标和教育内容的主要载体，集中体现国家意志和社会主义核心价值观，是学校教育教学活动的基本依据，直接影响人才培养质量。《意见》明确了课程在彰显国家意识形态以及教育教学中的重要意义。《意见》还进一步指出，全面深化课程改革，整体构建符合教育规律、体现时代特征、具有中国特色的人才培养体系，建立健全综合协调、充满活力的育人体制机制，落实立德树人根本任务，是贯彻党的十八大和十八届三中全会精神的重大举措，是提高国民素质、建设人力资源强国的战略行

---

① 靳玉乐：《新课程改革的理念与创新》，人民教育出版社，2003，第 3 页。

动，是适应教育内涵发展、基本实现教育现代化的必然要求，对于全面提高育人水平，让每个学生都能成为有用之才具有重要意义。

（二）课程改革全面深化的挑战

当前，课程改革进行到全面深化阶段，面临新的挑战和任务。首先，经济全球化日益深入，信息化突飞猛进，文化多样化造成各种思想文化交流、交融、交锋更加频繁，当代中小学生成长环境发生深刻变化。其次，当代青少年学生思想意识更加自主，独立意识更加牢固，价值追求更加多样，个性特点更加鲜明。最后，国际竞争日趋激烈，世界面临前所未有之大变局，人才强国战略深入实施，建设科技强国的迫切性更加显著，时代和社会发展需要进一步提高国民的综合素质，培养创新人才。这些变化和需求对课程改革提出了新的、更高的要求。

二、学校课程体系的价值取向

（一）理解学校课程体系

1. 课程

什么是课程？课程的定义有很多，其中最具代表性的主要有三种：一是课程是学科知识的总和；二是课程是一种计划或学习方案，即仅限于学校设置的科目表或具体科目的学程；三是课程是经验，即学生亲身经历活动所收获的经验[①]。以上三种定义各有合理之处，但并不能以此给课程下定义，课程的含义是随着社会的发展而不断变化的。不管从哪个角度看课程的内涵，课程的基本价值是不变的。

2. 课程体系

在学校层面上，学校课程不仅有国家课程、地方课程，还需要开发校本课程，并对这三级课程进行合理安排及整体规划，从而构建学校课程体系。学校课程体系建设归属于课程改革的范畴，是课程改革在学校层面的实践状态[②]。学校课程体系在国家教育方针的指导下，以学校的办学理念为引领，以实现学校育人目标为价值追求，将所有教育内容按照一定逻辑顺序、课程门类进行排列组合。

---

① 万维：《课程的力量：学校课程规划、设计与实施》，华东师范大学出版社，2016，第 2-3 页。

② 王明建、江涛：《学校课程体系建设的理论与实践研究》，中国社会科学出版社，2017，第 25 页。

3. 课程体系的作用

学校课程体系决定了学生通过学习将获得怎样的发展以及成为什么样的人，是育人目标的具体化和依托，规定了育人模式实施的规划方案。学校课程体系融合学校自身独特的现有文化，整合重组国家课程和地方课程，开发出满足学生发展需要的校本课程，并合理规划课程实施及评价，进而建构具有学校特色的课程体系。

（二）理解学校课程体系的价值取向

课程体系主要由特定的课程观、课程目标、课程内容、课程结构和课程活动方式组成，其中课程观起主导作用。在新课程改革的实践中，中小学积极采取行动改革学校课程，使学校课程进一步体系化。此次课程改革虽然有了一些成功的经验，但仍有一些学校对新课程改革的理念认识不到位。然而，科学、合理的学校课程体系建设，需要以新课程改革理念为指导，树立正确的价值取向。

1. 全人发展的课程育人观

全人发展的课程价值取向强调课程目标的完整性，包括基础知识的学习、个性的发展、能力的培养、良好道德品质的养成、国际意识的树立等[①]，这些课程目标几乎涵盖了学生发展需要的各个方面。课程是育人的载体，学校课程体系设计必须从人的角度出发，确定“培养什么人”的育人目标及“怎样培养人”的育人模式。

因此，学校课程的设计首先要关注学习者的特征，满足学生的发展需求。只有真正做到以学生为中心，才能实现学校课程的价值。在中小学实践中，课程体系的建设要以学生发展为本，从而真正实现以传统的学科知识为中心向以学生发展为中心的转变，如西安高新国际学校建设出“高新全人”的课程体系，其培养目标是培养具有健全人格的高德学、新智慧的高新少年[②]。

2. 综合取向的课程内容观

新课程改革的目标要求改变课程结构过于强调学科本位、科目过多和缺乏整合的现状，应对学校课程内容进行重组，进一步加强学科知识之间的联系。学校课程的内容设计主要是在学校教育理念的指导下，坚持学生本位、学科本位及社会本位的辩证结合，改变学校课程内容和结构，将国家课程、地方课程及校本课程三级课程有机融合，从整体上构建学校课程。

如重庆市谢家湾小学秉承“六年影响一生”的办学理念和“教育即影响”的教育思想，率先提出并实践了“红梅花儿开，朵朵放光彩”主题性学校文化，从课程整合切入，把小学十几

① 靳玉乐：《新课程改革的理念与创新》，人民教育出版社，2003，第 1 页。
② 陈如平、李红恩：《学校课程新样态：上卷》，二十一世纪出版社集团，2018，第 2 页。

门国家课程整合为阅读与生活、数学与实践、艺术与审美、运动与健康、科学与技术五门课程，构建了“小梅花”学校课程体系，并引起广泛的关注[①]。

3. 创生取向的课程实施观

课程实施就是将课程计划付诸实践的过程。新课程改革指出改变课程实施过于强调接受学习、死记硬背、机械训练的现状，指导学生主动参与、乐于探究、提高解决问题的能力。教师作为课程实施的主体，应培养学生自主、合作、探究的能力，必须从被动的课程实施转变为主动的课程创生。

创生取向的课程实施是在具体的教育情境中创生出新的教育经验的过程[②]，将教师从静态机械地执行课程中解放出来，不断调整课程计划或实施策略，生成符合特定教育情境和学生兴趣的课程[③]。那么，教师需要具备较强的课程设计能力和教学能力，引导学生学会学习的方法，使学生从被动的接受学习转向主动的探究学习。只有这样，才能使学校课程更加适切学生需要，满足新课程改革的需要。

4. 发展本位的课程评价观

新课程改革要求课程评价不能过于强调甄别与选拔的功能，应发挥评价促进学生发展、教师提高和改进教学实践的功能。课程评价是学校课程体系建设的一环，评价应促进课程的改进、学生的发展、教师专业水平的提高等。在课程建设方面，学校课程体系是在评价中发现问题，调整课程内容，改进教学管理，形成课程不断革新的机制[④]。

在学生方面，发展性课程评价不仅关注学生的学业成绩，还关注学生德育、体育、美育等多方面的潜能，有利于促进学生的全面发展。在教师方面，发展性课程评价要求教师从多方面了解学生，不断反思自己的教学行为并进一步优化，从而促进教师专业水平的提高。

三、学校课程体系的建构路径

在新课程改革的背景下，学校课程体系设计需要以新课程改革理念为指导，运用整体性思维思考学校的课程建设问题。当前，“由于许多学校对学校发展缺乏整体的考虑，孤立地看待学校发展中的问题，往往人为地割裂了学校内部各种因素之间的相互联系，造成各种各样‘分散化’‘碎片化’，乃至‘细碎化’现象”[⑤]。因此，学校在课程体系建设方面，仍然存在着一些发展性问题，如生本理念彰显不够，学校课程体系与学校教育办学理念结合不紧密，重视课程数量的提高、轻视品质提升等，导致学校课程体系的建设不能朝更高水平前进[⑥]。为

① 王明建、江涛：《学校课程体系建设的理论与实践研究》，中国社会科学出版社，2017，第 73 页。
② 靳玉乐：《课程论》，人民教育出版社，2012，第 332 页。
③ 赵文平：《生成性课程价值研究》，硕士学位论文，西南大学，2008，第 35-36 页。
④ 靳玉乐：《新课程改革的理念与创新》，人民教育出版社，2003，第 24 页。
⑤ 陈如平：《关于新样态学校的理性思考》，《中国教育学刊》，2017 年第 3 期，第 35-39 页。
⑥ 贾建国：《学校课程体系构建的发展性问题及其解决路径》，《当代教育科学》，2018 年第 5 期，第 27-30 页。

了解决这些问题，学校应树立学校课程体系的意识。陈如平研究员提出的学校课程体系的设计步骤（图 4-1），使我们对学习课程体系有了一个直观的认识。本部分从课程目标、课程内容、课程实施、课程评价等要素着手，整体规划设计学校课程体系，从而最大限度地提升学校课程的育人价值。

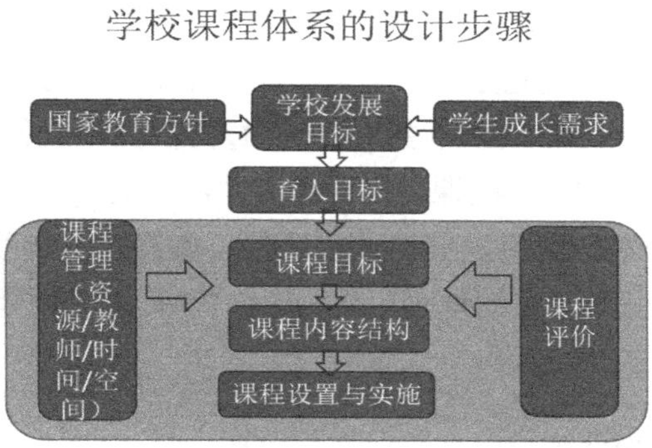

图 4-1　学校课程体系的设计步骤

（一）明确学校的课程愿景

“愿景是根据现有条件和信息对未来景象的有远见的预测或期待，学校愿景也就是指从学校现状出发对学校未来发展的一种有远见的预测或期待。”① 学校课程愿景的规划首先应从学校的实际出发，对学校课程未来建设进行预测或期待，从而影响学校课程建设的整体发展方向，这是判断一所学校是否具有课程建设能力的首要标准。规划学校课程愿景是对学校课程建设进行顶层设计，体现了学校对自身课程使命的价值判断，一般需要回答“办什么样的学校”“做什么样的教育”及“培养什么人”三个问题②，为学校课程体系的建设进一步指明方向。“学校课程愿景的形成过程是学校的成长和创造性的自我演化历程，是学校教育目标与课程目标逐渐澄清的过程”③，是师生对学校课程理念达成共识的过程。因此，学校课程愿景的规划需要满足以下三个条件。

1. 满足社会的实际需求

课程目标的设定是学校课程愿景与学校课程规划的有机产物，之所以是有机产物，是因为课程目标不是随机、随意产生的，而是与社会发展密切互动之动态生成的。换言之，课程目标要符合国家教育目的，要满足社会发展的需要。教育目的是教育要培养人的质量和规

① 王发斌：《基于课程领导向度的学校课程规划研究》，《齐齐哈尔大学学报（哲学社会科学版）》，2017 年第 1 期，第 7-10 页。

② 李润洲：《学校课程建设的教学论解读》，《基础教育》，2016 年第 3 期，第 31-35 页。

③ 周海银：《学校课程建设的内涵、取向与路径分析》，《山东师范大学学报（人文社会科学）》，2015 年第 1 期，第 123-129 页。

格的总要求，能体现出社会对人才的需求，反映了社会的价值取向。课程目标是一定教育阶段学校课程力图促进该阶段学生身心发展所达到的程度，是特定阶段学校课程所达到的结果。课程目标是根据教育目的制定出来的，是教育目的的下位目标。因此，学校课程愿景的规划必须符合社会基本价值取向，以国家的教育目的为基本前提。

2. 满足学生的成长需求

学校在规划课程愿景时，应充分考虑学生的成长需求。一方面，学生的需要可能涉及生活上的方方面面，应将生活分解成若干主要的方面，再依次调查各个方面。另一方面，结合地区间经济和文化发展水平的差异、课程资源和人才需求的不同，学校需要针对本校学生进行需求诊断，设计出适合本校学生发展的课程愿景。如贵州省定顺市关岭布依族苗族自治县实验小学的岭秀课程根据学校的地理位置，提出了“关山育仁爱，秀水出智慧”的办学理念，培养岭秀少年①。

3. 适切学校的办学理念

办学理念是由学校发展的文化传统、地理位置、资源优势等多种因素共同决定的，是学校生存、发展之本，是学校课程体系建设顶层设计的基础。在不同的教育哲学的指导下，学校课程目标不同，其愿景的规划也随之不同。

学校课程愿景体现了学校的发展定位，然而目前“许多中小学在发展定位上存在较为浮躁的赶超心理，赶超心理是目前我国社会心浮气躁的功利化追求在教育界的集中体现。”② 因此，学校课程愿景不是越高越好，而是应该适切于学校。课程愿景只有基于学校教育哲学，才能有效落地，更加适切学校各主体的发展。

（二）统筹学校的课程内容

课程内容是学校课程体系建设的主体部分，是“符合课程目标要求的一系列比较规范的由间接经验和直接经验组成的用以构成学校课程的文化知识体系”③。然而，学校是一个教学时间、教学地点、教学资源等相对固定的教育场所，如何在有限的时空内最大限度地发挥课程的育人功能呢？合理安排三级课程，构建立体的课程群是学校课程内容整合的关键。首先，国家课程是统一规划的基础课程，开足开齐国家课程是学校课程内容整合的前提条件；其次，地方性知识是知识体系中不可或缺的组成部分，倡导地方的文化差异性，开设地方课程是对国家课程的补充。最后，校本课程开发是课程管理权力下放给学校教师最直观的表现，实现了学校课程的个性化开发，是对国家课程、地方课程的补充。三级课程整合是学校课程内容改革的趋势，是新课程改革的必然要求，也是学校课程创新的主要方式，有利于发挥课程的育人功能。

① 陈如平、李红恩:《学校课程新样态:上卷》,二十一世纪出版社集团,2018,第 226 页。

② 陈建华:《论学校教育哲学及其提炼策略》,《教育研究》,2015 年第 10 期,第 57-63 页。

③ 靳玉乐:《课程论》,人民教育出版社,2012,第 207 页。

1. 严格落实国家课程

基础课程是国家课程和地方课程。国家课程代表了国家的意志，是自上而下由国家负责统一编制、实施与评价的课程，是国家对教育基本要求的体现①。由于国家课程具有统一性，在一定程度上难以体现出学校的特色。开足开齐国家课程是学校在进行课程设计时的基本要求。在实践过程中，国家课程的校本化是一个填补国家课程计划与学校实际落实之间的落差的过程，能增强国家课程的适应性。地方课程则进一步完善了国家课程体系，凸显地方区域特色，由省级教育行政部门进行规划。

2001 年，教育部出台的《地方课程管理指南（征求意见稿）》规定："地方课程是基础教育课程管理体系中的重要组成部分，由地方根据国家教育方针、课程管理政策和课程计划，结合本地的优势和传统，充分利用各类课程资源，自主开发并实施管理。"② 可见，地方课程更能体现地方特色，贴近学生的现实生活。如浙江省地方课程设置"通用地方课程"和"专题地方课程"两类，通用地方课程为省编教材《人・自然・社会》，专题地方课程有市编教材《我与杭州》《话说温州》《浙江绿谷》等②。

对于学校而言，国家课程和地方课程都是针对上级教育部门的要求设置的基础课程，学校在整合设计学校课程时，应遵循上级领导部门指示，以国家课程和地方课程为学校课程体系的核心，不得不开设、占用或变相占用基础课程的课时。国家课程和地方课程的校本化具有重要意义，一方面可进一步增强其在不同学校的适应性，更有利于促进不同地区的学校的发展；另一方面有利于形成学校自身的办学特色，促进学校的发展③。

2. 关照学校文化传统

在学校文化的浸润下，学校课程内容被打上深深的学校文化烙印，具有学校的特色，学校文化与课程之间关系密切。一方面，学校文化可以说是一种潜在课程。"潜在课程是非学术性的学习结果，对学生的影响是无意识的、隐含的和非预期的。"④ 学校文化作为潜在课程，主要体现在校风、班风、教风、学风之中，也可以体现在校园文化建设上，例如名人标语。学校文化潜移默化地影响着学校全体成员的行为，具有一定的教育意义。另一方面，学校课程建设是学校特色文化建构的一种渠道，同时，整合建设学校特色的课程，也能使学校的特色文化得以发展⑤。

3. 合理利用在地资源

在地资源是校本课程的重要内容。何为校本课程？顾名思义就是学校自主开发的课

① 李群：《学校课程的知与行》，知识产权出版社，2017，第 79-80 页。
② 于善敏、王飞：《我国地方课程的历史回眸与现实反思》，《当代教育科学》，2018 年第 9 期，第 61-65 页。
③ 李群：《学校课程的知与行》，知识产权出版社，2017，第 31 页。
④ 靳玉乐：《课程论》，人民教育出版社，2012，第 265 页。
⑤ 李群：《学校课程的知与行》，知识产权出版社，2017，第 29 页。

程，是以学校资源为基础而本土生成的课程[①]，是对国家课程、地方课程的补充。从知识选择上看，国家课程、地方课程的知识相对来讲具有一定的普适性，能满足学生个体社会化的需要，而校本课程的知识则更加强调境遇性，能满足学生个性化的需要。

校本课程弥补了国家课程、地方课程的个性化不足的缺陷。此外，校本课程的开发丰富了课程知识，贴近学生的生活实际，为学生提供了更多的课程选择空间，为学生的个性化发展增加更多的可能性。如重庆礼嘉中学开发了人文社科、科学创新、艺术创造、生活健康、公民社会等系列校本课程[②]，扩大了学生课程选择的权利，促进学生的全面发展。值得注意的是，校本课程的开发不能仅凭开发者的主观经验，而要注意开发的规范性、科学性，充分保障校本课程的开发质量。

（三）设计科学的课程图谱

图谱是通过图像更好地了解事物的一种形式，是用图标等形式表现出来的形象。图谱可以有效表现出事物和现象的结构特征、组成物质以及变化趋势等内容。课程图谱是把学校课程“图谱化”的成果。课程图谱化不是课程与图谱的简单相加，而是基于图谱化的思维，对学校课程的内在建构理路与逻辑的系统化表达。

1. 课程图谱彰显办学理念

课程图谱的生成基于学校的办学理念，是学校办学理念的课程化表达。图 4-2 所示的课程图谱便彰显某所学校的办学理念——办一所“有戏生活”的学校。

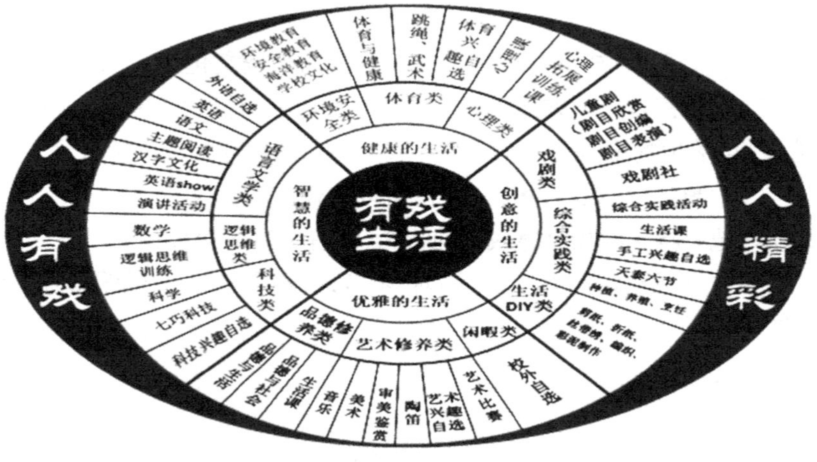

图 4-2　课程图谱“有戏生活”

① 李群：《学校课程的知与行》，知识产权出版社，2017，第 31 页。
② 陈如平、李红恩：《学校课程新样态：上卷》，二十一世纪出版社集团，2018，第 43-46 页。

2. 课程图谱明确育人目标

育人目标是育人模式整体建构中的核心理念，是“培养什么人”的校本化回答。图 4-3 中的课程图谱明确了该校的育人目标——培养善为、智为、美为、勇为的有为少年。

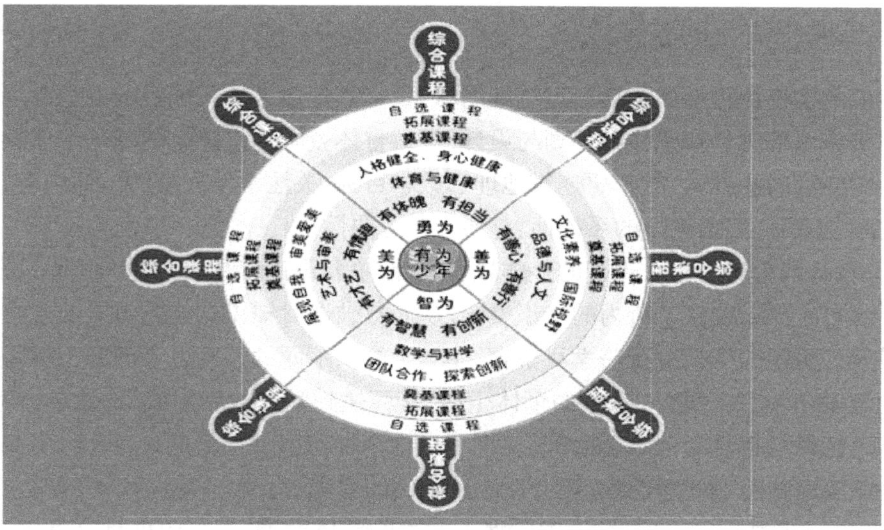

图 4-3　课程图谱“有为少年”

3. 课程图谱凸显课程结构

如图 4-4 所示的课程图谱就清楚地展示了学校的课程结构和层次以及指向的学生群体和培养目标。

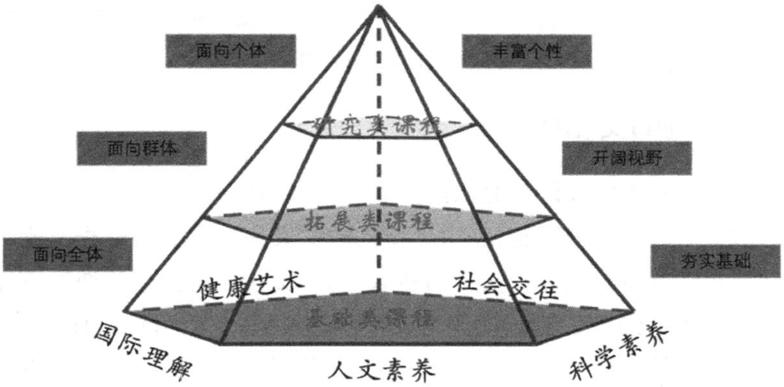

图 4-4　课程图谱

（四）协调学校的课程实施

从广义上看，课程实施是将课程计划付诸实践的过程；从狭义上看，课程实施即教学。

课程专家辛德等人把课程实施的取向归纳为忠实、相互调试和创生三种取向。在新课程改革理念的指导下，学校课程实施要将接受学习转变为主动参与，学生的主动参与越积极，课程实施的不确定因素越多，这就要求学校课程实施应打破忠实取向的藩篱，朝创生取向前进。

1. 注重课程实施的整体性

整合后的学校课程增强了知识点之间的联系，有效规避了分科课程的一些弊端，这就要求学校在实施课程时进行整体的规划与设计，进行整体教学。整体教学的基本思想是：在全面整合教学内容的基础上，教师要连贯地理解教学目标，关注学生先前所学的内容与新学习的内容之间的联系，突出教学的系统性、有序性和方向性。

例如，教师以单元为单位进行的整体教学设计，单元设计就是以主题为核心进行的教学设计，其优势在于：①关注学科内的知识整合，从而打破课时知识点彼此孤立的现象；②有利于借助对某一主题的认识进行跨学科整合，使学生能从不同的角度思考问题；③单元教学关注真实的教学情境，便于融入学生的个体生活，从而达到学以致用的效果；④单元教学设计为学生的个性发展提供了更大的空间，实现了学生个性与共性发展的统一[①]。由此可见，整体教学是顺应课程整合的新模式，符合新课程实施的要求。

因此，在新课程理念的指导下，为了促进学生的整体发展，教师应该具有整体教学的设计观念。首先，教师应整体分析教情。对教学情况的了解与掌握主要在于整体把握课程标准，分析课程标准的目的在于明确学生需要学习什么、应该学到什么等关键问题，明确教学内容的重难点，从而做到重点突出、详略得当。其次，教师应整体分析学情。一是分析学习者的整体特征，做到因材施教；二是整体把握学生目前的学习进度，以制订下一步的学习计划。最后，教师应整体分析教学方法。教学方法是引导调节教学过程的重要手段，教师应根据课程类型选择适当的教学方法，从而保证教学有效性。如一些操作类的实践课程，教师应采取实践教学方式，提倡学生多动手，而非注重理论知识的传授。

2. 注重课程实施的文化性

正如前文所提到的，将学校课程有效落实到学校日常的教学中，改变传统的教与学的方式，就需要坚持创生取向的课程实施，创造出新的教学文化。传统的课程实施不再能满足新课程改革的要求，文化再生才是课程实施的新取向。“文化再生是布尔迪厄首先提出的一个概念，突出强调日常生活经验。他认为作为一种动态过程，它既可保持任何符号学系统（例如文化）的诸要素之间的‘体内平衡’，又可以为系统提供进化的可能。”[②]新课程改革要求学校更新旧文化，再生新文化，以满足新课程实施的需要。在课程改革的实践过程中，有了教学文化的更新与再生，教师才能创造性地实施课程，强调课程与学生日常经验的紧密结合，转变教学方法，促使学生形成自主、合作、探究的学习模式，如重庆谢家湾小学针对教师“一

① 李磊、安桂清：《以单元为单位进行整体教学设计》，《人民教育》，2019 年第 1 期，第 52-55 页。
② 萧俊明：《布尔迪厄的实践理论与文化再生理论》，《国外社会科学》，1996 年第 4 期，第 49-50 页。

言堂”现象，创设出“对话课堂”，形成生动、生活、主动、互动的课堂教学生态①。

3. 注重课程实施的灵活性

当下，随着课程类型的不断丰富，学校越来越意识到固定班级、固定座位不利于学生的主动参与，给一些学校课程的实施带来不便。因此，学校必须打破传统的教学组织形式，寻找一种新的、适应学校课程实施的教学组织形式。于是，走班制这一教学组织形式重新被重视。在我国，最早开始走班制教学实验是在 1991 年，南京师范大学附中针对当时高中必修课程中“发展学生个性的时间比较少，必修课占的比例较大；课程内容结构不尽合理，要求仍然单一，缺少层次，无法满足学校和学生的需要”等问题，开展了“必修课程分层教学”的实验研究，这是我国首次开展学科分层走班教学实验，为我国进一步研究学科分层走班教学提供了宝贵经验②。由此可见，关于走班制研究由来已久，新课程改革以来，“我们逐渐从分层走班教学研究转移到选课走班研究，选课走班作为新时代背景下以课程改革触发学校全方位育人转型的引擎器，是学校整体教育生态的重新建构，是一种以课程体系建设推动课堂教学组织、学校管理体制、学校文化建设、教师专业成长、学生学习共同体建设等各方面发展的全方位变革。”③

具体来讲，选课走班是指突破原有的课程设置，打破固定班级的限制，学生可根据自身的兴趣爱好和发展需求有目的地选择课程，是一种教室固定、学生流动的上课方式。学生不再固定于一个教室上课，而是上哪门课就去哪个教室，但是仍然保留班级的形式，便于学校的管理。每个学生的课程都是自主选择的结果，每个学生都拥有不同于他人的课程表，从而满足学生的个性化发展的需要。如北京十一学校以走班上课的教学空间组织方式保障每位学生能够按照自己的课程表上课学习，可能是同一年级或者不同年级的学生因个人的兴趣、需要而选择一门课走进同一间教室，这种方式具有一定的开放性④。此外，虽然选课走班有利于整合课程的实施，但是这种上课的形式也存在着不足，如给学生的管理带来不便，对学校的师资力量、硬件设施等也提出了更高的要求等。

此外，根据课程实施的需要，灵活安排课程实施时间，实行长短课，也是课程实施的一个新变化。随着新高考的逐渐铺开，选课走班为课程实施提供了更多的灵活性。

（五）做好学校的课程评价

课程评价是学校课程设计中的反馈环节，具有诊断、修正、鉴别与决策的功能。因此，课程评价能检查课程目标的编订与实施是否实现了教育目的、实现程度如何，以判定课程设计的效果，并据此做出改进课程的决策⑤。因此，学校课程评价便是对学校课程建设进行的价

① 王明建、江涛：《学校课程体系建设的理论与实践研究》，中国社会科学出版社，2017，第 77 页。
② 吴金航：《新课程背景下中学课堂学科分层走班教学研究》，硕士学位论文，贵州师范大学，2008，第 19 页。
③ 张晓宇：《选课走班的理论与实践》，硕士学位论文，山东师范大学，2017。
④ 王明建、江涛：《学校课程体系建设的理论与实践研究》，中国社会科学出版社，2017，第 96 页。
⑤ 李群：《学校课程的知与行》，知识产权出版社，2017，第 58 页。

值判断,能达到改进学校课程的目的,优化学校课程结构。要想做好学校课程评价,并使之有序开展,应做到以下两点。

1. 秉持发展本位的理念

在新课程改革理念的指导下,学校课程的整体构建倡导"立足过程,促进发展"的课程评价①,强调学校评价由选拔性评价转向发展性评价,发展性评价因此受到了学校的广泛重视。发展性评价的科学性主要体现在:评价主体从单一到多元,除了教师评价外,还包括学生自评、同伴互评、家长参评等多元主体评价;评价内容从单纯重视知识掌握到注重考查学生的综合素质,不仅包括学业内容的评价,还包括学生的社会实践活动评价。在新高考背景下,综合素质评价与高校招生挂钩,引起了广泛的重视;评价方式从静态的终结性评价到动态的过程性评价②,为了适应这一评价方式的转变,部分学校已经建立起相对完善的电子平台,记录学生的学习与生活,该平台上的数据已成为综合素质评价的参考依据。发展性评价区别于选拔性评价和水平性评价,注重诊断、激励和发展的功能,其目的在于更好地促进学生的成长,促进教师教育教学水平的提高,促进学校发展③。

首先,评价应该促进学生的全面发展。在新课程改革的实践中,一些学校已经意识到评价不能仅仅关注学生的学习成绩,而应该从多个角度考查学生的综合素质,注重学生的全面发展。例如清华大学附属小学的"1+X"的学生评价,"1"指的是期末综合测试,"X"指的是分项考核与学分累加,强调评价的激励功能,坚持多元评价,促进学生的自主发展④。

其次,评价应促进教师的专业发展。教师不再只用成绩对学生的表现进行考核,而是关注学生在校生活的全过程。教师是学校课程体系建设的主要参与者,是课程评价的主体之一,发展性课程评价对教师的专业水平提出了更高的要求。

最后,评价应促进学校的发展。学校课程的整体构建要求建立以学校自评为主,教育行政部门、家长、社区共同参与的评价制度,从而为学校课程改进决策提供依据⑤。例如育英学校提出了扁平化矩阵式管理模式,课程评价将由中心、年级、班主任、学生同时给出,多个部门共同参与,促进评价的客观公正⑤。

2. 建构科学有效的评价体系

在新课程改革的理念指导下,学校课程评价体系的构建需要满足以下几个基本条件:一是以促进学生核心素养的发展为基本前提,实现课程最基本的育人功能;二是实现多元主体参与课程评价,形成课程评价共同体;三是通过多种渠道搜集评价证据,保证评价的全面客

---

① 李群:《学校课程的知与行》,知识产权出版社,2017,第 58 页。

② 林正范、贾群生、任顺元等:《课程更新与教师行为的改变》,浙江大学出版社,2005,第 218-228 页。

③ 王焕霞:《发展性学生评价:内涵、范式与参照标准》,《山东师范大学学报(人文社会科学版)》,2017 年第 1 期,第 105-110 页。

④ 李群:《学校课程的知与行》,知识产权出版社,2017,第 58 页。

⑤ 李群:《学校课程的知与行》,知识产权出版社,2017,第 61 页。

观；四是注重过程性评价与终结性评价相结合的评价方式，关注学生的全面发展。

在此基础上，学校课程评价的基本内容包括课程方案评价、课堂教学评价、学生学业评价三个方面。这三个方面涵盖了学校课程实施的全过程，学校应从这三个方面构建学校课程的评价体系。

首先，学校对课程方案进行评价。课程方案是在学校课程实施前对课程进行的整体设计与规划，一般包括课程目标、课程结构、课程实施、课程评价、课程保障等。以重庆市南川区隆华第五小学的课程方案为例，“学做真人”是课程总目标，贯彻落实国家课程（占总课时的 80%），积极探索开发地方及校本课程（占总课时的 20%），详细规划了课程设置与课时安排。在课程实施方面，学校将国家课程校本化实施，校本课程特色化实施；在评价方面，对国家课程进行督导评价、综合评价，对校本课程进行自我评价、他人评价；在课程保障方面，学校成立课程领导办公室，进一步加强课程管理，落实课程运作，提供制度上的保障与支持[①]。学校课程方案安排的科学合理是保障课程方案有效实施的首要前提。

其次，课堂教学评价是对学校课程实施过程的评价。课堂教学评价是提高课堂教学质量的关键环节，是促进教师专业发展、保障育人目标顺利实现的重要手段[②]。课堂教学的主体是教师，那么对课程教学的评价就是对教师教学质量的评价吗？迄今为止，对一堂课的评价并没有一个固定的标准，但是对课堂教学评价有一定的共识。“课堂教学是一个需要教师精心设计、组织，教师教与学生学同时发生并不断互动的过程，课堂教学评价是着眼于改进教师教学行为、提高课堂教学质量而进行的对教师课堂教学的设计、过程及结果的评价，其最终目的不是给教师的教学简单打分、鉴定分等，而是为教师的教学提供反馈信息，帮助教师对教学进行分析、诊断，从而促进课堂教学水平的提高。”[③]

最后，学生学业评价是对课程实施结果的评价，能够有效反映出学校课程体系建构是否合理。学校课程作为育人的载体，是为学生的发展而服务的，学生的发展是学校课程评价的关键性指标之一。对学生的学业进行评价，是在全面、系统地收集资料的基础上，选择量化和质性相结合的评价方法，如利用纸笔测验、档案袋评价、表现性评价等多种方式，对学生道德品行、学业水平、身心健康、艺术素养、社会实践等方面进行综合评价，从而促进学生的全面发展。以宁波市海曙中心小学为例，学校利用现代教育技术对学生进行精准评价，还结合代币评价、亮星评价、积分认证等多种方式，对学生的健行、善行、智行、美行、雅行五个方面进行评价。

---

① 重庆市南川区教育委员会：《学校课程方案编制》，上海三联书店，2016，第 45-52 页。

② 郝志军：《中小学课堂教学评价的反思与建构》，《教育研究》，2015 年第 2 期，第 110-116 页。

③ 刘志军：《教育评价》，北京师范大学出版社，2018，第 263 页。

第五章　课堂深度学习实践

课堂是落实立德树人根本任务的主渠道、主阵地，更是育人模式整体建构的落脚点。在课堂中提升学生发展核心素养，培养学生的必备品格与关键能力，必须对课堂教学的理念、形态、方式方法等进行变革。近年来，“深度学习”作为一种关注学生深层理解、促进学生全面发展的学习方式，日益成为教育理论研究和育人模式探索实践的热点和重点。本章分析深度学习及其主要特征以及如何进行校本化实践。

一、深度学习的内涵与特征

（一）深度学习的内涵

1. 国内外学者的理论研究

美国研究院（AIR）在实施 SDL（Study of Deeper Learning: Opportunities and Outcomes）项目时，对深度学习做了如下界定：深度学习是学生胜任 21 世纪工作和进行公民生活时必须具备的能力，这些能力可以让学生灵活掌握和理解学科知识以及应用这些知识去解决课堂和未来工作中的问题，主要包括掌握核心学科知识、批判性思维和解决复杂问题、团队协作、有效沟通、学会学习、学习毅力六个维度的基本能力。可以看出，该定义主要从学习结果的角度诠释了深度学习。

美国国家研究委员会（National Research Council，NRC）为了区别深度学习能力和 21 世纪能力框架中的能力体系，特将深度学习能力分成认知领域、人际领域和个人领域三个维度的能力。这三个领域正好可以完全包含美国国家研究委员会定义的深度学习的六个能力。

康淑敏教授认为深度学习是对学习状态的质性描述，涉及学习的投入程度、思维层次和认知体验等诸多层面，它强调对知识本质的理解和对学习内容的批判性利用，追求有效的学习迁移和真实问题的解决，属于以高阶思维为主要认知活动的高投入性学习。

刘增霞、郭华教授认为深度学习是在教师引领下，学生围绕着具有挑战性的学习主题，全身心积极参与、体验成功、获得发展的有意义的学习过程。在这个过程中，学生掌握学科的核心知识，理解学习的过程，把握学科的本质及思想方法，形成积极的内在学习动机、高级的社会性情感、积极的态度、正确的价值观，成为既具独立性、批判性、创造性又有合作精神、基础扎实的优秀学习者，成为未来社会历史实践的主人。郭华教授在多篇文章中阐释深度学习要充分体现学生的主体性，并基于此进行教学改进。

2. 相关的实践探索

2006 年 10 月，郭元祥与台湾成功大学教育研究所所长李坤崇教授联合发起“海峡两岸能力生根计划”，推进能力导向的深度教学的理论研究与实验研究，主张以价值观、知识观、学习观、过程观的重建为基础，以发展学生的学科能力为宗旨，实施深度教学，克服课堂教学改革过于注重教学程序、教学技术、教学时间的浅层次改革和表层学习的局限性，深化课堂教学改革。

2011 年后，田慧生、郭华、马云鹏等研究专家带领团队开始启动深度学习的项目研究。深度学习的提出有助于反思现实的教学改革，有助于体现教学中学生的主体地位，有助于梳理教学内容和提升教学的教育性，最终促进学生的发展。深度学习是学生主动的、有意义的、自主参与学习的过程。其特征体现在联想与结构、活动与体验、本质与变式、迁移与应用等方面。教师进行基于深度学习的教学改进，要把握关键内容，营造民主、平等、合作的氛围，了解学生的学习情况，追求美的教学境界。

深度学习是与浅层学习相对的学习方式，在相同难度的学习中，学生可能采用浅层学习的方式，也可能采用深度学习的方式，但是他们掌握学习内容的效果是有很大差异的。学习专家爱德加·戴尔在学习的金字塔模型中列出了七种由表层至深层的学习方式：听讲、阅读、听声音（或看图片）、示范、小组讨论、做中学（实际演练）和教别人（马上应用）。学习效果在 30%以下的学习者最常用的是个人学习、简单记忆，而学习效果在 50%以上的则是团队学习、主动参与学习和实践性学习。

综上研究，深度学习是指在教师的引领下，学生围绕具有挑战性的学习主题，通过深度体验、深刻思考与互动探究，在知识、能力、素养等方面获得发展的有意义的学习过程。在这一过程中，学生深刻理解学习的意义和过程，掌握学科的核心知识，把握学科的本质和思想，形成积极的内在学习动机、高级的社会性情感和正确的人生观、价值观和世界观，成为基础扎实又兼具合作性、批判性、创造性的复合型优秀学习者。

（二）深度学习的特征

1. 学生主体的多维性

深度学习是旨在引导学生深入学习内容的内部，并进行主动的、有意义的学习，在与老师、同学合作的过程中体验对知识的深度理解、应用、分析、综合与评价，在质疑、探究与合作的过程中享受学习与合作的快乐，提升情感态度与意志品质，是学生的主体性学习。同时，深度学习要促进不同学生在原有基础上的深度发展，体现学生主体的多维性。

2. 学习目标的整体性

深度学习以学生全面发展为根本出发点和最终归宿，着力指向知识的多维意义实现，旨在促进非结构性知识的习得和高阶思维能力的形成与提升，促进学生的情感态度与意志品质的完善与提升。

3. 学习方式的建构性

确定成为深度学习内容的三个判断标准是：知识的广度、知识的深度和知识的充分关联度。学生通过与学习内容的深度对话，深入思考与体悟，明白知识形成的过程，实现真正意义上的知识建构与发展。

4. 学习过程的互动性

深度学习的发生基于理解，面向问题解决，经历师生、生生质疑、合作、探究等一系列互动过程，实现学生的深度发展。

5. 学习结果的多效性

深度学习能够促进高阶思维能力的发展，提高学生合作与探究的能力，完善并提升学生的情感态度和意志品质，提高学生的生命质量。

6. 学习目的的实践性

深度学习的最终目的是培养学生在实践中的应用与创造能力，提高学生认识问题与解决问题的能力。

二、深度学习视阈下的教学转变

深度学习视阈下的教学要实现从知识本位向素养本位的转变，真正的教学是教人，而不是教书，学科教师不是教学科，而是用学科来教人。因此，学科教学要向学科育人转变。

（一）教学要围绕核心素养展开

1. 明晰学生发展核心素养

教育的根本任务是立德树人，教学要以立德树人为核心和根本任务。那要如何立德树人呢？首先要明晰的是树什么样的人，即弄清人才培养目标的问题。从国家层面来看，对人才规格有了明确的规定，即德智体美劳全面发展的社会主义建设者和接班人。而实现这一目标，则需要学生发展核心素养和学科的具体达成。学生发展核心素养是党的教育方针的具体化。

2. 凝练各学科的核心素养

为建立核心素养与课程教学的内在联系，充分挖掘各学科课程教学对全面贯彻党的教育方针、落实立德树人根本任务、发展素质教育的独特育人价值，各学科基于学科本质提炼了本学科的核心素养，明确了学生学习该学科课程后应具备的正确价值观、必备品格和关键能力，对知识与技能、过程与方法、情感态度价值观三维目标进行了整合。

3. 基于学生和学科核心素养的评价

课程标准还围绕核心素养的落实，精选、重组课程内容，明确内容要求，指导教学设计，提出考试评价和教材编写建议。学校教学要以核心素养为基本出发点进行展开，围绕学生发展核心素养来设计教学目标，围绕学科核心素养要求来整体设计教学内容和教学任务，并根据学生发展核心素养和学科核心素养要求进行教学评价。

（二）教学要有课程体系意识

学校教学建设需要强化课程体系意识，从“整体育人”的高度来不断推进。

1. 课程与校本学生核心素养建立联系

从纵向来看，学校教学需指向校本学生核心素养，校本学生核心素养渗透着学校教育哲学。从学校教育哲学到校本学生核心素养，从校本学生核心素养到课程目标、课程内容，纵向贯通。在学校课程与校本学生核心素养之间建立实质性连接，是学校课程建设的主要标准，也是学校教学改革的重要旨归。学校需关注影响学生未来发展的关键能力、必备品质是否具有课程支撑，每门课程能否助力学生核心素养的养成。

2. 教学以课程体系培养的核心素养为纲

从横向来看，课程体系包含学校各课程板块之间、课程之间的内在联系。学校课程规划须在开齐开足开好国家课程的前提下，立足学生全面发展与个性发展，打破课程壁垒，消除课程拼盘，形成一个相互衔接、关联协同、逻辑严密、能量流动顺畅的学校课程生态圈，充分发挥课程的整体育人功能。

强化课程体系意识有利于学校课程建设从关注数量转向注重质量、从课程开发转向整体规划，实现课程结构优化和内涵发展；有利于学校通过具有独特性质的课程系统提升学校的品质，实现特色发展；有利于教师了解学校课程全貌，深刻认识自己所承担课程的目标和任务，实现学校教育愿景。学生核心素养的真正落地，需要学校在课程建设上协调诸多关系，强化统筹意识。

教学上，学校须以课程培养的核心素养为纲，统筹课程目标、内容、实施、评价，以课程内容支撑课程目标，通过课程实施实现从课程内容到课程目标的转化。以学科课程为例，课程实施需要创设真实的问题情境，学生在学科观念的探究、使用与实践中获得学科思维、发展学科理解力，从而形成学科核心素养。

课程评价是课程建设的重要环节，需要从知识技能中心转向素养中心，重视对学生思维与问题解决能力方面的考核。课程评价通过对学生学习过程与结果的监测和评估，反馈课程目标与内容的适宜性，更好地引导课程实施。

（三）建立以学习者为中心的学习观

基于学生学习的教学不仅是教学本质的体现，而且是学生形成学科核心素养的必然要求。因此，在“建立以学习者为中心的人才培养模式”背景下，面对当前的教学改革形势，我们要重建教学关系，先学后教，促进完整的、原生态的学习模式的形成。以学习者为中心的学校教学中的学习不同于传统意义上的学习，教师应该认识到：学习必须是主动的，而不是被动的。

1. 学生积极主动参与学习

在以学生为中心的课堂上，学生应积极主动参与，能够在很大程度上对自己所处教学情境或任务做出反应，建构自己的知识体系，应该通过做来学，而不是被动地坐着听。在以学生为中心的教学中，教师应避免用单一的教学方式进行授课，而应为学生创设多样化、个性化的问题情境，组织他们用不同的方式探讨教学内容。

2. 学生在小组中合作学习

学生应共同学习。教师不能孤立学生，不要求学生单独学习，而是要在日常教学中引导学生以小组的形式合作学习。学习也是一种社交活动，在学习活动中，学生应一起学习、互相探讨、交流观点、提供反馈，教师应为学生提供相互学习的机会和让其感到安全的环境。此外，学生应学会学习。学习的首要任务是“学生学”而不是“教师教”。教师应对学生进行学习策略的指导和教育，一方面，促使学生养成良好的学习习惯，如课前预习、上课做笔记、课后复习等，另一方面，指导学生根据自己的学习特点寻求适合自己的行之有效的学习方法。

三、深度学习视阈下的课程变革

2001 年颁布的《基础教育课程改革纲要（试行）》明确提出：“改变课程结构过于强调学科本位、科目过多和缺乏整合的现状，整体设置九年一贯的课程门类和课时比例，并设置综合课程，以适应不同地区和学生发展的需求，体现课程结构的均衡性、综合性和选择性。”这为课程与教学的统整提供了政策与理论支撑。

传统的分科课程与教学的弊端表现在过分关注过往或现成知识的学习和掌握，在一定程度上脱离了学生的真实生活和真实情境，忽视了学生对现实生活实践的探究和体验，学习成了知识的记忆和教材内容的掌握。由此，形成了封闭的程式化学习过程，师生追求学习答案的唯一性和正确性，缺乏自己的理解、创造和发现，这使得学生难以建构属于自己的学科结构，难以养成解决实际问题的能力，压抑了他们的学习热情和学习兴趣，深度学习和高阶思维、创新能力和核心素养的形成难以落实。因此，深度学习视阈下的课程必须走向统整。

（一）学科脉络统整

课程与教学的统整主要包括学科内、多学科、超学科和跨学科统整等形态，它打破了学科壁垒，师生根据课程标准以主题的方式从“我与自然和科学”“我与社会和他人”“我与自己”等方面寻找概括性强的大观念，以大观念统领学科结构和过程结构支持下的事实性主题，借助核心概念和体验探究等教学支架，以学生的真实生活为基础和载体，把语文、数学、英语、思想品德、科学、艺术、体育等学科内容融合到综合的主题中，使学习者的生活经验与所学内容密切联结，让学习者在真实情境下进行深度探究。

（二）主题统整

利用生活主题为学科探究提供真实的情境与经验素材，将目标、知识、技能、过程、方法、思维和价值观整合起来，实现学科内部、学科与学科、学科与生活、学校与社会的联系，实现知识与学生生活的贯通，让学生感受、探究和体验知识与真实世界的紧密关系，让世界成为教学的“鲜活教材”，使学习者在学习过程中不仅掌握知识，而且体验过程和生活的意义。由传统的以知识为主体、学科导向的学习转变为以学生为主体、个体化导向的学习，提高学生适应社会生活的能力，从而培养其创新精神和实践能力。

（三）跨学科统整

跨学科教学是当下我国中小学教育教学改革创新的一大亮点。跨学科教学之所以出现并成为一些中小学校教学改革的“宠儿”，一是跨学科教学体现了学生发展核心素养的要求。2016 年 9 月，北京师范大学课题组发布的《中国学生发展核心素养》，分 3 个方面、6 大素养、18 个基本点从中观层面系统回答了“立什么德、树什么人”的根本问题。

《中国学生发展核心素养》的发布以及依据核心素养系统推进中小学课程、教材、教学改革标志着我国基础教育进入了以“核心素养”为标志的新时代。跨学科教学从本质上而言，是要突破学科固有的知识体系，实现学科的有机融合，为培育学生发展核心素养服务。

跨学科教学彰显了学校课程改革的深度。当下很多学校课程改革已经走出特色课程建设的初级阶段，转而进入学校课程的整体建构阶段。在这一阶段，学校站在“整体育人”的高度去设计与思考学校课程体系，根据学校的育人理念、育人目标去整体设计、组合课程，统筹考虑课程实施的方式、评价方式，发挥课程育人的特殊功能。跨学科课程从本质上而言是学校基于育人目标和育人理念，对国家课程、地方课程、校本课程的重新设计和组合，是学校课程发挥整体育人合力的重要“助推器”。

跨学科教学蕴藏了对整体发展的人的关照。每个人都是社会的一分子，都是一个复杂的有机体。马克思说，现在的社会不是坚实的结晶体，而是一个能够变化并且经常处于变化过程中的有机体。有机体的基本特点在于整个机体是由各个部分组成的，而且各个部分之间又是相互关联、相互制约的，任何一个部分出了问题都会危及整体。同样，人以及人的全面发展也是如此，需要协调与共生。跨学科教学为人的学习提供了一种新的审视视角、新的探析方法以及新的拓展思路，其本身就是联系、协调、有机与共生的。

中小学推进跨学科教育的实践是多元的，如语文的主题阅读教学。跨学科教学、STEAM 教育、PBL 项目学习等，在落实推进上有的采取进入学校课程表的方式系列推进，有的采取活动课程的方式零星推进，有的结合社会实践、研学旅行“混搭”推进等。实践不同、落实推进的方式各异会影响跨学科教学的实践效果与育人功能。

基于此，我们认为，推进跨学科教学一是要有整体性思维，要整体设计学校的跨学科教育教学实践，既要警惕跨学科教学与学科教学的冲突，避免学科知识体系目标未达成、跨学科教学融合不同学科内容不达标的窘况，保证跨学科教学是为了达成学校育人目标而设计和实践的，而非为了跨而跨。二是要有科学的教学任务的驱动，跨学科教学有很强的情境性，是基于一定情境去达成某一学习任务的教育过程。因此，科学的任务设计和驱动是关键。跨学科教学在整体设计和实施的过程中，需要基于不同学科的目标要求、学生发展的真实需要、现有的教育资源、时间（如以四季为主题）等进行统筹，设计出一系列的探究性任务和主题。三是加强学科协同。跨学科教学是超越学科本位的，它强调的是同伴、师生共同综合运用各种教育资源进行探究、实践或创新。因此，人与人的协同、人与物的协同、人与自然的协同是开展跨学科教学的关键。

四、深度学习的课堂教学实现策略

策略是从观念走向行动、从理论走向实践的操作系统、路径和方法，只有将核心素养所倡导的观念和理论转化为实施策略和行动方案，核心素养培养才能真正落地。

（一）整体化策略

“整体”对学校教学而言，至少包含三层意思：一是教学要关注学生的全面发展，要从培养德智体美劳全面发展的人的角度去关注教学，而不是仅仅关注知识的传递；二是从学生学的角度来看，教学要联系学生的实际、学校的实际以及育人目标的整体指向，实现普遍的联系与嫁接；三是从关系的角度来看，教学要与课程发生深度关联，实现内容的统整与教学的有机融合。

（二）情境化策略

教学是一定教育情境的产物的推进过程。李吉林的情境教育特别强调激发儿童的学习兴趣，把儿童带入情境，在探究的乐趣中，发挥儿童的学习的主动性，强化其学习动机。学生入境后，焕发了丰富的想象与感受，反过来又营造了课堂的情境。教学就成为学生乐于参与的、有趣的、有意义的活动。情境教学不仅帮助学生更好地感受与理解教学内容，有效地完成教学任务，还可以更好地训练感受，培养直觉，发展创造力。要培养和发展学生核心素养就要注重在教学中调动学生的观察、体验、想象、思维能力，以及某些潜在的非智力因素，促进学生智能、情感和品质的全面发展。

（三）自主化策略

学生是教育的主体也是学习的主体。教学如果不能关涉和培养学生的自主性，就不是真正的教学，更不能培养学生的核心素养。学生核心素养培育和养成的过程是学生个体逐步内化与生成的过程。在这一过程中，学生需要积极进行自主建构和意义生成，只有这样的教学才能更好地关注学生生命成长和自我发展，更符合学生发展核心素养目标提出的具体要求。

五、深度学习的校本化实践

本部分以中国教育科学研究院朝阳实验学校“思考力”课堂为例。所谓“思考力”课堂即通过系统的教与学的设计，培养学生分析、综合、推理、判断能力和素养的一种教学模式，学生在这一过程中不仅思维获得提升，也能够做到知行合一，将所学知识融会贯通，解决实际生活生产问题。“思考力”课堂的最终指向是深度学习。

（一）课堂教学的基本元素

“思考力”课堂包含“明”“问”“思”“辩”“悟”“用”六个主要元素，它们分别指向教学（学习）目标、问题设置（任务）、思考、辩论、感悟、应用等，简化为“明、问、思、辩、悟、用”，如图 5-1 所示。

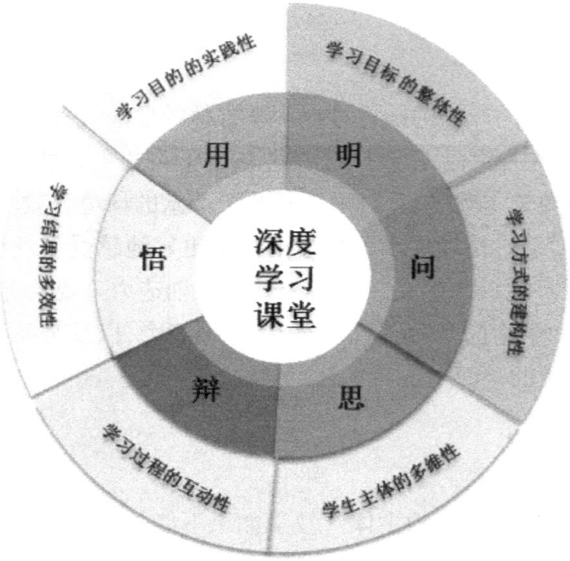

图 5-1　深度学习课堂关键元素及特征示意图

1. 明:明晰教学(学习)目标

这里的目标,从教师的角度说是教学目标,从学生的角度说是学习目标。教师在确定教学目标时,要注意三个方面:①以课标为依据,以教材为参考,以学情为基础,准确地确立教学目标;②目标要切实体现高阶思维能力和情感态度与意志品质的培养;③目标要明晰、具体,便于问题的提出与表达,从而为课堂实施找到切入点。

如数学“等腰三角形的性质”一课,教学目标可以确定为:①探索并能证明等腰三角形的性质,会根据不同的条件选择合适的性质证明两个角相等或两条线段相等;②经历等腰三角形性质探索和证明过程,知道研究几何图形的基本思路是观察、实验、猜想、论证、应用;③通过借助等腰三角形图形、纸片模型及三角板、量角器等相关工具得出性质的过程,培养学生几何直观的数学素养,通过等腰三角形性质的证明和应用,培养学生推理能力的数学素养。

2. 问:合理设置高阶问题,帮助学生明确问题任务

教师在课堂上要依据教学目标合理设置问题,让学生明确问题的具体要求,以问题的提出与解决为主线来开展教学。设计高阶问题要遵循四个原则:①要紧紧围绕教学目标尤其是重点与难点来设置问题;②问题的提出要结合具体的情境,具有挑战性,易于激发学生的学习积极性,激活学生的思维;③设置的问题尽可能覆盖必要的知识点;④所设置的高阶问题间要有逻辑关系,问题不宜多,一般不超过 3 个。

3. 思:深入思考,形成见解

深度学习的课堂上,教师不直接给予学生知识,而是引导学生在探究知识形成的过程中获取关键知识,提高能力,培养品格。因此,一堂课的展开要以问题的提出与解决为主线,让学生独立思考,寻找解决问题的途径与方法,形成自己的独到见解。在学生思考的过程中,要特别重视为学生提供思考的工具和资源,搭建脚手架,以便在学生思维出现阻滞时,开启其思维;在学生思维处于浅层时,引导其深入思考,进行深度学习。

4. 辩:合作探究,深度讨论

深度学习的课堂将“辩论”视为培养学生品行和深化其思维能力的重要手段,“辩”是在独立思考的基础上展开的。学生可以先在小组内发表自己的见解,展开小组内讨论,也可在全班以个人或代表小组的方式表达观点,展开辩论。不管哪种方式的辩论,我们都要求学生:①要注重表达自己的思维过程;②要敢于质疑他人的观点,表达自己独特的观点;③要善于倾听,提高尊重他人的修养及小组内沟通协调的能力和团队意识。依据学生辩论情况,教师在关键点上要善于点拨、引导和追问,向教学目标逼近。

5. 悟:总结提高认识,获得

悟是学生在充分思考与辩论的基础上,修正自己的见解,深化思维,形成自己的主张,促进思维产生飞跃的过程,是学生在学习知识、运用知识和创造知识的过程中产生的。由迷惑而明白,由模糊而清晰,是“悟”的本义。通过明、问、思、辩,达成学生对真、善、美的正确深刻认知,并最终形成“悟性”,即形成理解和分析事物本质的能力,实现对知识的真正掌握和理解,有效确定行动的方向和起点。

6. 用:开放性运用与实践

开放性的运用与实践有三个方面的意义:①学生在课堂中形成的思维方式、沟通协调能力、团队意识等能够应用到生活和未来的工作学习中;②通过应用加深学生对知识的理解,深化思维,尤其是通过运用开放性问题,引导学生的思维进入综合与运用、迁移与创造知识的高级阶段,发展学生的高阶思维能力;③通过应用,评价学习目标的完成情况。

(二)课堂深度学习基本流程

深度学习的教学流程包括课前预学、课中学习和课后拓展学习三部分。其中,课前预学实现学生认知、思维、情感与价值观的建构,课中学习实现再建构,课后拓展学习促进再提升。

1. 课前预学:借助“预习单”实现学生认知、思维、情感与价值观的初次建构

课前预学是一次学生的独自的探究之旅。面对教材中高度抽象概括的文字、公式、定理和法则,学生受认知基础、预习方法、意志品质等因素的影响,其知识内化和思维建构都比较薄弱和生硬。为此,我们开发“预习单”作为学生课前预学的有效工具,引导学生阅读教材、自主探究、深度思考。“预习单”的设计以学科素养为导向,以知识为基础,以问题为工具,以活动为载体,主要包括学习目标、核心问题、教师预设问题、学生自主生成未解决的问题及建构与已有知识的联系。借助“预习单”,学生实现思维等的初次建构。

2. 课中学习:借助“学习单”实现学生认知、思维、情感与价值观的再建构

在课中,我们特别强调借助“学习单”,学生依单自学,生生之间合作助学,实现分享合学、反思悟学、检测固学。

首先,依“单”自学,形成见解。科学制定“学习单”,要求教师依据对课标、教材、学生基础的理解,确定精准的教学目标,抓住重难点提出问题,激活学生思维。高阶问题设计要遵循前文提到的三大原则。为帮助学生实现依“单”自学,“学习单”应在核心问题下设计几个内在具有一致性和逻辑性的关键问题,帮助学生形成关于学习内容的整体认识,帮助师生认识到学生学习的基础和问题,为深度学习做好准备。

其次,重思强辩,分享合学。深度学习课堂将“辩论”视为培养学生品性和深化其思维能力的重要手段,教师需要引导学生在形成独立见解的基础上展开深刻的辩论与质疑,实现分享合学。从教学时机看,只有在学生独立探究遇到困难或者多种观点并存,需要辨别哪些观点更合理时,才需要开展组内分享合学。从教学组织与管理看,小组进行分享合学时要有明确的分工,明确各自的任务和发言的顺序,组内成员要能针对某些内容有序进行相互补充,最终形成一个比较成熟的结论,以利于在全班范围内进行分享与交流。从教学时间看,要有比较充足的时间保证分享合学的效果,教师也可以根据巡视中的情况随时调整时间。从教学的效果看,分享合学最终要在组内和全班交流的过程中明确学习或辩论内容的方向,将学生的思维引向全面与深刻。同时,要在交流基础上总结、明确思考问题的方法。

再次,捕捉资源,反思悟学。反思悟学的关键在于学生能够修正或深化自己的见解,产生顿悟,形成思想。产生顿悟,形成思想的过程是学生提升思维能力和认知水平,享受思考与收获的快乐,提高课堂生命质量的过程。要引领学生实现反思悟学,需要教师具有足够的教育智慧,一般来说,这种教育智慧主要表现在两个方面:一是在学生感到困惑时,教师及时发现问题、快速做出判断,分析问题的深层原因,形成解决问题的策略;二是学生出现思维的闪光点时,教师迅速捕捉到教育契机,抓住细节,指向学习的本质,进行必要的引导与追问,将学习引向深入,直至实现目标。

最后,精准检测,巩固所学。精准检测是深度学习的质量保障。检测内容的设置要针对教学目标提供量规,实现教学目标、教学过程与评价的一致。通过设置开放性练习进行综合运用

方面的检测，检测学生的学习情况。开放性练习使得学生的思维不仅仅停留在记忆与模仿、一般理解与简单运用层次，而是进一步达到深度理解与综合运用，甚至达到思维的迁移与创造层次。

3. 课后拓展学习：依托开放性学习活动促进学生认知、思维、情感与价值观再提升

学校通过对开放性学习活动的活动内容、活动设计、评价方式与完成方式等方面进行改革和创新，促进学生在课后拓展学习中实现认知、思维、情感与价值观的再度提升。在内容方面，设置基础与提高作业、必做与选做作业、特色与拓展作业，让学生自主发现尚未完全掌握或解决的问题，主动分析自己的优势与不足，参与设计适合自己的活动，培养自我认知能力和责任担当意识。在活动设计方面，开放性学习活动对学习目标进行扩展和延伸。例如：在“The London Eye is on your right”一课结束后，教师结合学校常有国外友谊校师生来当地游学这一实际情况，布置了“设计游学路线、录视频介绍路线、微信评选最佳视频作品”这一任务，引导学生在巩固语言的基础上充分发散思维，进行迁移创新。私人订制式开放性学习活动形式新颖有趣、注重探究过程，让学生在解决生活中真实问题的过程中享受到深度思考、创新与创造带给他们的获得感，由此真正实现思维的再度提升、核心素养的全面发展。

（三）课堂深度学习教学组织形式

为保证不同层次的学生的深度学习的真正实现，需要适宜的、多样的教学组织形式。经过实践，学校深度学习课堂建立了由班级授课制、走班制、导师制、导生制和学长制多样搭配的教学组织形式。其中，以班级授课制为基本、主要形式；选修课和分层教学实行走班制；为促进基础较弱学生的学习，发挥优长学生的学力引领与转化的功能，由学生自主组合形成合作小组，发挥导生制优势；对于特长和选考学生，则运用导师制形式加强重点引领；同时抓住毕业生与高年级学生的经验优势，发挥学长制教学组织形式的功能，促进高低年级学生间的合作。

（四）建立深度学习课堂评价体系

指向深度学习的课堂教学评价侧重于明教学目标、明问题要求、思考中学习、辩论中学习、感悟中学习、实践中学习，努力实现五个有利于，即有利于促进学生对知识的深度理解与知识生成，有利于培养学生的思辨与质疑能力，有利于提升学生的感悟与认知能力，有利于加强学生对知识的迁移与创造，有利于促进教师的专业成长。

深度学习评价标准表如表 5-1 所示。

表 5-1　深度学习评价标准表

评价项目	评价维度	评价要素
项目 1：教学目标的确立与落实	1. 教学目标设定合理	以课标为依据，以教材为参考，以学情为基础，表达清晰
	2. 教学目标凸显深度学习	切实体现高阶思维能力和情感态度与价值观的培养
	3. 教学目标的可操作性	明晰、具体，便于问题的提出与表达
项目 2：高阶问题的设计与实施	1. 问题的指向性	问题设置紧扣教学目标、重点与难点
	2. 问题的逻辑性	设计的问题逻辑关系清晰，形成具有一定梯度和逻辑结构的问题链，搭建学生思维的阶梯
	3. 问题的开放性	设计的问题要具有开放性，体现对学生高阶思维的培养
项目 3：思维的发展与深化	1. 思维的主动性	学生能自主探索，主动寻找解决问题的途径和方法，促进对知识的理解、能力的形成和品格的发展
	2. 思维的独创性	学生通过自主学习，深入理解所学的知识，形成自己独特的见解
	3. 思维的支持度	教师能进行有效帮助，适时引导学生发现问题或给学生提供思维的工具及资源
项目 4：辩疑的培养与展现	1. 质疑问难的精神	能够通过深度思考，阐述自己的观点，对资源、同学、教师的观点敢于质疑
	2. 辩惑论证的能力	学生辩论能力强，准确地表达思维的过程，做到辩中明理，辩中悟法
	3. 团队合作的意识	学生能积极参与小组讨论，有较强的合作意识，充分体现生生、师生的思维碰撞，在合作中尊重他人、善于倾听
项目 5：感悟的形成与表达	1. 感悟的深刻性	学生的思维得到深化，悟性强，对事物的理解和分析能力、对知识的领悟和掌握能力得到有效提升
	2. 主张的科学性	学生在充分思考与辩论的基础上，能形成自己科学的主张
	3. 认知的系统性	学生能将所学所悟所得纳入自己的知识体系、能力体系和品格体系
项目 6：知识的实践与应用	1. 知识品性的运用	学生对获得的知识以及思维方式、沟通协调能力、团队意识等能较好地加以应用
	2. 高阶思维的发展	学生的思维能进入综合与运用、迁移与创造知识的高级阶段，高阶思维能力得到培养
	3. 学习目标的达成	教师能围绕目标设置开放性练习和综合运用检测，目标达成度高，不同层次学生在知识、能力、品格等方面均得到提高

不同评价主体评价项目权重设置如表 5-2 所示。

表 5-2　不同评价主体评价项目权重设置

评价项目	评价权重				
	督导评	领导评	同行评	学生评	教师自评
教学目标的确立与落实	0.2	0.2	0.2	0.1	0.2
高阶问题的设计与实施	0.2	0.2	0.2	0.2	0.2
思维的发展与深化	0.1	0.2	0.15	0.15	0.1
辩疑的培养与展现	0.1	0.2	0.15	0.15	0.15

续表

评价项目	评价权重				
	督导评	领导评	同行评	学生评	教师自评
感悟的形成与表达	0.2	0.1	0.15	0.2	0.15
知识的实践与应用	0.2	0.1	0.15	0.2	0.2
合计	1	1	1	1	1

第六章　家校协同共育

学校整体育人模式整体建构，必然离不开学校教育利益相关者——家庭的支持。学校教育和家庭教育是对学生成长非常深远的两种教育形态。学校教育和家庭教育只有相互支持、互为补充、通力协作，才能真正实现整体育人的教育目标。本章就家校协同共育的地位和作用、教育原则、操作体系、实践策略进行阐述。

一、家校协同共育的地位和作用

1. 新时代的必然要求

中华人民共和国成立以来，国家对家庭教育的重视有一个发展过程。1996 年，全国妇联、国家教委联合颁布第一个家庭教育五年计划，即《全国家庭教育工作"九五"计划》。其后三年，配套颁布了家长学校工作意见、家长教育行为规范等，开展家庭教育工作检查评估。这标志着政府开始承担起主导家庭教育工作的责任。这一时期，全国几十万所中小学有家长学校。2011 年，《全国家庭教育工作"十二五"计划》和教育部《依法治校——建设现代学校制度实施纲要（征求意见稿）》发布，标志着家校协同合作育人成为现代学校制度建设的重要组成部分，家校合作进入新的发展阶段。

纵观有关教育的政策，从《国家中长期教育改革和发展规划纲要（2010—2020 年）》到《国务院关于加强农村留守儿童关爱保护工作的意见》，涉及中小学幼儿园教育的政策性文件，几乎都有涉及家庭教育的内容。

十八大以来，党和国家高度重视家庭教育。习近平总书记从党和国家事业全局出发，多次发表有关家庭教育的重要讲话，指明了家庭教育的发展方向与工作目标。2015 年 10 月，教育部《关于加强家庭教育工作的指导意见》从"孩子的终身发展""千家万户的切身利益""国家和民族的未来"的高度，提出明确家长主体责任，发挥学校重要作用，形成社会支持网络等意见。意见指出，要充分发挥学校在家庭教育中的重要作用，强化学校家庭教育工作指导，把家长学校纳入学校工作的总体部署。

中共中央办公厅、国务院办公厅于 2017 年 9 月印发的《关于深化教育体制机制改革的意见》更是指出："要加强学校教育、家庭教育、社会教育的有机结合，构建各级党政机关、社会团体、企事业单位及街道、社区、镇村、家庭共同育人的格局。"

习近平总书记在 2018 年全国教育大会上指出，办好教育事业，家庭、学校、政府、社会都有责任。家庭是人生的第一所学校，家长是孩子的第一任老师，要给孩子讲好"人生第一课"，帮助扣好人生第一粒扣子。教育、妇联等部门要统筹协调社会资源支持服务家庭教育。2019年5月，全国妇联、教育部等九部门联合印发《全国家庭教育指导大纲(修订)》，明确要求教育部门加强对中小学、幼儿园家长学校的指导。

目前，世界正经历百年未有之大变局，发展环境复杂多变。而我国已转向高质量发展阶段。教育部原部长陈宝生提出，建设高质量教育体系要健全学校家庭社会协同育人机制。党的十九届五中全会通过的《中共中央关于制定国民经济和社会发展第十四个五年规划和二〇三五年远景目标的建议》在强调“全面贯彻党的教育方针，坚持立德树人，加强师德师风建设，培养德智体美劳全面发展的社会主义建设者和接班人”基础上，明确要求“健全学校家庭社会协同育人机制，提升教师教书育人能力素质，增强学生文明素养、社会责任意识、实践本领，重视青少年身体素质和心理健康教育”。因此，家校协同育人是新时代教育发展的必然要求。

2. 人发展的现实要求

人的成长，无论从空间还是时间来看，都是家庭教育、学校教育和社会教育共同作用的结果。教育不仅发生在家庭和学校，丰富多样的社会生活也是促进儿童成长的重要力量。家庭教育是基础，具有终身性。父母是孩子成长的启蒙者和引路人。学校是专门教育机构，学校教育为制度化教育，具有阶段性。教师为引导学生成长的专业人员。社会教育作为个体成长的环境性因素，对个体影响广泛而多元，且具弥散性。他人、媒体、社区、社会风气等都会对个人成长产生影响。

疫情打破了学校教育、家庭教育和社会教育人为设定的边界。面对疫情带来的挑战，学校、家庭和社会相互融合的“无边界教育”应运而生，促进个体健康成长的无边界学习也成为未来趋势。

《中国教育现代化2035》明确提出“重视家庭教育和社会教育”。我们应树立大教育观，把家庭、社会作为丰富的教育资源，建立学校、家庭和社会有机协同的大教育体系。

3. 现代学校治理的需求

现代学校制度是以学生为核心、协调校内和校外关系的制度安排。其最基本的校内和校外关系，就是家庭与学校的关系。

从教育治理的角度看，家庭是构建现代教育治理格局的重要协同力量。80后、90后家长更加重视教育的知情权、参与权、表达权和监督权。他们既有要求，也具备一定能力。这是当今基础教育面临的形势。在现代学校制度框架下，学校在决策、咨询、目标制定、课程改革、教学组织、发展评价、学校管理等方面，最大限度地调动社会机构、组织、家庭以及个人的积极性，让家长和社区成员广泛参与学校的管理与决策。

因此，现代学校制度建设要求学校必须与家庭、社会深入合作、协同作战，实现全面育人、全方位育人。实现家校协同共育，学校加强对家庭教育的指导，形成育人合力，既是解决许多现实教育难题的迫切需要，也是推进教育治理现代化的要求。

二、家校协同共育的教育原则

家校协同共育必须尊重教育规律和个体身心发展规律，在一定的教育原则指导下开展相关工作。

1. 整体性原则

整体性原则包括两个方面：一是指家庭、学校和社会三方协同，构建三大教育体系全覆盖的育人机制；二是指培养德智体美劳全面发展的人。目前，教育功利化对家庭教育影响比较深，一些家庭教育向学校教育看齐，育人变成育分，家庭教育学校化倾向比较严重。因此，必须坚持三方协同，培育全面发展的人。

2. 自主性原则

自主性原则就是培养人格独立，能够自我教育、自我发展的人。教育，本质上就是个体自我教育的实践活动。个体将自己作为客体，通过相应的实践来改变这一客体的"存在"，使个体由"自在存在"转变为"自为存在"。这种自我生产、自我创造的实践活动是人类充当改造客观世界的实践主体所必需的。这也是人的本性所追求的终极目标。人的一切改造客观世界的活动所指向的归根到底还是人自身之发展与完善①。因此，无论哪种教育形态，最终目标都指向个体的自我教育。教育现代化，意味着人的现代化。人的现代化，最终是为了培养学会自我教育、能够终身学习的人。

2020年新冠疫情期间，学生居家学习的效果主要取决于学生的自我教育能力。中国教育科学研究院的研究者对疫情时期居家学习进行调查发现(2020年)：65.45%的家长认为自控力/自主学习能力是影响孩子在线学习效果最关键的因素，且占比最大②。北京师范大学的研究者调查发现：自觉性和自律性是影响学生居家学习效果的主观因素；37.1%的学生不满意或非常不满意自己居家学习期间的自觉性和自律性③。

3. 发展性原则

在终身教育时代，发展不仅仅是未成年人的事情，还是社会每个成员都面对的终身课题。家校协同育人，首要目标是促进学生自我教育、自我发展，同时在家校协同育人过程中，实现教师、家长、学生相互学习、共同发展的终极教育目标。

---

① 鲁洁：《教育：人之自我建构的实践活动》，《教育研究》，1998年第9期，第3-5页。

② 中国教育科学研究院课题组：《数据显示的中国经验：教育系统在线抗疫的关键变量与重要启示》，《光明日报》，2020年4月21日，第2版。

③ 北京师范大学中国教育政策研究院课题组：《停课不停学：居家学习 效果如何》，《光明日报》，2020年3月20日。

三、建设家校学习共同体的操作体系

要构建学校主导，学校和家庭互为主阵地，促进学生自主学习、自我教育的家校学习共同体则要实现两个转型两个并重：从注重学校教育到家校教育并重，从关注学生学校表现到家校表现并重，培养学会自我教育、善于应对变化的人。

家校学习共同体是以学生发展为逻辑起点，以学校和家庭中所有成员共同发展为终极目标，以共同愿景、平等尊重、自主合作、共学共享为表现形态的学习型组织。家校学习共同体将学习视为持续的、积极的必备过程，包括校长、教师、学生、员工、家庭成员在内所有人的学习和提高过程。家校学习共同体的终极目标是促进共同体成员全面健康发展。

家校合作的最初目标是更好地教育学生，促进学生发展。但是如果没有教师、家长等成人的发展——即没有教育者的发展，便谈不上被教育者——学生的发展。教育者必先自我教育、自我发展，然后才能完成影响被教育者成长的重要任务。因此，通过平等对话、共同学习、相互分享，每个人都学有所获，得到发展，这是学习共同体发展的终极目标。

我们综合考虑了学校与家庭的关系、地位、角色、合作深度，提出了由低到高共六个层次的家校学习共同体建设发展阶段。这六个层次体现了家校合作方式从学校单向影响到家校共促发展，家校关系从疏离到紧密，成长主体从学生到家校所有成员，合作内容从学校开设家长讲座到家校合作组织活动的家校学习共同体的发展过程（图 6-1）。

图 6-1　家校学习共同体形态建设阶段图

1. 学校开展家长教育活动

学校作为主导者，面对家长开展教育活动，是一种学校单向教育和影响家长的家校合作状态，是家校学习共同体发展的最低层次。在这一阶段，家长和学校之间的地位不平等，学校处于权威地位，家长处于被动地位。学校与家长进行联系，家长按照学校的指示和要求做事。家长和学校关系比较疏离，家长参与度较低，家校合作处于比较松散的低层次。严格地讲，这还不是真正意义上的家校合作。

从家校合作的最主要平台——家长委员会的建设来说，这一时期大体处于家长委员会建设的准备期。学校校长和教师通过与家长沟通，选择有时间、有热情、有能力的家长进入班级家长委员会,协助学校开展相关工作,为建立直选家长委员会创造基础条件。

这一层次的活动有:家校书面、电话或网络联系,家长参加传统家长会,家访,学校约见个别家长,家长参加学校开放日活动,学校安排家长访问学校,学校开展家庭教育咨询活动,家长参观学生作业展览,学校组织的以家长为听众的家庭教育讲座,等等。

2. 家长支持学校活动

在这一层次,家长从被动地按照学校要求参加活动,上升到在学校有活动时,比较主动地参与学校非课堂教学类活动。这时,家长已经从被动接受学校安排走向协助学校开展各类非课堂教学活动,作为学校活动的一个成员而出现。家长参与学校活动,是建设现代学校制度,家长参与学校事务的第一步。家长支持学校活动有学校组织、家长协助学校,以及家长作为主体组织活动两种类型。家长参与的学生研学类、社会实践类和校园文体类活动基本属于这一层次。

从家长委员会建设来说,这一时期属于家长委员会建设的初建期。在前一个阶段的准备和预热之后,教师和家长对家长委员会建设的意义和作用有所知晓,对如何建设家长委员会有了一定的了解。于是,学校开始通过一系列程序,以公开、公正、公平的方式,投票选举班级家长委员会和校级家长委员会,同时进行家长委员会机构建设,确定家长委员会主任、副主任、党委委员和秘书长人选。学校的家长委员会正式走上舞台。

这一层次的活动有:家长协助学校组织运动会、艺术节、郊游等活动,家长组织的校内外体育、艺术、研学、拓展等活动,家长志愿者做学校图书管理员,家长做小学生课后托管志愿者,等等。

3. 家长参与学校教育教学

在这一层次,家校关系从非教学的活动类合作开始走向与教育教学相关的合作。家长和学校的地位从不平等逐步向平等过渡,家校之间从关系松散逐步向关系紧密过渡。家长通过深度参与学校课堂教学活动,开始在学校舞台上扮演比较重要的角色。家长发挥自己的职业或爱好专长,成为家长教师,参与校本课程类课堂教学活动。家长在学校——专门的教育机构以教师身份出现,标志着家长成为学校建设的一分子,真正参与现代学校建设。

从家长委员会建设来说,这一时期属于家长委员会建设的成长期。家长委员会正式介入学校相关工作,配合、协助、支持学校各种工作。家长委员会在开展工作的过程中与学校进行磨合;开展家长委员会制度建设和机制建设,制定组织章程、选举办法、财务管理办法、组织运作机制等。

这一层次的活动有:依托家长自身资源优势,开发校本课程,家长成为校本课程讲师;家长担任学校综合实践课或研究性学习课程讲师;家长拓展社会资源,利用社会资源助力学生发展;家长运用其专业优势指导艺术、体育等兴趣类社团活动。

4. 家长参与校政决策

在这一层次，家长代表与教师一样，拥有学校重大事务性决策的发言权。家长参与校政决策，表明家庭与学校地位的真正平等，作为社会参与重要力量的家长，已经作为学校的支持力量，在学校发展中发挥着不可或缺的作用。此时，学校尊重并认可家长在学校决策中的作用，这也体现了现代学校制度把学校视为一个开放组织，不仅关注学校内部运作过程，也重视学校与家长、社会互动的现代学校建设价值取向。

从家长委员会建设来说，这一时期属于家长委员会建设的稳定期。家长委员会组织建设基本完成，成员职能分工明确，各司其职；家长驻校办公成为常态；家长委员会在协助学校开展相关工作的同时，主动开展平衡家校关系、促进家长成长的相关工作；校级家长委员会代表能够现身学校重要决策的现场；家长委员会制度建设已经完成，家长委员会的财务制度、工作例会制度、工作分工制度、驻校办公制度、参与管理制度、家长志愿者制度、工作评议制度等相关制度已制定。

这一层次的活动有：学校建立家长咨询委员会、家长教师协会，家长代表审议学校年初工作计划，家长代表列席学校教务会、教职工代表大会，家长代表参与学校章程讨论，家长代表向其他家长传达学校校务会议精神，家长代表组织校服征订工作，家长代表选择学生营养餐公司，家长代表拥有教师聘任一票表决权，家长代表参加学校重大决策会议，等等。

5. 形成家校合育共同体

从家校合作的这一层次开始，家校合作开始以建设共同体的方式进行。通过共同体建设，促进共同体内每一位成员相互支持、共同成长。大家怀着共同的理想和信念，如互信、包容、支持、协作，开展家校合作工作。

家校合育共同体一旦形成，就会具有很强的稳定性，反过来会对家校合作产生巨大的推动作用。家校合育共同体有以下两个显著特征。

一是成员相互信任。在家校合育共同体中，互信、包容、支持成为成员的共同理念。信任能将每个人紧密联系在一起并使其朝着共同方向努力。共同体成员间的信任主要表现在相信彼此的品德、能力，可以放心地依赖他人，每个人都有机会做事，大家信息共享、相互支持、共同发展。

二是情感凝聚。以信任、支持作为合作基础，学校和家长的情感纽带越来越紧密。在学校和家庭各自分工明确、界限清楚的前提下，学校和家庭形成了你中有我、我中有你、同舟共济、荣辱与共的关系格局。

此时，学校和家庭形成一个团结、协作的团队。家校协同，促进学生发展成为这一层次的重点。在共同体中，每个人的意志都得到充分尊重，个体与个体构成伙伴关系，构成外在和谐统一与内在精神合一的关系同盟。每个人都积极主动发挥作用，共同参与决策，整合多方资源，以求共同发展。

从家长委员会建设来说，这一时期属于家长委员会建设的成熟期。家长委员会的组织结构、制度比较完备；家校合作走向以制度约束为起点、情感凝聚为主导的家校合作新阶段。家校合作从制度建设向文化建设发展。

这一层次的活动有：家长和教师共同设计，以促进学生发展为目的的新型家长会；创建学习型家校合育社群。

6. 形成家校学习共同体

这是家校合作的最高层次。在这一层次，家长和学校从伙伴关系走向以情感为纽带、学习为主旨，紧密合作的共同体关系。此时，学习既是手段，也是目的之一。在尊重个人自主性的前提下，在个体利益和群体利益有机统一的基础上，形成了以学习为共同目标的、人人都得到发展的学习型共同体。家校学习共同体拥有内在的凝聚力，教师、学生、家长、学校管理人员及其他员工都清楚共同体对每个人的期望，个人行动与共同体目标紧紧联系在一起。以学习为纽带和桥梁，学校和家庭中的所有成员共同建立起尊重、平等、自主、共生的学习型文化。学习成为每个人生存的常态，通过相互学习、支持协作、共建共享，实现个人与共同体的同步发展。

从家长委员会建设来说，这一时期还是属于家长委员会建设的成熟期。家庭和学校的情感联系更加紧密，家长高度关注学校发展，学校高度重视家长群体。学校和家庭在界限清晰、分工明确的前提下，形成你中有我、我中有你、共同学习、荣辱与共的共同体。

这一层次的活动有：学生给家长或教师讲课，以学生为主体设计的新型家长会，教师、家长和学生共同组织活动，创建学习型家校共同成长社群，等等。

四、家校协同共育的实践策略

建设家校学习共同体，实现家校协同共育，主要从以下几个方面开展工作。

1. 开展基础调研

基础调研涉及学校和家庭的诸多方面，具体内容如下。

一是家庭情况调研，包括家庭关系、家长教育观念、亲子关系、家长教养方式、家长受教育水平、家长职业、家庭经济收入、学生成长情况等。

二是学校发展调研，包括学校整体育人理念与思路，学校文化建设，学校三级课程特别是校本课程、社团课程情况。

三是家校共育情况调研，包括家长学校建设、家长委员会建设情况。

四是需求调研，包括学校的家校共育需求、家庭对学生成长的期望与对学校教育的需求、学生成长需求。

2. 助力家长参与学校教育和管理

家长参与学校教育和管理的主要平台是家长委员会。建设现代学校制度要建立健全中小学家长委员会制度。家长委员会成员来自家庭和社区，通过家长委员会这个家校联系平台，家长参与学校部分教育工作，参与和监督学校管理，促进学校与家庭沟通、合作等，探索建立“参与式”家校共育共建机制，由此促进家长参与，实现家长对学校办学活动和管理行为的知情权、表达权、参与权和监督权。

3. 加强学校家庭教育指导

家长学校是学校开展家庭教育指导的重要平台。加强家长学校（特别是乡村家长学校）规范化建设，从组织机构、挂牌标识、师资队伍、固定场所、教学计划、实践活动、教学效果等方面进行家长学校规范化建设，落实学校家庭教育指导工作。

同时，通过多元化、多类型、菜单式的家庭教育课程建设，以及整合性、多模式的学校家庭教育指导方式，实现家庭教育课程体系化、家庭教育指导专业化、家长学习常态化、家长成长自组织化，促进家长自我教育。

4. 用好多种家校沟通方式

除了家长委员会和家长学校，家长会、家长开放日、家访等方式，以及各学校有特色、有创新的家校合作方式，也可以密切家校关系，促进相互沟通。各学校也可建设适合各校自身情况的家校学习共同体。

五、学校优秀案例及点评

1. “乐贤”文化引领家校社协同

广东省广州市荔湾区乐贤坊小学在“乐学崇贤，向上向善”的“乐贤文化”“文化浸润心根，厚德滋育贤人”的办学理念引领下，树立“亲融眷爱，共育贤才”的家校共育理念。

（1）乐·文化——完善家委会建设，共建和乐家校文化

本着共育贤人这一目标，完善家委会体系建设，细化管理制度，实行分层管理，组建班级家委会组织、年级家委会组织、校级家委会组织、家长义工团队等。推选家长督学，参与学校管理。学校家谊会章程对家谊会组织的组织结构、职能、家谊会全体成员享有的权利和义务进行细致说明，保障家谊会组织顺利开展工作。学校成立了“乐贤家长义工团”，让热心的家长积极支持配合学校的各项活动。

(2)乐·融合——家长“被教育”到“乐参与”

从家长接受学校的家庭教育培训,到家长参与学校活动,再到家长直接参与学校的管理工作,营造合作互促的家校教育共同体。家长授课课题丰富精彩,包括“身边的绿色环保小知识”“低碳生活小知识”“爸爸妈妈小时候玩过的游戏”“学画有趣味的贴画”“巧手制作环保花瓶”等。

(3)乐·管理——家长参与教育教学管理

家长是学校管理中重要的人力资源,学校主动邀请家长参与管理,充分发挥家长的教育管理和督导作用。一是家校携手管理,如家长走进学校当“午休管理员”,参与学校管理,各班家委会召开座谈会,家校共同商议管理方案。二是家长督学,对学校办学条件(如校舍、规模、设施等)、教育教学过程(如常规管理、德育管理、教学管理、后勤管理等)、教育教学质量(如学生素质、社会评价等)进行督查,保障家长对学校办学的知情权、评议权和监督权。

(4)乐·成长——打造合作互促家校教育共同体

家长是学校教育的同盟军,拥有着丰富的教育资源和社会资源。发挥家长的积极能动性,融聚教育合力,打造合作互促家校教育共同体,让学生、教师、家长共同成长,具体内容如下。

一是形成有品牌的培训课程。一方面推动家长参与学校文化建设过程。课程内容包括家教讲堂、“客座”教师、乐贤“新”生、社区互动、成长足迹等。

二是家长建立起同伴学习和交流小组,分享孩子成长经验和家长的教育心得体会,为出现教育问题的家庭提供个性化的解决方案。

三是发挥家谊会积极能动性,参与学校文化建设与素质教育活动。

(5)乐·贤达——建立家长评价机制

结合办学特色,学校将“贤德教育”的理念和乐贤文化的精髓编辑成《乐贤校本册》,发放给家长进行学习。“知书达礼、教子有方”的贤父贤母是对家长的目标要求。学校从办学特色出发,以儒家五常“仁义礼智信”为基准,在广大师生、家长中征集意见,确立了“贤家长”标准,具体内容如下。

仁:关注社会、关爱孩子
义:民主平等、宽严有度
礼:亲融眷爱、知书达礼
智:互学共进、教子有方
信:信守承诺、以身作则

(案例供稿:林燕慧　李凯怡)

【点评】乐贤坊小学是一所有着悠久家校共育历史的学校。在已有家校共育特色基础上，学校以“乐贤文化”为统领，将家长引领到学校文化建设的队伍中来，充分显示了建设现代学校的决心和力度。学校秉承“亲融眷爱，共育贤才”的家校共育理念，通过家谊会制度化建设，搭建起家长参与学校教育教学和管理的基础平台；通过家长授课，让家长在参与学校教育的过程中支持学校，并获得自身成长；通过继承创新中华优秀传统文化，建立“仁义礼智信”贤家长评价标准，让家长明确自身努力方向。值得一提的是，从家长乐参与到乐成长，以及教师、家长和学生共同成长，体现了家校共育的魅力与深度，也彰显了学校历史积淀的厚重与深沉。希望家校协同共育成为学校文化的重要组成部分，从家校育人走向家校共同发展，从教师、家长引领学生成长走向学生、教师、家长相互影响、共同学习、共同成长的新“乐贤”时代。

2. 合力共育“四个一”的家校育人新样态

浙江省宁波市北仑区岷山学校通过搭建一个家校沟通平台、实施一类家校主题活动、开设一门家校合作课程、做好一种家校共育评价的“四个一”方式，让家长参与学校的工作，让教师、家长、学生形成共同学习、成长的共同体，提高学生家庭的整体素养，提高家长家庭教育的能力和水平。

（1）搭建一个家校沟通平台

为了增进家长对学校的了解，帮助其掌握学校的教育规律，保持家庭教育和学校教育的一致性和互补性，学校开辟多种渠道与家长沟通，主要有：设立家长开放日，让家长走进学校教育；从以“家长—教师”为主的家长会变为“家长—学生—教师”相互促进的家长会；提供更多的家校沟通机会，让家校建立信任，如两个会即五、六年级的青春期家长培训会，三场礼即一年级入队礼、四年级成长礼、六年级毕业礼，四个活动日即二、三、四、五年级的四场针对不同学生年龄特点的活动，中学部则以青春期家长培训为主线。

（2）实施一类家校主题活动

亲情志愿岗招募与上岗：亲情志愿岗得到北仑区志愿者协会的大力支持，共计招募了140余名家长志愿者，通过培训、上岗等环节，亲情志愿岗的执勤情况得到规范，经过近两个月的试运作，亲情志愿岗在交通引导和护送学生上下学方面受到广大家长的好评。

青春健康教育言传身教：2014年学校被联合国教科文组织确定为“青春期健康家长培训”试点单位之一，试点以来，连续开办了四届培训班，共有一千余名学生和家长在学校接受了青春期健康教育，收到了良好的社会反响。培训确定以“沟通之道”为主线，围绕“性与生殖健康”的主题，设置安排“爱的启蒙”“爱的引导”“爱的陪伴”“爱的守护”“爱的支持”“爱的同行”6个主题课程，最后一个课程要求学生和家长共同上课。

（3）开设一门家校合作课程

开展“家长老师进课堂”等系列活动，鼓励学生家长发挥所长进校讲授特色课程，如传授手工、园艺、消防、急救等知识，成为学校的一道亮丽风景线。学校在原来父母课堂的基础上，全力打造“父亲、母亲，我爱你”课堂，和学校的孝贤教育紧密结合，让爱与亲情充满岷山学子的家。

（4）做好一种家校共育评价

为人父母都在追求成为一位好家长，琢玉成器。“好家长”更重视孩子的品德，“好家长”更重视孩子的修养，知行合一。2018学年第一学期学校开设微信公众号，推送岷山的“点赞岷山好家长”和“点赞孝贤好榜样”专栏。

（案例供稿：张引杰）

【点评】岷山学校将孝贤教育作为家校共育文化建设的基础，通过搭建一个家校沟通平台、实施一类家校主题活动、开设一门家校合作课程、做好一种家校共育评价这“四个一”，将学校家庭教育指导、家长参与学校教育、家长参与学校管理、建立家校共同学习成长的共同体这些不同发展阶段、不同层次的家校协同共育活动有机统一起来，构成岷山学校特色的家校共育新样态。“家长—学生—教师”相互分享、相互学习、相互促进的家长会的举办，标志着岷山学校家校协同共育已经走到一个较高层次。下一步，希望岷山学校家长会的组织与策划都交给家长和学生，让家长会变成家长和学生亲子互动的舞台，教师、家长和学生心灵沟通的舞台，每个人进行自我教育、自我发展的舞台！

第七章　中学育人模式整体建构案例

本章选取了中国教育科学研究院基础教育研究所教育综合改革实验区——广州市荔湾区和宁波市北仑区共8所中学，其中既有百年老校，也有建校不到两年的学校，既有区域内的名校，也有乡村普通中学，它们在学校文化、学校发展规划、课程体系、课堂教学、家校合作五大要素引领学校整体建构的不同方面，探索了宝贵的经验，可为类似学校整体建构提供启示。本章选取案例包括：广州市荔湾区真光中学文化引领课程、南海中学深度学习、中国教育科学研究院荔湾实验学校家校共育、西关培英中学课程体系、广东实验中学荔湾学校课程体系建设；宁波市北仑区北仑中学的家校育人共同体、江南中学校本育人模式、大碶中学学校规划建设。

一、文化引领课程的育人模式构建

【专家导读与点评】

“百年”意味着历史，意味着文化，更意味着责任。有着悠久历史的真光中学的“真光教育”来自其深厚的文化积淀和丰富的办学经验，“真光”之义也被确定为真理之光。百年不变校训“尔乃世之光”是“真光教育”之旨趣之所在。无论是学校秉承的校祖之训“行胜于言，言而不行，不若不言”，第一届校长罗刘心慈的名言“真光就是爱，爱就是真光”，还是近年来倡导的“以人为本，求真创新”的办学思想及其办学作为，发扬的纯洁和光明的蓝黄精神，真光中学的教育始终依“真光”二字之真义而发展。这就是百年老校的文化自觉与使命担当。

（撰稿：方铭琳）

【学校简介】

广州市真光中学，创办于1872年，前身是真光书院，南中国女子学校之鼻祖，是广东省首批国家级示范性普通高中、首批广东省普通高中教学水平优秀学校。目前学校共有公办高中校区两个，公办初中校区三个，民办初中校区一个，民办小学校区一个，已形成“三主体、七校区，十二年一贯制的办学格局”。学校坚持内涵发展，守创优质品牌，校风学风良好，是近年来广州市老城区唯一年年有学生考入北大、清华或世界名校的区属学校，已成为高中教育跨越式发展的典范，是广州教育高增值的代表。

1. 传承并创新的文化理念系统

（1）传承百年文化内涵

百年真光教育有深厚的文化内涵，表现在“创、行、爱、群”四方面。校祖那夏理提出“行胜于言，言而不行，不若不言”。首任校长罗刘心慈提出“真光就是爱，爱就是真光”的至理名言。20 世纪 30 年代，何荫棠校长提出“创造建设精神”，并通过“四 H 教育”——有爱心（heart）、会思考（head）、勤实践（hand）、强体魄（health）来实现。“真光教育”的文化内涵如图 7-1 所示，其中群是年级级社的统称。

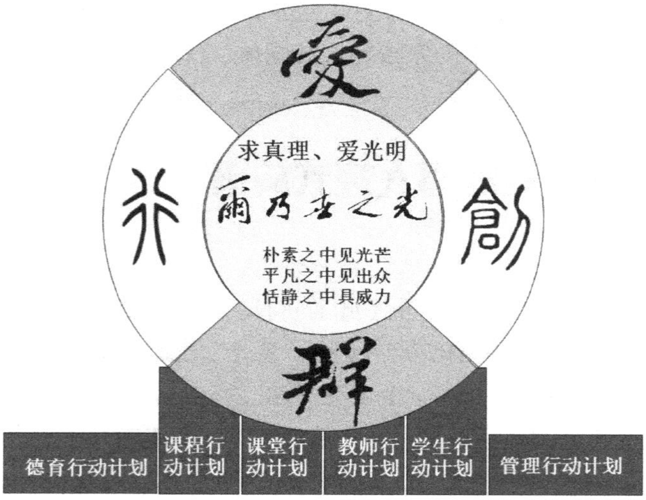

图 7-1 “真光教育”的文化内涵

真光文化的核心定位为“用一个爱字传承发展真光的四大文化；用一个真字构建真光的理念体系；用一个融字打造真光的天平课程体系；用六大行动计划来推动真光教育”。其中“创”的文化是真光教育的基石，“行”的文化是真光教育的核心，“爱”的文化是真光教育的灵魂，“群”的文化传承着真光精神。真光人要以真理和光明为毕生的追求，生活在世界上发光发热。

（2）创立真光理念体系

21 世纪以来，真光中学“全面贯彻党的教育方针，立德树人、五育并举”，不断吸收、融合“多元智能理论”“建构主义”等现代教育理论，确立了“以人为本，求真创新”的办学理念。办学理念确立后，学校便有了更明确的办学目标和育人目标。办学目标是发扬真光优良传统，搞好“人心工程”，把真光办成市一流、省著名、国有名的高质量、有特色、现代化的学校。育人目标是把学生培养为具有国际视野、具有民族精神、具有现代人的基本素质的人才。

“真光教育”的理念体系如图 7-2 所示。

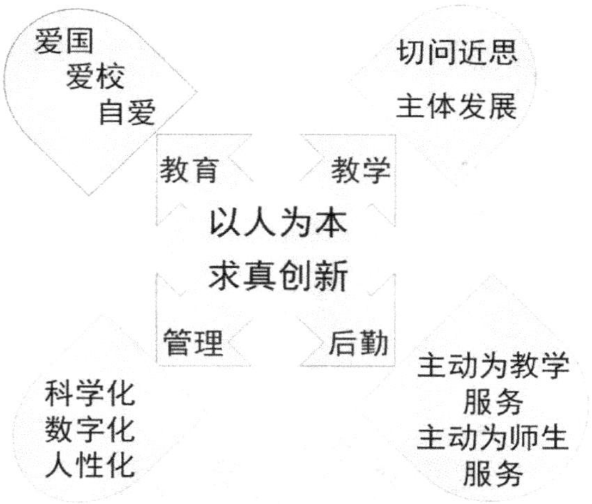

图 7-2　“真光教育”的理念体系

2. 不断升级迭代的课程体系

随着国家新一轮课程改革的到来，为适应国家提出的学生核心素养的培养目标，真光中学根据学校特色和学生特点进行了课程的再造，建构了以“天平”为意向的真光教育课程体系。

（1）真光天平课程体系

基于对真光文化的精准分析，结合真光文化的土壤孕育的真光人的独特气质和教育追求，学校确定了学生发展的四大核心素养——“创造之才、践行之力、博爱之心、群处之德”；围绕核心素养，建构了以“天平”为意向的真光教育新课程体系。真光教育新课程体系以“创、行、爱、群”真光文化为土壤；以蕴含真光的育人追求的“尔乃世之光”校训作为“天平”的指针和刻度盘，成为衡量教育成效的标准和依据；以“求真理、爱光明”的教育哲学、“创造、践行、博爱、群处”四大素养作为“天平”的横梁，将各个系列的课程有机连接在一起，成为课程的纽带；以公共必修课课程作为“天平”的底座，成为课程体系的基础；以“体育健康特色课程”“心理健康课程”作为保障系统、“学业和生涯规划课程”作为动力系统、“精品阅读课程”作为特色系统，成为“天平”的主干，关注每位学生的身心健康及未来发展；以“真”系列课程、“光”系列课程作为“天平”的左右托盘，关注科技与人文的融合，让学生自主选择、适性发展。

真光教育课程体系图解如图 7-3 所示。

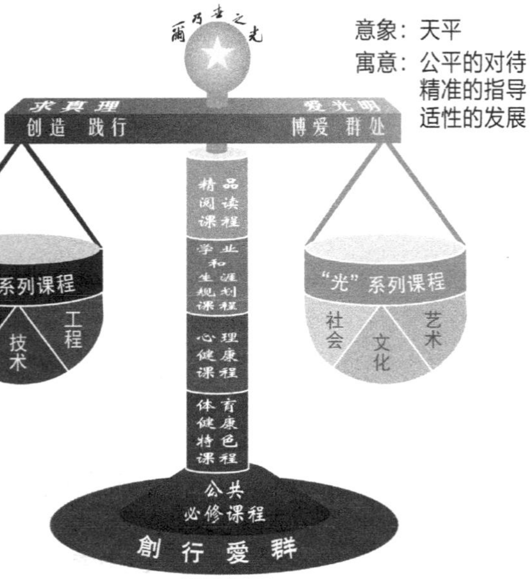

图 7-3　真光教育课程体系图解

（2）课程体系各系列的分解

真光的天平课程体系中课程的一级结构只是从顶层设计上勾勒了课程的整体样貌，还需要在此框架内继续丰富和细化，进行二级结构的建设。在课程设计与开发的过程当中，学校面向全体，关注个性，从“标准化”转向“多样化”，从“规定性”转向“选择性”。

课程根据对象和要求的不同又分为以下三类：校本必修，面向全体学生，原则上所有学生都要参加学习的课程；校本选修一，面向全体学生，学生可根据自己的兴趣，在每个系列中选择不少于 1 门课程；校本选修二，主要面向各社团骨干、术科生、特长生和国际班、世光—香梅班的学生，其他学生也可提出申请，在学位允许的情况下酌情选择，自愿参加，选择适合自己的教育。

（3）课程改革取得成效和影响

2016 年 12 月 14 日由中国教育科学研究院基础教育研究所和广州市荔湾区教育局主办的全国第五届“学校文化内生和课程再造”论坛在广州召开，会上真光中学作为中学的唯一代表在大会上做了以“求真理，爱光明，建课程，培素养——核心素养的真光化表达和培育”为主题的发言，系统地阐述了真光中学一百四十多年的文化积淀与教育理念以及在此基础上构建的具有真光特色的课程体系，展示了教育戏剧课程、仪式课程、行走课程、体育特色课程、学业和生涯规划课程等的教育教学场景。真光课程体系细致完善，课程内容精彩纷呈，有创意，有深度，令在座的老师们耳目一新，纷纷赞叹。这标志着真光中学“真光教育课程 2.0 版”正式确立。

2017 年 11 月 9 日，中国教育报以《迭代再造，未来已来——广州市真光中学优质教育升级样本调查》为题，再次整版报道了真光课程改革的建设情况。

3. 面向未来的课程改革设想

我们正处于一个变革的年代，新技术、新理念、新要求，时刻对学校提出新的挑战。就在《中国教育报》报道真光的课程重构成果的两个月后，新的课程标准颁布了；2019 年广东省新的高考方案出台；不久前，我们才面临了“停课不停学”的全新教学形态的挑战。不断涌现的新情况使真光 2017 年才重建的课程体系必须再次进行调整，这提醒我们，设计、构建开放性、包容性更强的育人模式和课程体系，才能适应未来教育的需要。同时，面对核心素养、选科走班、线上教育等，我们也发现了许多教育观念、教学手段和设施设备方面的短板，必须迎头赶上！所以，从某种意义上讲课程改革将永远在路上。

（撰稿：广州市荔湾区真光中学　赵小成）

二、深度教学体系建构

【专家导读与点评】

百年老校南海中学，传承百年致远文化，秉承“任重致远”百年校训，形成了以责任感教育为核心的致远教育特色课程，着重培养学生的责任意识、实干品行和创新精神。在适性教育理念下，南海中学构建适合每一个孩子的教育方式，让每一个孩子都得到最好的发展，提出不和别人比起点、要和别人比进步的教育理念，具备了“低进高出”“高进优出”的超强加工能力，已形成自己的办学特色。学校以深度教学体系建构为抓手，倡导“有人性”的教学变革，分步骤实施，取得了较好的办学业绩，并深层撬动了学校育人模式的整体变革，变师生被动的教与学为主动的深度探究。只有课堂、教学真正发生变化，学校的育人模式成效才会凸显，南海中学做了很好的典范。

（撰稿：方铭琳）

【学校简介】

南海中学创办于 1904 年，1937 年被国民政府教育部认定为“全国最优的九所中学之一”；现有 48 个教学班，在校师生近 2400 人；在羊城享有“校园雅、校风良、管理严、质量好”的良好声誉。近年，学校砥砺奋进，内涵发展，为广东省一级完全中学、广东省普通高中教学水平优秀学校、广州市示范性普通高中，还被评为广东省安全文明校园、广东省现代教育技术实验学校、广东省义务教育标准化学校、广东省体育特色学校、广东省首批健康促进金牌学校、广东省特级档案综合管理单位。学校坚持“品牌化追求、优质化发展、南中化特色”的战略定位，实施“质量立校、德育强校、科研助校、名师带校、特色亮校、文化润校”的发展策略；以教学质量为目标、以课程建设为关键、以课堂教学为重点、以师生发展为中心、以常规管理为保障、以课题研究为依托、以深度教学为抓手，办优质的南中教育。

深度教学是基于语文、数学、英语、政治、历史、地理、物理、化学、生物 9 个学科的改革，以学科基本思想、学科关键能力、学科基本经验为三维，建立的教学基本模式。将深度教学、学科核心素养、教学模式三者关联起来，使深度学习可操作，使核心素养可落地，是南海中学改革在教学实践上的突破。广州市南海中学的改革，具体经历了以下两个阶段。

1.“小”改革的边实验边总结

第一阶段在倡导“有人性”的教学改革前提下，将目标拆分，使行动具体化。第一步，小幅度理解。在组织教师系统学习深度教学理论之后，学校帮助各学科精选出课堂教学中可以实践“深度教学”的点，一个一个去实践。第二步，小步子改进。抓住深度教学的要点，根据不同的学习内容、不同的学生基础、不同的教师风格，选择最适合的教学方法。第三步，小作坊实验。由各学科挑选敏感性强、创新性好的少数教师组成核心团队，校长亲自挂帅示范，以小作坊的方式进行深度教学的实验，保证了实验的质量。

2.“大”推广的边创新边完善

(1)大面积推广完善

在有一定教研成果后，南海中学组织师徒结对，以强带弱，以互补提升的形式在 9 个高考科目中大范围推广深度教学并要求在常态课中贯彻落实。在推广尝试中组织观察课，指定观察员和制定观察量表收集学生的课堂表现、课后反馈，总结积累深度学习如何真实发生、真实发生如何体现等问题。

在 2020 年 2 月至 4 月新冠疫情期间南海中学停学不停研，教师们大胆创新，积极摸索线上深度教学模式并总结经验。在短短的 3 个月，教研处收到 70 多篇的线上教学交流文章，开展了 27 节线上公开课。同时，通过腾讯课堂+腾讯会议+UMU 等信息化手段落实开展线上深度教研活动，学校 197 位教师分文理科全部参加。

(2)大批量课题研究

研究中找问题，问题中找方法，引导教师开展主题式课题研究是推动本次改革的动力之一。课题带动研究，以一课三备、一课三讲、一课三评等教学研讨活动，优化教与学，改进教学方法，促进教师教学反思，落实深度教学。深度教学改革以来，我校由原来的 2 项课题递增到 48 项，包括国家级课题 5 项，省级课题 2 项，市级课题 11 项，区级课题 25 项，学会课题 5 项。近 4 年学校教师发表论文总数达 96 篇。

3. 人性化深度教学模式建构

(1)以教导学——U 型教学模式

学校提出了深度教学的“U 型教学模式”(图 7-4)，也就是说让学生的学习历经三个环节：①下沉：知识的内化与下沉；②潜行：知识的经验与探究，挖掘知识中的思想和方法；③上浮：知识的外化、迁移和运用。将深度教学、学科核心素养、教学模式三者关联起来，使深度教学可操作（图 7-5）。

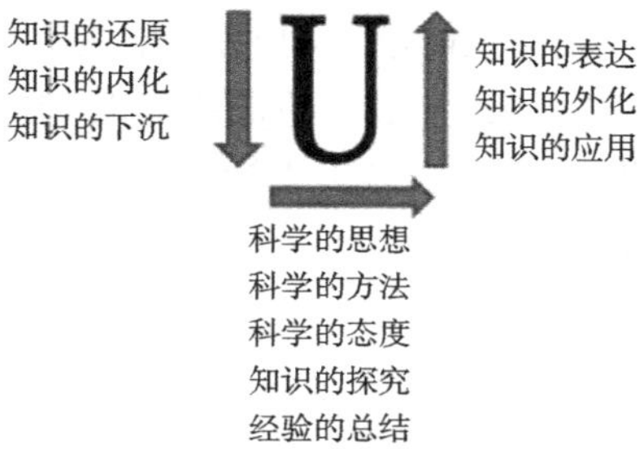

图 7-4　U 型教学模式

实践证明，对比一步到位、为解题而教题的一字型教学模式以及有活动和总结但缺乏反思与建构的 L 型教学模式，U 型教学模式更符合学生的学习规律，能够更有效地引导学生进行自主构建知识的深度学习。

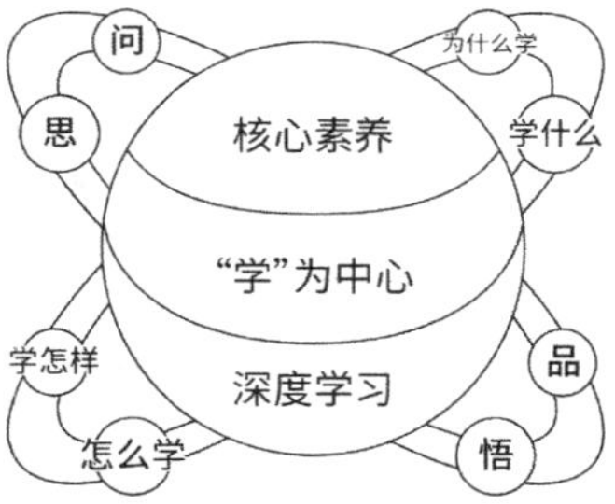

图 7-5　深度教学操作模式

（2）以学定教——"一元四次"教学评价模式

通过前期的实验和观察，学校确定了一元四次教学评价模式。这是一个以学生的"学"来评价教师的"教"的深度教学评价准则。"一元"指的是以学生为主体，"四次"指的是课堂中学生的问、思、悟、品四个关键品质。教学效果不是单单从某次测验、月考就能评价出来的，学生的行为表现也体现了其学习状态、学习能力和品行。而品行就是核心素养的重要组成部分。为素养而教是深度教学的最终目的。围绕学科素养培养学生，依据学习成果评价素养的达成，根据素养的达成程度调整教学进程，只有这样才能将知识理解和学科素养培育在课堂教学中落到实处。

4. 深度教学撬动育人模式改革

①“有人性”的教学改革要回归人的学习效果和研究成果。一场有效果的教学改革应该由学生的学习成绩、教师的教研成果以及学校的发展来检验。改革后，学生学习的目的、态度、兴趣慢慢发生了变化，展现出强劲的学习动力；学生在课堂内外主动思考探究问题，积极参与丰富多彩的校园实践和校本课程；学生的责任意识、实干品行、创新能力不断提升。近年来，多名学子考入清华大学、北京航空航天大学、中山大学、华南理工大学、厦门大学及国外著名高校。2019 年，学校学生获得国家级奖项 11 项，省级奖项 29 项，市级奖项 87 项，区级奖项 389 项。

②家长、学生对教师的教学满意度提升。教师的教学能力、行为方式都发生了可喜的变化：教学比赛成果越来越丰硕，各级奖项从原来的每年才 20 多项到 2019 年的 147 项；同时，新增加广州市百千万名教师培养对象 2 人，广州市骨干教师 19 人；新成立了广州市名教师工作室两个，学校被评为荔湾区校长培训基地和荔湾区教师培训基地。

在深度教学的基础上，学校围绕核心素养，进一步完善课程建设，开发了“致远教育”特色课程，见图 7-6。致远课程以“培养具有责任担当的现代公民”为目标，设立弘志（品德养成）、弘毅（自主发展）、弘图（实践创新）三大模块，九个主题，四十二门课程，促进了学生特色发展和全面成长。

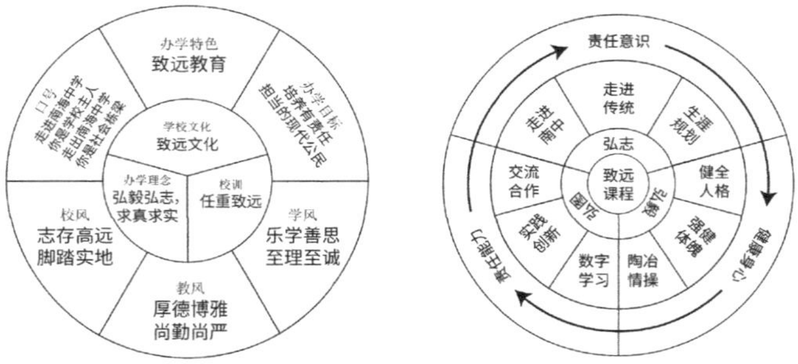

图 7-6　致远教育理念及课程体系

2017 年 12 月，学校被评为广州市示范性普通高中。2018 年，南中教育集团成立，与广州市陈嘉庚纪念中学、荔湾区立贤学校、荔湾区汇龙小学、荔湾区环翠园小学组成教育集团，实行集团化办学，全体学生德智体美劳全面发展，学习成绩不断提升，2019 年学校被评为广东省第三批艺术教育特色学校，2020 年初，学校跆拳道、粤剧、美术三个项目被认定为广州市首批中小学校高水平学生体育美育团队。

（撰稿：广州市荔湾区南海中学　廖小琴　赵秉乾）

三、家校育人共同体构建

【专家导读与点评】

宁波市北仑中学“家校育人共同体”建设有特色、有亮点。一是注重调研，获得第一手资料，工作有的放矢，对症下药。二是形成了集多元主体互动、三类平台基础、分层队伍建设、项目分类实施、多元多样评价的北仑中学特色“家校育人共同体”实施机制。三是形成保障机制。家校协同共育必须有稳定保障，才能保证各项工作顺利、持续开展。北仑中学建章立制、提供场所，有网络资源、有队伍保障，保障了家校协同工作顺畅进行。四是强调反馈与互动。这是以家校地位平等为前提，保证家校沟通通畅，进而形成家校紧密合作的育人共同体的前提条件与必要保证。展望未来，北仑中学应在家校育人共同体建设基础上，打造家校协同共育文化，形成家校学习共同体，在高水平、高层次上实现家校共同学习与成长！

（撰稿：单志艳）

【学校简介】

宁波市北仑中学是一所公立高中，创办于 1989 年。1998 年成为浙江省一级重点中学，2000 年成为现代教育技术浙江省实验学校和宁波市示范学校，2005 年成为浙江省文明单位，2006 年被列为省普通高中新课程实验工作样本学校，2011 年被评为宁波市依法治校示范校，2012 年获全国地理科普教育先进单位、市教育科研先进集体，2020 年成为浙江省首批 29 所“浙江省现代化普通高级中学”之一。2004 年 8 月学校顺利迁入新校区，新校区占地 200 亩（约 13.3 公顷）。学校提出了“以人为本，永续发展”的办学理念，确立了“浸润人文，植养科学；厚德创新，适性发展”的办学目标，培育了“大气精致，和谐协同；蓄势待发，砥砺奋进”的学校精神，以“培养品格高尚、学识宽厚、自主发展、锐意创新的时代新人”为育人目标，理念体系不断优化。

1. 探索行之有效的家校共育模式

家长对孩子未来发展期许的多样化，高考模式的改革，使得学生必须用更开放的眼光来规划未来，来思考学业成绩以外的综合素质问题、志趣专长问题。基于家校共同育人目标，北仑中学探究行之有效的家校共育模式，进行学校教育和家庭教育的相互融通、优势互补、交互叠加，寻找最大公约数，做到和而不同，致力融合家校育人理念，建立家校平等合作伙伴关系，形成家校育人合力，共同促进学生健康成长。

2. 基于调研明确共育的真正需求

通过问卷调查、家访、座谈会等方式，学校收集了家长对家长成长学院活动内容和形式的期待，将共同存在的典型需求归纳为三大类议题，即学习困惑类议题、心理成长类议题和政策动态类议题。针对学习困惑类问题，采取团体辅导式解决方法；针对青春期问题，学校通过开设“爱的启蒙”“爱的陪伴”“爱的守护”“爱的支持”“爱的同行”等系列项目，帮助家长更加全面地指导孩子的成长；针对政策动态类问题，学校及时进行指导。

3. 构建育人共同体高效工作机制

（1）搭建三层平台

“家校育人共同体”（图 7-7）以家长成长学院、家长委员会、家长互助组为载体，建立家长、学校、教师之间的家校育人工作机制。

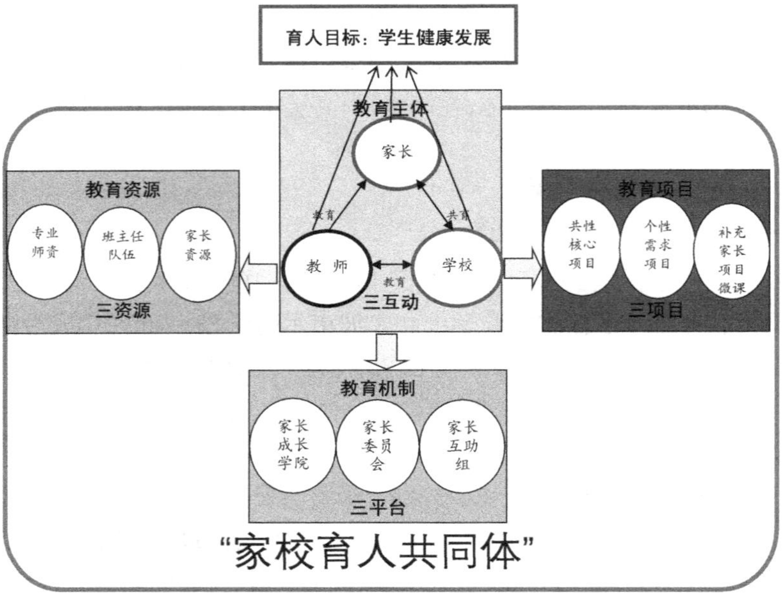

图 7-7 “家校育人共同体”工作机制

一是以家长成长学院为舞台。家长成长学院是“家校育人共同体”的核心力量，是学校与家长开展互动交流、共享各项资源、促进共同发展的主舞台。家长成长学院的活动项目形成了成熟的活动机制。家长成长学院面向每届高一学生的家长推出一期共性核心项目，共计五次活动；面向全体家长推出个性需求项目；面向全体家长推出补充自选项目，由家长成长学院推选优秀家长组织补充性活动的开展，通过线上形式进行普及推广。在家长成长学院中，家长与教师共同探讨解决家庭教育中存在的问题，改进亲子沟通的方法，增强亲子沟通的能力，共同为孩子创造和谐、温馨的家庭氛围，为孩子的健康成长奠定坚实的家庭教育基础。

二是以家长委员会为圆心。家长委员会是“家校育人共同体”生长的雏形，促使共同体如涟漪一般由内而外逐层壮大。班级家长委员会由每班推举五位家长代表组成。校级家长委员会由每班一位家长代表组成，并推举出主任一位、秘书长一位、副主任若干位，主持校级家委会的工作。校级家长委员会每学期召开一次大会，全面了解学校的现状与发展规划，并采用集中讨论和分年级讨论相结合的形式，为学校的育人工作建言献策。在家长委员会中，家长积极参与学校育人工作，例如在建立学生成长导师制、优化寝室环境、加强教室环境文化布置等方面提出意见建议、发动资源积极配合，又如在日常的学生管理方面提出细化建议等。在家长与学校的良性互动中，更好地发挥家长助教兴校的作用，共同助力学生的健康成长。

三是以家长互助组为细胞。家长互助组是“家校育人共同体”的有机组成单位，是指以问题为导向，让一批面临相似问题的家长在学校的引领下组建学习团队，本着“均衡、互助、共生”的原则，进行多次研讨交流。家长互助组帮助家长在一个心理安全、舒适、放松的气氛下营造良性的学习互助氛围，促进学生学习效能的提升，深入解决家庭教育问题。家长互助组的规模控制在5~7人，由家长自发推举出组长，负责组织的研讨工作，调动组内家长的积极性。家长互助组每月组织一次活动，一般在家长成长学院活动结束之后进行。研讨主题由组员共同讨论决定，一般围绕近期家庭教育中的困惑展开。研讨时由学校专业教师到场聆听并指导，或由组长在研讨结束后向教师反馈研讨结果，交流解决问题的策略。

（2）推动三级交流

一是建立三级交流机制。建立“家校育人共同体”的三级沟通交流机制：第一是学校层面有“家长成长学院”；第二是年级层面有家长互助组组长；第三是班级层面有班级家委会成员。二是建立双向反馈机制。以年级为单位，通过线下座谈会等形式开展活动，邀请年级家长互助组组长、家委会成员与学校及教师进行家校联动活动的双向反馈。三是建设保障机制。首先，制度保障。“家校育人共同体”制度定名为“家校育人共同体组建方案”，方案中明确了“家校育人共同体”性质、宗旨、组织结构和活动程序；其次，物质保障。学校为家校联动活动项目开展提供场地保障。学校在图书馆专门设置了一间活动室，作为家长成长学院的活动场所；同时，也设置了一间座谈室，作为家长互助组和家长委员会的交流场所。

（3）多元整合，保障“家校育人共同体”教育资源

家校育人共同体，由学校发动，家长参与，最终形成家校平等合作的教育主体，汇成家校共育资源。

1）以专业师资为核心

学校组建了一支专业型师资队伍，由经过专业培训的专职心理教师和兼职心理教师担纲。通过家访，了解家庭的具体情况、亲子关系的真实表现、家长和学生对家校共育的个体性需求。通过座谈会，了解家长对学校育人工作的代表性要求与期望。通过专业师资的专业解读与全面整合，深刻理解家长的育人理念和需求，并与学校的实际条件、现有基础、育人理念相互对接、相互融通，形成家校共育的坚实基础。

2）以班主任队伍为主体

班主任作为班级德育工作的第一责任人，与学生和家长两方面都接触得最多，对他们的了解也最深。在家校共育活动的具体开展中，班主任在学校、家长两方育人主体之间承担着召集人和协调人的角色，召集学校与家长两方资源协调学校、家长、学生之间的关系。

3）以家长资源为活水

学校邀请优秀家长代表交流家校联动活动感受，分享家庭教育经验，发挥家长之间的引领示范作用。我们还利用微信等渠道，组织家长之间的交流互动。学校邀请家长来主持主题班会，将家长的育人理念和专业视野直接传递给学生，也让家长直观地了解孩子的思想动态和发展状态。我们还邀请术业有专攻的家长，通过线下讲座、线上微课程等形式，为学生提供法律知识、生理卫生知识、职业教育等方面的指导，为“家校育人共同体”的构建不断注入活水。同时，来自各行各业的家长在各自的专业领域大有作为，也为“家校育人共同体”引进了社会各界的育人资源。

（4）实施多元评价，及时获得反馈

1）实施多元评价主体，发挥评价合力

学校落实“家长—教师—学生”三位一体的多元评价制度，强化家长的自我评价，落实家长和教师间的互评，加强家长同伴间的互评，推动孩子对家长的评价，拓展教师和家长间的评价，全方位反馈家校联动活动效果。

2）采用多样评价方式，促进综合评价

坚持定量的任务型评价和定性的激励型评价相结合的评价方式。在课程结业的评价中，以定量的任务型评价为主，反映家长的课程参与、学习任务完成情况等；在家长家教素养提升的评价中，以定性的激励型评价为主，评选最佳知识奖、最佳参与奖、最佳组织奖、最佳关系奖、最佳综合奖，反映家长在家庭教育素养上的个体差异性，从而促进家长在家庭教育素养方面的全面提升。

（撰稿：宁波北仑中学《新时代　新家长　新家教——普高学校“家校共同体”建设的实践研究》课题组）

四、共学共建促家校协同共育

【专家导读与点评】

创造温馨、优雅的阅读氛围，让家长在轻松、自然的状态下读书、分享、学习并获得成长，中国教育科学研究院荔湾实验学校（以下简称“科校”）的家长读书沙龙虽然只是在一个点上开启家校协同活动，却有着不同寻常的意义。读书是自我修炼、自我教育最平常却也是最重要的一种形式。科校的家校共育活动不走寻常路，是以家长自我教育作为起点的，这个起点是比较高的。在家庭建设、家长自我教育、家长教育子女这三个环节中，前面环节为后面环节之基础。前面工作做得不好，后面环节就会出问题。家庭教育出问题，是因为家庭建设没做好，家长缺少自我教育的意识。家长读书沙龙是从家长自我教育开始，让家长与教师在学习、分享中解决家庭教育问题，更重要的是让家长明白自己的问题，这很重要。希望科校在这个较高的起点上继续前行，拓宽活动面，通过丰富多彩的家校协同共育活动，实现教师、家长和学生的相互学习、共同成长。

（撰稿：单志艳）

【学校简介】

中国教育科学研究院荔湾实验学校是2018年由中国教育科学研究院与广州市荔湾区人民政府合作共建的公办九年一贯制学校，在72个班的办学规模中，小学36个班，中学36个班。在荔湾区教育局和中国教育科学研究院的专家学者的支持和指导下，学校坚持“科学理念、科学育人、科学治理、科学评价”的四个科学办学，是广州市拔尖创新人才培养实验学校、广州市中小学智慧校园实验校、广州市中小学人工智能课程改革实验学校。学校正在拓展资源，为师生提供更多面向国际的学习、交流、培训机会，培养学生的国际视野和交往能力。作为一所高起点、高品质、高定位的学校，科校正努力打造一所引领国内基础教育发展的有人性、有温度、有故事、有美感的新样态学校。通过举办家长读书沙龙，打造家校沟通平台，引领家长成长，促进家校协同共育。

1. 树立“轻阅读　乐分享　成为更好的父母”的理念

家长们在教育孩子的过程中有着各种各样的困难和困惑，为了帮助家长更好地成长，让家长学会用科学、有效的方式与孩子沟通，让家长更了解学校、了解孩子在学校的情况、了解孩子的需求，让家长与教师，家长与家长之间能更好地沟通，学校通过举办“轻阅读·乐分享·成为更好的父母”家长读书沙龙活动，为科校家长打造一个学习、沟通、交流、互助的平台，让他们在轻松、舒适的环境中，从众多的教育、管理理念中寻找适合自己孩子的教育方法，家校共育，共同进步，更好地将科学的养育、教养知识实践于生活，服务于孩子，让家长在自主学习的过程中自我觉醒，改善亲子关系。

2. 设计“平等沟通，角色蜕变”的活动过程

为提高家校沟通质量，让家长更好地配合学校开展工作，在新年级、新班级建立伊始，科校德安中心通过开展“轻阅读·乐分享·成为更好的父母”家长读书分享沙龙，为家长们打造一个倾诉、交流、互助、学习的平台。

活动筹备阶段，学校先向7年3班班主任了解该班开学以来的一些情况，从全体家长中选10位平时注重家校沟通与家庭教育的家长，并向他们发出邀请函。活动安排在周五晚上的7点到9点。

活动在学校禾园美丽的享读空间举行，享读空间灯光柔和，轻轻低垂的纱帘，舒适的沙发，让家长如同置身家中。家长都不停地赞叹学校的环境优美，忍不住从书架上选取书本，开卷阅读。活动一开始，为打消家长的顾虑和紧张情绪，校长对家长们说：“非常感谢各位爸爸妈妈在百忙中抽空来参加科校的读书会活动，今天晚上在这里大家的身份就是爱学习

的爸爸和妈妈，希望大家能享受这个美好的晚上。”

例如针对7年级学生对学习难度、学习方式转变的适应性问题，我们选取了《自驱型成长》这本书。家长和班主任老师、德安中心主任一起观看了樊登读书APP中的关于这本书的解读视频。从45分钟的解读视频中，家长了解到养育孩子最本质的问题——如何帮助孩子找到对自己生活的控制感和自己的内驱力，并充分发挥其自身潜能。视频中还用了很多生动的例子提醒家长要学会换位思考，如我们常问孩子成绩怎么样，换位思考如果家长下班回到家，孩子坐在沙发上问："你今天在公司表现怎么样？有没有升职？加工资了没有？"作为家长，你会有什么感受。这样的片段引起了家长们的哄笑，笑完后是寂静的深思。

读书会活动的后半部分是分享和讨论。有一位家长首先发言："我要自我检讨，我的孩子成绩下滑，我老觉得是他不努力，其实今晚听完课，我知道是因为我们家里没有给孩子一个安全的氛围，让孩子的压力水平增高，影响了他大脑的运作。"其他家长也陆续参与到分享和讨论中，家长从视频中了解到如何科学地做一个"非焦虑临在"，做顾问型的父母，采取权威型教育，培养孩子的自我掌控感，从而提升孩子的自尊水平，最后形成内驱力。也有家长提出孩子在家跟在学校完全是不同的样子，怎么看自己的孩子都不顺眼。参与活动的德安中心杨主任向家长们提出了赞赏教育。孩子们进入科校后为什么进步这么大，是因为学校给予了每个孩子很多展示的平台，他们找到了自我价值感，所以越来越认同学校，信任老师，反过来，我们家长也应该学会欣赏我们的孩子，而不是仅盯着学习成绩或孩子的缺点……

3. 总结"轻松高效，互助前行"的行动收获

家长读书沙龙活动一学期已经开展了7场（小学2场，中学5场），每场活动都受到家长极大的好评。家长和学校都在如下方面有所收获。

①高效学习：家长能在45分钟内通过观看视频高效地学习到一本关于教育孩子的书籍，然后通过分享、讨论，与教师、其他家长共同探讨教育问题。

②高效沟通：每场活动控制在10位家长以内，家长根据视频提供的理论与观点，结合自己孩子的实际情况，与教师、其他家长进行讨论、思维碰撞、方法共享，能收获比单独学习更丰富的知识，更有效果。

③同伴互助：很多家长都只会拿自己孩子不好的地方跟其他的孩子比，只看到自己孩子有很多不足的地方。通过参加读书会活动，家长们可以通过听其他家长的分享，了解到更多教育问题方面的共性，也能更好地看到自己孩子的个性和优点。

④轻松减压：每期活动会邀请班主任、年级级长、心理专职教师、下级行政人员等专业人士参加，在讨论过程中，这些专业人士会结合学生实际情况和特点，不断引导家长思考，提供建议，在轻松的气氛中调动家长的学习积极性。

随着读书会的深入开展与推广，今后要带动各班形成自己的读书会，读书会的形式也可以发展成为家长互助的一种形式，阅读内容也可以逐步从亲子沟通、家庭教育延伸到人际沟

通、亲密关系、自我学习提升等，让家长读书成为一种常态，让科校成为家庭教育文化引领的高地。教育一个孩子，改变一个家庭。阅读、学习不仅仅是为了教育孩子，还应该成为一种习惯、一种家风、一种传承。

（撰稿：广州市荔湾区中国教育科学研究院荔湾实验学校　梁仲明　王媛）

五、用三年发展规划整体建构

【专家导读与点评】

大碶中学通过制定学校三年发展规划来推动学校育人模式的整体建构，提出“为大‘QI’人生启彩”的办学理念，并结合学校发展实际将其具体分解为总体目标和具体目标，为实现这些目标进一步设计了制度建设、教师队伍建设、教学过程管理、强化课题研究等七大实施策略。发展规划之于学校，既是发展蓝图也是实践路径设计，学校全体成员——校长、中层干部、普通教师、学生和家长、社区等各方利益主体都应在其中找到各自的位置。因此，从规划学校育人模式整体建构的角度看，在梳理明确学校发展优势和劣势的基础上，学校需要明确发展目标以及实践路径，尤其注意提升发展目标的适切性、实施策略的可行性以及目标与策略之间的一致性。

（撰稿：李建民）

【学校简介】

大碶中学创建于 1979 年，原名为大碶小学附设初中，1980 年 9 月独立并更名为大碶镇中学，1992 年 9 月原塔峙中学与大碶镇中学合并，更名为北仑区大碶中学，现在的新校舍由大碶街道政府投资近 4000 多万元在原地重建，于 2005 年 9 月正式投入使用，占地 51647 平方米，建筑面积 17819 平方米，绿化面积 20000 平方米。灵山学校初中部 2011 年 9 月并入大碶中学，2017 年 7 月分开。现有 30 个教学班，1217 名学生。

近年来，全体大碶人在“育阳光少年，启光彩人生”的教育愿景和“明德、笃学、求实、创新”校训的指引下，积极践行“为大‘QI’人生启彩”的办学理念和“爱、真、勤、先”的“大碶人”精神。创新管理制度，促成科学化、民主化、规范化的学校管理，向现代学校制度迈进；立德树人，转变育人方式，培养自立、自信、自强，富有责任心、爱心、包容心，敢于担当的出彩少年；深化课程改革、精细教学管理，减负增效，提高教学质量；加强安全教育和管理，打造平安校园。做强做精做大大“QI”出彩教育——做大碶人，办大气事，成大器才的教育品牌，以启彩管理、启彩德育、启彩课程、启彩文化为载体，努力实现“办师生出彩的学校”的办学目标。

1. 发展背景

(1)发展优势

①大碶中学是一所有一定文化积淀和良好传统，曾经有过骄人业绩的初级中学，建校四十年来，本着“育阳光少年，启光彩人生”的教育愿景，坚持“为大‘QI’人生启彩”的办学理念，立足“立德树人、全面发展”的策略，以“明德、笃学、求实、创新”为校训，已逐步形成了“文明、团结、好学、上进”的校风，“踏实、勤奋、善学、博学”的学风，“敬业、爱生、务实、创新”的教风，学校是浙江省首批农村示范初中、宁波市现代化达纲学校。

②德育工作坚持“德育为先、育人为本”的理念，坚持“创新理念和方法、主动出击、注重实效和过程，突出重点和形成特色”的工作思路，努力创设良好的校园人文育人环境，着力构建和谐、民主、平等的师生关系。

③教学工作注重基础的传授和基本能力的培养，着力追求“轻负担、高质量”的良好效果，努力探索“简洁活力，扎实有效”的课堂教学模式，学生基础相对扎实、后劲足，已成为良好的传统和优势。

④学校体艺、科技教育蓬勃开展，已逐步形成特色，群体性体艺活动扎实推进，在各级各类竞赛中取得较好的成绩。

⑤学校环境优美，各项教育设施齐全，为广大师生提供了良好的教育、学习环境。

(2)学校发展的瓶颈

①城乡接合部的生源与社会对我校高定位办学，特别是现在社会十分关注的重点高中以上升学比例，我们感到压力重大。

②师资结构不尽合理，师资队伍质量有待进一步提高。

③学校的内涵有待进一步挖掘，学校特色、品牌还不够明显，制约学校的进一步发展和对学生个性的培养。

④教师的教科研意识和能力较弱，缺乏行动跟进的教育教学反思和研究，缺乏学校特色创建和品牌建设的课题研究和引领。

2. 办学理念与发展目标

(1)办学理念

学校秉承“为大‘QI’人生启彩”的办学理念，让学生于初中三年在文化知识、健康身心、良好品德等方面得到科学发展，为他们进入高一级学校和走入社会打下基础。

(2)总体目标

经过三年努力，把学校办成教育思想相对先进、教师队伍整体素质良好、学校管理更加科学、教学质量达到全区上游水平、在区内有相当影响力的省农村示范初中，把学生培养成身心健康、思维活跃、善于学习、热爱生活、诚实守信的社会主义新人，为他们的进一步深造和未来幸福生活打下扎实的基础。

（3）具体目标

①积极推进现代学校制度建设，以人为本，依法治校，让民主、科学的管理理念深入人心，加强层级管理，探索扁平化管理，完善家长委员会、校务委员会和校长接待日制度等，逐步形成一套适合本校实际、确保师生共同发展、充满生机和活力的学校管理体制。

②砥砺和弘扬学校精神，强化教师职业道德教育，以培养青年教师为着力点，完善校本培训、校本教研制度，以此为抓手促进教师的专业化成长，创建学习型校园，使广大教师自觉学习、勤于学习、乐于学习，努力打造一支师德高尚、业务精良、理念新颖、责任心强、学生满意、家长放心的教师队伍，以保证教育目标的实现。新增市区级教坛新秀 6~8 名，市区级学科骨干教师 1~2 名，高级教师 4~5 名。

③坚持“德育为首，育人为本”的思想和“创新理念和方法、主动出击、注重实效和过程，突出重点和形成特色”的工作思路，切实增强学校德育工作的针对性、实效性和主动性，赋予新时期德育工作新的内涵，创建学校德育特色。

④以加强教学管理为手段，以创新教师的课堂教学模式和激发学生的学习兴趣为主要途径，培养学生刻苦钻研的精神和学会学习的能力，变学生的被动学习为主动学习。引导广大教师提高驾驭课堂和处理教材的能力，形成教师业务能力不断提升、学生综合素质逐步提高、学校教学质量稳定提升的大好形势。

通过努力，三年后，大多数学科的总体水平（平均分、优秀率、合格率、低分率）在全区公办学校中能稳居前六名、创前四名，其中有 1~2 个学科的综合率争取全区前三位；每个学科有 1~2 名全区有一定知名度的领头羊，学生在各级各类学科竞赛中获奖的数量和质量有所提高；教研组经过三年的规范、建设，争创 1~2 个区级先进教研组或 1 个品牌学科，有 1~2 个教研组在区内形成一定的知名度。初步形成符合本校实际的行之有效的课堂教学模式。

⑤积极推动教育科研和教学改革，以解决教育教学实际问题的小课题研究为切入口，鼓励广大教师积极开展教学研究，发挥科研的先导作用，以教育科研推进学校的全面发展，使教师向科研型、专家型转化，逐步形成一套具有本校特色的教育科研体系和管理办法，有课题在区级及以上评比中获奖，有多篇论文或案例在区级以上获奖或发表，每学年论文、案例发表数不少于教师数的 1/6，每年编印大碶中学教师教育教学论文案例集。

⑥构建具有学校特色的课程体系，遵循教育规律和学生成长规律，面向全体学生，改革育人模式，推进因材施教，开发校本课程达到生科比 25∶1，创建 3~4 个区级精品课程，选修课程开设占课时总量的 20%。

⑦结合新时期新形势，对学校的校训、办学理念、学校精神、校风、教风、学风进行深层次的诠释和弘扬，打造五层和谐关系，即和谐互信的干群关系、和谐互补的教师关系、和谐互动

的师生关系、和谐互助的生生关系、和谐互推的家校关系，充分发挥校园文化的教育感染作用。充分挖掘学校体艺、科技项目的传统优势，培养学生的个性特长和兴趣爱好，三年后初步形成以体艺、科技教育为品牌的学校特色，能够在各级各类比赛中取得优良成绩，学校弥漫着体育与艺术、科技的气息，学生的审美情趣、科学艺术素养、运动兴趣和技能处处彰显，使学校在区内有一定的知名度和影响力。

3. 实施策略

①完善和规范相关管理制度。

②加强师德师风教育，逐步树立“大中人”的精神风貌。

③继续加强德育队伍建设，加强班主任队伍建设，探索新形势下学校德育教育工作的新模式。

④加强教学常规的管理和落实，注重过程管理；谋划课程改革，更新教学理念，转变教学行为，指导学生学会学习、养成自觉学习的习惯和能力；推进“40+5”课堂教学模式；稳妥有序推进智慧校园建设。

⑤积极申报市、区教育教学研究课题。

⑥推进国家课程校本化实施。

⑦继续抓好校风、学风、教风建设。

4. 保障措施

思想保障、组织保障、制度保障、后勤保障。（具体略）

（撰稿：宁波市北仑区大碶中学　顾君伟）

六、整体构建“三自”校本育人模式

【专家导读与点评】

江南中学通过“解剖”班级，以制度建设为核心，丰富灵活运用评价激励学生成为“自律”“自强”“自治”的“出彩江南人”，形成了“三自”育人模式。初中阶段是学生身心发展不稳定并开始走向多样的阶段，也是学生品格和个性发展的初步阶段。作为公办初中，江南中学紧紧扭住学生发展评价体系建设这一“杠杆”，以“法治”班级建设为支点，撬动每一个学生走向出彩。可以看到，江南中学在积极发挥评价的育人作用方面做出了有益探索。同时，伴随学生发展水平的整体提升，具体的评价制度也应进行相应调整，并通过丰富的课程教学体系建设提升每位学生的发展质量。

（撰稿：李建民）

【学校简介】

江南中学是一所拥有 50 年历史的公办初中。在坚持德育为先的理念下，大胆尝试制度化建设，在班级治理和学生管理方面走出一条具有江南特色的德育之路，树立“顶层设计”和“整体构建”的理念，初步完善具有江南特色的“融合江南”班级管理考核体系，全面落实“出彩江南”学生发展评价体系和班干部任免与考核制度。

“三自”育人，即“自律”“自强”“自治”，三者是相辅相成，互为辩证的关系。改班级的“管理”为“治理”，改传统的“人治班级”为现代的“法治班级”，破解班主任难题。新的育人模式以“一切为了学生的发展”为根本目的，公平评价每一个学生，设计出一套公平合理的学生评价制度，激发学生的上进心，同时也给班主任减负。只有落实好以制管班，以制管人，才能从根本上让班级有序运行，真正减轻班主任的负担。

1. 做有行为底线的“自律”人

为加强班级的学风建设，营造安静、有序、沉稳的班级学习、生活氛围，学校决定对自习课及课余碎片化时间加强纪律的治理，同时对学生的个人违纪扣分进行必要且有效的惩戒。

对于因违纪扣分的同学，年级组给予纠正错误、自我教育的机会。他们可通过保质保量完成两项由班主任或其他教师委派的公益性工作或者为班级做贡献的方式来抵消扣分。

班级良好的班风和学风需要每个学生坚守底线，不突破底线。而对于突破底线，的学生要依靠一套完整有序的纪律管理制度，并对其进行必要的思想教育和有效可行的惩戒加以约束。惩罚学生不是目的，只是一种手段，为的就是促使每个学生做到不违规、不违纪，严格自律。犯错误的学生越来越少，学生的上进心自然会被激发。

2. 做发展无上限的“自强”人

长期以来，学生表现好不好，往往由教师凭经验和印象给出评价，缺少一套比较客观完整的适合学生良好品德养成的评价制度，而某些“评优表先”的激励机制，并没有表现出一致性和全体性，个别学生的价值与潜能未得到充分发挥。过于关注终结性评价，不能客观公正地评价学生，也影响了学生今后的发展。

在日常生活中，孩子们对游戏卡片中的“财富积分”兴趣十足，这触发了学校对学生行为习惯、学生成长的德育评价体系的探索。结合“融入江南，合作成才”的理念，江南中学尝试“出彩江南融合章”分层评价体系的实践与研究，试图以“出彩江南融合章”为载体，通过正负积分来监督和管理学生的行为，以事实为依据，有章可循，有制可依，点滴积累，改变“成绩好就是人品好”“听话就是好学生”“看着舒服就是好孩子”的感性评价与班主任“一言堂”的终结性评价，使班级赢得发展与凝聚的力量，学生得到奖励的回报和自我素养的提升。

在“出彩江南”积章晋级学生个体发展评价制度下，学校把对学生的德智体美劳方面的要求都转化成制度条款，通过盖章认可，让学生可根据积章的数量得以晋级。不管涉及哪位学生，只认章数，不认班主任评价，而且章只能积，不能扣，以防止教师随性扣章或减章。但有一条底线，三年内被学校处分过的学生可以积章，但不得获得“出彩少年”和“优秀毕业生”称号。

每学期学校会根据班级量化考核的学生获章总数给予学生不同出彩级别的荣誉，荣誉共分为五彩级，由“银卡、金卡、铂金卡、钻卡、优秀毕业生”逐级递增。这项制度实施以来，得到了大部分同学的欢迎与认可，大家纷纷亮出自己精彩的一面，在各方面积极表现，为自己积章，为自己的前途打拼。为调动所有学生的积极性，学校还扩大积章的奖励范围，每班可自定义加章项目，名称由各班自拟，目的是让所有同学看到希望，得到认可，得到奖励。

3. 建运行有法制的“自治”班

提升“法治”素养是现代中学生的立身之本，而“法治”班级也是建设现代班级的必然要求。创一个“自治”的班需要构建“法治”平台，以法为基石。

（1）理顺班级神经网，创建小组合作管理制

现代的班级管理要以法为基石。创建一个“自治”的班级，一方面要强调学生小组团队合作，另一方面要强调班干部的“领头羊”作用。

如果说班级组织机构是班集体的骨架，那么班中每一个学生便是连接各骨架的神经网络。班主任应积极创造条件，理顺这些神经网络。现在的学生自我意识强，也不乏以自我为中心的思想存在，因此，在肯定学生个体发展的同时，如何让学生树立团队意识，学会合作，懂得处理个体与集体关系，也是学校德育的一项重要任务。江南中学在“出彩江南”积章晋级学生个体发展评价制度基础上推出了“合作江南”管理型小组合作学生团队发展体系。每个班以5~6人为小组，分成6~7个小组，学校统一印发小组一日常规管理考核表，内容由学校统一规定的条款和班级自定义条款组成。每周根据量化打分评出班级得分前两名“周出彩小组”，在班级门口展示；每月根据四周的量化总分评出一个“月出彩小组”；每学期每班评出一个“学期出彩小组”，学校奖励相关学生外出实践。

（2）培养班级精英，让“虎龙”各显其能

班干部队伍建设的重要性不言而喻。目前所有的学校和班级都设有班干部，哪怕是人人当干部或是管理员的班级也不少见。但由于没有有效和可操作的制度，班干部队伍的管理仍停留在粗糙的“人治”阶段。如今德育改革始终存在很多让人困惑的问题，其中起到师生桥梁作用的班干部队伍不得力是一个很重要的因素。

班干部应该自主履行职责，落实班级每日常规的管理。明确职责，接受同学监督，在班级管理日志中详细记录每日情况，对扰乱班级纪律的学生扣除纪律分并依情况进行惩罚，并向班主任及时反馈班级情况，对当天的管理工作做一个简单的书面总结。另外，班主任把握外出契机，帮助班干部快速成长，引导班干部对班级进行有效管理。学校可通过制定相关评

价制度对班干部每天的工作进行自评与他评。

在班级管理中应让“虎龙”各尽其能。各班级采用班干部轮流制的方式来优化班级管理,值周班长一周轮一次,让每个人都有管理班级的机会。通过这种组织形式可以为每个学生提供展示的舞台,从而发现并考察班干部苗子,还可以强化其自省和竞争意识,促使每个学生自发进行换位思考,产生“我能行”的自信心,从而激发他们的进取心。

为了管好各个小组,为班级培养优秀的基层干部,学校团总支成立“未来领袖成长学校”项目,着眼于优秀学生的终身发展,着力于学生干部的能力培养,着手于学生干部的培训与实践,进行系统课程培训。可以说“未来领袖成长学校”已经成为江南中学学生干部的“黄埔军校”,为学校的管理队伍贡献了大批有实际工作能力的干部。

（撰稿:宁波市北仑区江南中学　谢鲲　全晶）

七、“信,望,爱”课程体系构建

【专家导读与点评】

百年历史给予西关培英中学丰富的精神资源。统一的校色——白与绿,也代表着“白绿精神”。为了陶铸英才为国用,学校秉承校训“信,望,爱”的指导,构建“信,望,爱”的课程体系。三类课程体系的构建,是为了培养具有坚定信念、充满自信、诚实守信的个人素养的学生;培养能从历史中汲取养料、坚守当下、又对未来怀着美好憧憬的人才;培养具有正常人格、珍爱生命、能担当责任的公民。朴实无华的校训,为学校育人指明了方向。坚守也是在不断地创新,培英中学百年不变的校训,正是学校培育“白绿英才”、优质发展的灵魂所在。

（撰稿:方铭琳）

【学校简介】

作为一所百年老校和著名的培英体系的一员,学校始终继承并发扬学校的光荣传统和办学特色,全面贯彻党的教育方针,坚持社会主义办学方向,弘扬和践行社会主义核心价值观,立德树人,以人为本,努力不让一个孩子掉队,给每个学生以希望与梦想。建设学校文化,以文化引领学校的发展,彰显西关特色,彰显培英品牌,努力办人民满意的教育。在先进的办学理念指引下,构建了“以人为本,自主合作,和谐互动,全面发展”的教学理念,明确了“秉承全人教育,实现和谐发展”的德育理念,以培养全面发展、个性成长的“白绿英才”为育人目标,最终实现学校的教育理想—打造幸福校园,把学校建设成师生共同的美丽家园,让老师们愉快地生活和工作,让孩子们健康、快乐、和谐、全面地成长,不让一个孩子掉队,让每位家长分享成功的喜悦。

百年西关培英,其独特的校训“信,望,爱”,深刻地影响着西关培英的发展。课程体系构建也紧紧围绕着学校核心精神“白绿精神”，保障培育“白绿英才”，真真正正地落实培英建校以来“全人教育”的理念。

1. 厘清“信”“望”“爱”内在联系

信，信念、自信、诚信，是学生在未来的成长中必备的素质。信念，有信仰，有追求；自信，有能力，能坚持；诚信，有品格，能守信。可见，“信”是学生成长的基本要求，也是培育当代公民的基本要求。

望，希望，守望，回望，是学生个性化成长的必须条件。希望，有理想，追逐自己的梦；守望，有坚持，耐得住艰苦与寂寞；回望，有继承，学习前辈精神。学生们在自我发展偏好的引导下，选择与自身发展相符合的课程与活动，促进自我成长，也为学生筑梦未来提供帮助。

爱，博爱、爱国、爱校、自爱，是学生未来人格成长、回馈社会的必要准备。博爱，有胸怀，爱世界的万事万物；爱国，有情怀，能担当社会责任；爱校，能感恩，为培英争光、以培英为荣；自爱，有自尊，不断地自我完善。爱，是感受，也是一种方式。要想让爱矗立心中，离不开艺术能力的培养和深入社会的实践。

在“信”“望”与“爱”中，“信”构成了学生成长的基本要求，“望”是筑梦未来的助推器，“爱”是自我完善、创造美好的内在要求。它们之间各有特色，又存在着紧密的联系，都是培育“白绿英才”不可或缺的重要内容。

鹰是西关培英中学的校徽，喻义有着“白绿精神”的西培学子，他们就像展翅的雄鹰在天空中翱翔。“信”系列课程中的德育、心理、体育类课程构成了鹰的身体，必修学科课程构成鹰的头脑。“望”与“爱”系列课程构成鹰之两翼。“信”“望”“爱”各系列的课程，培育了西培人各方面的能力与品格，促进西培人全面而有个性化的发展。他们拥有了鹰的能力，能够像鹰一样朝着未来展翅高飞。

2. 以“信，望，爱”课程培育“白绿英才”

①“信”系列课程（表 7-1、表 7-2）由两大类课程组成，一是公共必修课程；二是学生发展指导课程和体育特色课程，其中学生发展指导课程包括学业和生涯规划课程以及心理健康课程。目的在于促进学生核心素养发展，使他们拥有健康体魄、健全人格和优良品格，培育全面发展的“白绿英才”。

表 7-1 “信”系列课程(一)

<table>
<tr><td colspan="17">“信”系列课程(一)
课程理念,国家课程校本化实施;培养目标,聚焦核心素养</td></tr>
<tr><td rowspan="2">必修</td><td colspan="2">语言与文学</td><td rowspan="2">数学</td><td colspan="4">人文与社会</td><td colspan="3">科学</td><td colspan="2">技术</td><td colspan="2">艺术</td><td colspan="2">体育
与健康</td></tr>
<tr><td>语文</td><td>英语</td><td colspan="2">思想政治</td><td>历史</td><td>地理</td><td>物理</td><td>化学</td><td>生物</td><td colspan="2">信息技术
通用技术</td><td colspan="2">音乐
美术</td><td colspan="2"></td></tr>
<tr><td>选修一*</td><td>语文</td><td>英语</td><td>数学</td><td colspan="2">思想政治</td><td>历史</td><td>地理</td><td>物理</td><td>化学</td><td>生物</td><td colspan="6"></td></tr>
<tr><td rowspan="2">综合实践活动</td><td colspan="3">研究性学习</td><td colspan="7">社会实践</td><td colspan="6">社区服务</td></tr>
<tr><td>高一上学期</td><td>高一下学期</td><td>高二上学期</td><td>军训</td><td>学农</td><td>学陶艺</td><td>参观禁毒馆</td><td>参观博物馆</td><td>春游</td><td>秋游</td><td>图书馆服务</td><td>街道服务</td><td>敬老院服务</td><td>志愿者服务</td><td>义务献血服务</td><td>工疗站服务</td></tr>
</table>

(注:*根据学科特性精选部分知识作为选修课处理)

表 7-2 “信”系列课程(二)

<table>
<tr><td colspan="11">“信”系列课程(二)
课程理念,以人为本,和谐发展;课程目标,奠基幸福人生</td></tr>
<tr><td colspan="2">类别</td><td colspan="5">学生发展指导课程</td><td colspan="4" rowspan="2">体育特色课程</td></tr>
<tr><td colspan="4">学业和生涯规划课程</td><td colspan="3">心理健康课程</td></tr>
<tr><td colspan="2">校本必修</td><td>自我认识</td><td>生活技能</td><td>学习心理</td><td colspan="2">情绪调控</td><td colspan="2">体育节(陆运会、水运会)</td><td>大课间、跑操</td><td>武术</td></tr>
<tr><td colspan="2">校本选修一</td><td>家长指导系列讲座</td><td>职业体验课程</td><td colspan="3">心研社</td><td colspan="4">田径社、足球社、排球社、篮球社、武术社、棋艺社、游泳社、皮划艇社</td></tr>
<tr><td rowspan="2">校本选修二</td><td>活动</td><td>专家讲座</td><td>兴趣岛</td><td>班级团康</td><td colspan="2">心理咨询</td><td>英超杯足球赛</td><td>班际篮球赛</td><td>双棋赛</td><td>趣味体育</td></tr>
<tr><td>拓展</td><td colspan="2">海外游学</td><td>520心理节</td><td>心理剧</td><td>心理日记</td><td>体育术科</td><td colspan="2">运动损伤预防</td><td>紧急救护</td></tr>
</table>

②“望”系列课程(表 7-3)关注科学、技术和人文的融合。通过回望校史,感受校友成长轨迹,感悟校训“信,望,爱”的深刻内涵,树立“白绿英才”的精神榜样。以兴趣为基础的各项社团活动,促进学生个性化发展。让学生在兴趣培育中,不断磨炼自我,在兴趣升华中,展望未来,实现自我超越。

表 7-3 “望”系列课程

“望”系列课程 课程理念,脚踏实地,仰望星空;课程目标,传承“白绿精神”,开拓丰富人生													
类别		科学			技术			人文					
校本必修		思维探究	环保课程	生活百科	科技节			培英史话	外教课程	演讲与口才	读书节		
校本选修一		数学社、地理社、观鸟社			信息社、机器人社、无人飞机社			历史社、文学社、英语社、法语社、诵读社、辩论社					
校本选修二	活动	创新大赛	环保小制作	科学与生活	科技小创作	玩转机器人	科技达人秀	传鹰仪式	百日誓师	毕业典礼	辩论赛	书香班级	阅读之星
	拓展	数理化知识竞赛	天文地理知识竞赛	观鸟活动	3D打印	微电影制作	仿真实验	《西培人》	《西关友声》	《白绿儿女传》	校歌欣赏	法语口语	图书漂流

③“爱”系列课程(表 7-4)通过丰富的艺术课程、各类社团活动以及社会实践,拓展学生生活和学习的空间,让其在实践中体会自然与社会发展的脉动,感受建设社会主义给我们带来的美好生活,培育爱国情怀,培养博爱的心灵。在心灵成长的过程中,让学生充分展现自我,完善自我,悦纳自己,宽以待人。

表 7-4 “爱”系列课程

“爱”系列课程 课程理念,行胜于言;课程目标,传递爱,创造美											
类别		社会				艺术					
校本必修		心灵成长课程		走进社会		艺术节	摄影		篆刻	竖笛	
校本选修一		铁军志愿服务社、礼仪社、国旗班、学生团校				动漫社、摄影社、街舞社、书法社、管弦乐团、合唱团、舞蹈队、广播站					
校本选修二	活动	学雷锋活动月	铁军志愿服务月	西培“母亲节”“敬师节”	成人宣誓	西培“好声音”	现场书法比赛	现场插花比赛	摄影比赛	主持人大赛	剪纸比赛
	拓展	“我们的节日”系列活动	兄弟姐妹结对仪式	励志徒步	安全教育	美术术科		音乐术科		传媒术科	

3. 全程全员全方位的课程实施策略

第一，选定课程发展模式的策略。结合西关培英中学悠久历史、“白绿精神”等传统，审酌校内条件和能力，确定以下路径：分析课程情景—拟定课程理念—设计课程方案（课时安排、组建特色教师团队、课室安排等）—规划课程配套（校本课程编订等）—课程实施—课程评价—课程修正—形成制度。

第二，重视课程管理与实践的策略。以全人教育为理念，以课堂为阵地，以活动为载体，以实践为手段，贯彻“在做中学，在学中做”，培育学生“白绿英才”的综合素质。坚持以人为本、全面发展的原则，小组合作、自主探究的原则。这充分地体现了培英传统的“咕喱头精神”。课程管理与实践，贵在“做”。“咕喱头精神”就是埋头苦干。

第三，整合资源的策略。充分发掘培养校内特色教师，并聘请退休教师、学生家长、志愿者、学生等来任课。

（撰稿：广州市荔湾区西关培英中学　胡润珍　刘晓玲　谢梅芳　郑瑞萍　江美云）

八、“生长教育”课程体系的整体建构

【专家导读与点评】

广东实验中学荔湾学校虽然是一所很年轻的学校，但依托其所在的广东实验中学教育集团深厚的文化底蕴和科学的育人理念，在建校之初就提出了“生长教育”的办学理念，并在办学理念的引领下，聚焦学生的五大核心素养，在课程体系和课堂方面进行了整体系统的建构，为每一位学生的全面而有个性的发展和成长提供了无限可能，让生命朝着更好的方向发展。顶层设计为学校的科学办学指明了方向，体系化的课程设计保障了理念落实，希望后续在“文化·课程·课堂·评价”四位一体的综合性教育教学改革方面进行更加深入的探索，让国家层面的教育目的和育人目标、校本的学生培养目标、课程学习的专业要求这三者融通而形成有机的整体，成为广东实验中学教育集团中一颗冉冉升起的璀璨之星。

（撰稿：方铭琳）

【学校简介】

学校创建于 2019 年 9 月，是一所九年一贯制公办学校，分小学部与初中部两个校区。学校由荔湾区教育局、广东实验中学合作创办，由广东实验中学（简称“省实”）负责实施全面管理。秉承校本部“以人为本、以德树人、以质立校”的办学理念，学校致力于打造“生长教育”特色，办一所适合每个孩子生长并为每个孩子未来赋能的新样态学校。学校现有 15 个教学班，在校学生 568 人，其中初中部 7 个教学班，在校学生 250 人。学校师资力量雄厚，名师荟萃。

“生长教育”的认识遵循“自然”之道和“教育”之道，学校以“生长教育”的理念来引领

课程的整体建构，聚焦学生发展核心素养，构建学生“生长教育”学校教育环境，精心选择、设计与开发“生长教育”课程内容体系，用心打造“生长型”课堂，探索“文化·课程·课堂·评价”四位一体的综合性教育教学改革，并最终让每一个生命在省实荔湾学校实现个性而最优化的生长。

1. 聚焦五大素养的课程体系构架

“生长教育”课程体系以“生长教育”理念为依据，紧紧围绕“博学、尚德、创新、雅趣、健康”五大学生发展核心素养，构建了“基础课程、拓展课程、特需课程”三大课程模块、以“生长型课堂”为核心的生长教育实施途径、生长型多元评价、生态校园文化四位一体的现代课程体系。“生长教育”课程体系的基本构建如图 7-8 所示。

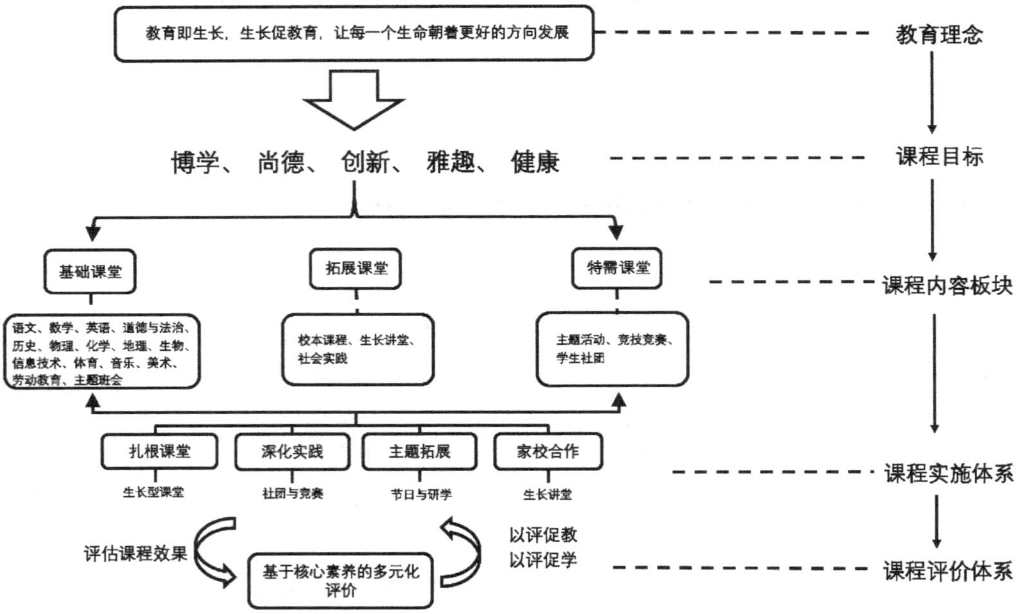

图 7-8 “生长教育”课程体系结构图

十年树木，百年树人，而根深才能叶茂，本固才能枝荣，以基础课程为核心，三大课程板块融会贯通、层层推进，基础课程提供学生生长所需的养分，拓展课程营造学生生长所需的环境，特需课程则提供生长更多的可能性。在基础课程的基础上，学校又积极展开了校本课程的开发与实施，形成了融国家课程、地方课程与校本课程为一体的立体式“生长教育”课程体系。学校围绕学生发展核心素养、课程目标，对应设置了五大课程模块，具体如表 7-5 所示。

表 7-5　融会贯通的“生长教育”课程体系

课程目标 / 课程内容	博学	尚德	创新	雅趣	健康
基础课程	语文、英语、历史	道德与法治、主题班会	数学、物理、化学、地理、生物、信息技术	音乐、美术	体育、劳动教育
学科渗透	经典阅读、写作、	家国情怀、公民道德、	思维拓展、生态环保	审美意趣	心理健康、社区合作
校本拓展	“演讲与口才”“史途行者”	“米点“政”能量”	“创意编程”“数学思维拓展”“动手实验”“舌尖上的中国之地理探源”	“你今天真好看”“音你而美”	“生活中的心理学”
生长讲堂	“慧眼识西游”“读书分享会”	“不忘初心、讲好党的故事”“着力优化营商环境，推动经济高速发展”“弘扬延安精神”“革命传统教育进校园”“粤港澳大湾区”	“垃圾分类知识科普”“科技七巧板创意制作”“无人机科普”	“演绎西关的味道”	“致我们的青春”“肿瘤，我们如何去面对”“时间管理的小秘诀”“压力平衡”
学生社团	辩论赛、文学社	社区志愿小分队	观鸟社、航模社、无线电社	摄影协会、日韩文化社、动漫社、软笔书法社	滑板社、红十字会、乒乓球社
主题活动/竞技竞赛	定向阅读挑战赛、朗诵比赛、智慧新阅读、主题阅读、USAP 美国学术五项全能赛、线上英语文化节	“寻味西关”社会实践活动	全国无线电测向公开课、广州市家庭创新大赛、广东省青少年科技七巧板创意制作竞赛、广州市青少年车辆模型教育竞赛	主题绘画、书法比赛	啦啦操比赛、艺术体操锦标赛、篮球比赛

2.“生长教育”课程的实施体系构建

学校创新性地发展并形成了以下四个方面的课程实施体系。

①重点打造“生长型”课堂。“生长型”课堂是指顺应学生的生长规律和学习规律，教学主体指向学生，教学过程指向自主，教学目标指向生长，不仅着眼于学生当下的知识、思维、精神等方面的生长，还为学生未来的生长积蓄能量的课堂。

②深化“生长型”社会实践。“生长型”社会实践是为引导学生认识世界、探索世界而设计的综合探究活动。社会实践的主题紧扣家乡故事和职业体验，社会实践不仅能提高学生的探究能力，而兼具生涯导航的功能，让学生在对家乡有更深认识的基础上，发现自己未

来发展的可能,对自己未来的规划有更清晰的方向。

③创新“生长型”主题活动。“生长型”主题活动是围绕着一个主题延展开的系列活动,此类活动往往会打破学科边界,活动形式因突破传统而更为灵活,活动注重激发学生对生活、社会,乃至世界的好奇心和探索欲望,培养学生的动手能力,强化学生的团队合作意识。

④优化“生长型”家校合作。“生长型”家校合作不局限于交流学校教学和孩子的日常表现,而是真正将家长作为学校的战略伙伴、孩子的生长导师。将家长请进学校的讲堂,以“生长讲堂”的形式向孩子展示不同领域的风采,通过家长的资源,拓宽职业体验教育的路径,让孩子看到更多的生长方向,并汲取生长的力量。

3.“生长教育”课程的评价体系构建

学校在推进“生长教育”课程体系的整体建构过程中,积极探索多元化的课程评价方式,形成由学生、教师、家长、社区等组成的多元化评价主体;评价过程中采用自评、互评、他评的多元评价方式,利用宣讲、展板、电子化成果展示、希沃交互式一体机和班级优化大师等技术手段辅助下的师生互动、家校互动等多种形式,对每一门课程、每一场活动的各个过程、各个环节进行评价。将学生的评价结果纳入综合素质评价的要素和评优评先的重要参考范畴,鼓励、引导学生以最美的姿态向上生长。

在学校信息化建设和智能化管理的硬件保障下,教师充分运用“希沃电子班牌”“班级优化大师”与学生、家长实现实时互动。班主任和科任教师都可以运用“班级优化大师”,从“身心健康”“学业水平”“思想品德”“艺术素养”“社会实践”五个维度(图 7-9),对学生进行多元评价,向学生发送图文并茂的文字点评,随时记录学生的点滴成长,并建立学生档案。学生和家长普遍欢迎这种智能化的记录和多元化的评价,并在此平台上与教师形成友好的互动关系。

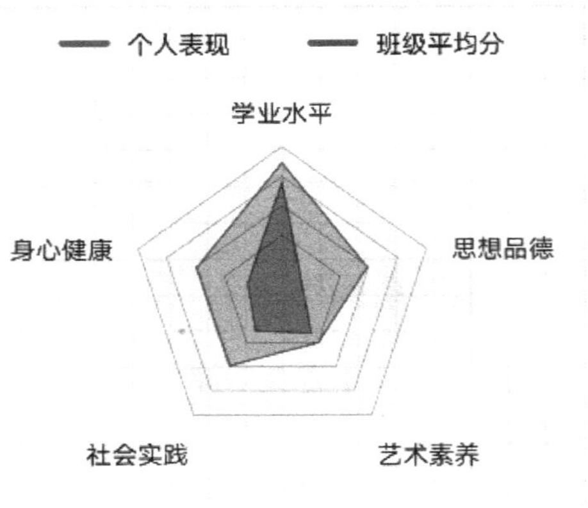

图 7-9 “班级优化大师”学生评价的五个维度

4.“生长教育”课程的保障体系构建

学校在“生长教育”课程体系的实施过程中，注重师资力量的培养，增强全体教师的课程意识；强化管理环节，细化管理过程，实行多元化的课程评价，保证课程质量。

（1）集团化办学显优势

省实教育集团，一花十叶，同气连枝。省实荔湾学校秉承校本部的办学理念，与省实教育集团资源共享，优势互补，充分发挥了集团化办学的优势。例如，省实教育集团多次开展联动教研，各学校吸收彼此优秀经验，分享不同区域的先进理念，共同提升教学管理水平。

（2）专业化团队是关键

学校的课程建设、学生的培养离不开专业化教师团队。丁之境校长是广东省特级教师、正高级教师，广东省中小学名师工作室主持人，享受荔湾区政府特殊津贴。中学部首批签约教师大多毕业于我国“双一流”建设高校，硕士学历教师人数占比超过50%，高级、中级职称教师占比26%，其中不乏各区学科中心组成员、优秀班主任等。学校通过主题党日活动、专家讲座、教师阅读活动、省实教育集团教研、备课组集体备课等各级各类的教师培训，提高教师团队的课程意识，集众之长，开发课程。

（3）规范化管理有保障

学校为规范“生长教育”课程体系的实施，出台了一系列课程管理办法。教学处统一管理课程的设置与安排，切实保证上课时间；开设课程的教师要提交“课程计划”，经教学处审批后方能开课；教师需提前撰写课程讲义或校本教材；教师需要保留过程性材料，学期末上交留档。每一学年，教学处会组织专家团队对课程的设计、实施和评价等环节进行再审核，促进课程的不断优化。

（撰稿：广州市荔湾区广东实验中学荔湾学校　丁之境　孙佳）

第八章　小学育人模式整体建构案例

本章选取了中国教育科学研究院基础教育研究所教育综合改革实验区——广州市荔湾区和宁波市北仑区的12所小学作为案例，其中：荔湾区沙面小学打破“围墙”，整合资源，做教改的先锋；新碶小学通过文化内生让百年老校焕发新样态；淮河小学探索后疫情时期的课堂教学创新；柴桥实验小学进行“润泽教育”的探索与实践；大碶博平小学进行“品学管理”的组织结构变革；小港中心学校进行小港湾走向大世界的整体创新探索；九峰小学立足“养正”课程设计及实践；坑口小学以圆通课堂培养追求完满的人；汇龙小学探索合创课堂教学新模式；东沙小学建构与实施闪光人生素养课程；何香凝纪念学校以香凝正气文化建设助力整体建构；海中小学以海拓文化引领育人模式整体建构。专家导读和点评总结了这些学校在整体建构方面呈现的亮点，以及进一步努力的方向，可为类似学校的发展提供借鉴。

一、打破“围墙”让协同致远出新出彩

【专家导读与点评】

沙面小学坐落于印刻着我国近代史与租界史的沙面岛，得天独厚地拥有十分多元的文化基因和丰厚的文化资源，为学校育人模式整体建构提供了坚实的基础。迈入新时代，基于对学校发展地域空间受限的思考，学校提出了“建一所没有‘围墙’的学校”的发展愿景和“站在国际舞台看世界”的育人目标，通过打破社区“围墙”、课堂“围墙”、学科“围墙”、技术“围墙”、管理“围墙”等促进学校育人水平的全面提升。可以看到，在整合利用学校课程资源的同时，沙面小学也在学生培养方式、学校发展方式等方面积极探索，实践和诠释着“新协同”的办学理念。学校的根本任务在育人——在育“有根”的中国人，因此，在具体办学实践过程中应注意扎根中国文化培养人，这是学生未来走向国际舞台的根基之根基。

（撰稿：李建民）

【学校简介】

始建于1947年的沙面小学承载着多年根基的深厚沉淀，被评为首批广东省一级学校、首批广东省书香校园、广东省现代教育技术实验学校、广东省安全文明校园、广东省体育特色学校、广东省教育信息化中心校、广东省游泳传统项目学校、广州市首批“高水平体育美育团队”、国家级语言文字规范化示范校、全国中小学整体改革实验基地、全国绿色学校先进学校。70多年的办学历史，20余载的协同教育实验研究，在“百丈再百丈，攀登高峰上”的沙面精神引领下，一批批名师脱颖而出，学校有4位省特级教师，两位全国名教师“百千万工程”培养对象。培养出的知名校友有享誉国内外的作曲家、密苏里大学终身荣誉教授

陈怡，广东省第一个“茅盾文学奖”获得者刘斯奋，亚洲游泳冠军陈伟英、周嘉威等。学校现有 4 个校区，包括沙面校区、御景校区、柏悦湾校区、沙面实验学校，近 1800 名学生。

没有“围墙”的内涵是“新协同”理念在“互联网+”时代的发展与创新。沙面人应当打破思维的围墙，做到脑中有智慧，手中有技术，永远走在教育改革前列。沙面小学作为荔湾教育的品牌，学校一直围绕着“破墙”二字传递教育改革的勇气和智慧。

1. 打破社区“围墙”，整合资源搭建平台

158 年前，原为拾翠洲的沙面岛因清政府丧权辱国而沦为英、法租界。直到 1949 年广州解放，它才真正回到中国人民的怀抱。而如今的沙面岛，作为广东省爱国主义教育基地、广东省中华文化传承基地，仍备受瞩目。坐落在岛上的沙面小学始终把握时代发展脉搏，借助各种重大节庆厚植学生爱国主义情怀，并以“小手拉大手”引领社区和家庭教育。学校定期组织学生参观外事博物馆和海关博物馆；与广州第一家五星级宾馆白天鹅宾馆进行联动社区教育，把孩子引入白天鹅丝绸之路餐厅，以“一带一路”为主题，学习西方的餐饮文化知识。因与丰富的社区教育资源相结合，沙面小学从最小的学校变成了最大的学校，校长姚丹也因能盘活岛内的各种教育资源，而被人亲切称呼为“岛主”。

2. 打破课堂“围墙”，促进双西文化交流

沙面岛内拥有西方文化和广州西关文化，这里既有历史碾过的痕迹，也有社会发展的印记。沙面小学本部则身处其中，校园虽不大，但其课堂已走进岛上各代表性建筑与场所。“我们的实际校园不大，但优势资源不少。”在校长姚丹眼里，那一面围墙并不是限制，如何将沙面岛上的各种资源为学校教育所用才是她最急需思考的。相对其他学校，这里的师生有着更多的锻炼机会和更大的展示空间。沙面小学的地理位置得天独厚，势必承担相应的育人使命与任务。如此自觉的感悟，与沙面小学自主开放、不畏艰险、积极向上的优良传统密不可分。

3. 打破学科“围墙”，激发学生内在潜能

沙面的孩子不但要学习成绩优秀，更要在文化展示和传播方面有一技之长。掌握一门外语就是掌握一种交流工具、一种思维方式。沙面小学在国家英语课程上着重口语训练，教学设计尽可能生活化、场景化。学校设立了丰富的个性化英语课程，包括外教口语初级班和中级班、英文演讲与辩论、Our world 阅读初级班和中级班、自然拼读特训班，供学生自由选择。

在坚持推广普通话和加强英语学科核心素养培养的同时，沙面小学仍不忘对承载乡音乡情的粤语的传承与发展——开设粤语选修班，涉及“粤语讲古”这一省级非物质文化遗产项目。此外，沙面小学还十分重视童谣、诗歌、戏剧，并把它们作为国家语文课程的重要补充。以戏剧课程为例，采用点面结合的推进策略，创新校园艺术节的举办形式，力求“人人

都有戏，个个能上台、班班有新意”，让孩子们充分体验文学的乐趣。

4. 打破技术“围墙”，共同构建未来校园

学校重视鼓励教师在日常教育教学中尝试运用新技术，共同参与未来校园的构建。御景校区数字化书法智慧教室于 2018 年投入使用，这是广州市荔湾区首间数字化书法智慧教室，让传统书法教育插上现代信息化的翅膀。全校正积极探索项目式、主题式、菜单式学习，并已引入人工智能、3D 打印、机器人、编程等前沿课程内容。另外，沙面小学通过远程课程、无线课程，既与斯坦福大学的科技课堂进行互动，也向西藏、贵州等地的结对帮扶学校传经送宝。在学生评价方面，沙面小学则借助大数据技术进行学业测评实验，已在四年级实现了一生一科一报表、一生一科一报告（仅针对语文、数学、英语）。

5. 打破管理“围墙”，拓宽师生发展空间

在沙面小学柏悦湾校区，两名教师共同负责一个班的语文、数学、英语、思想品德四门课程。而其他校区的教室则以储物柜为界一分为二：一边用于教学，区域内的课桌呈扇形、圆形摆放，并非传统的队列式组合；另一边用于游戏，也是学生自我展示和交流的天地，存放着一些课外读物、手工艺品。沙面小学各个校区的设计和而不同，目的是优化课堂教学过程，给予师生更多的自主空间。

沙面小学包班制下的双师课堂属于柏悦湾校区特色，汲取了欧美国家的教育教学管理精髓。其他校区则向基于课程整合的多师合作过渡，更多时候是在课前做跨学科教学准备。在沙面小学，每位教师都可以根据自己的艺术特长开设走班课程，有的学科特别课堂也实施走班制，并将授课时间扩展至 60~90 分钟。

跨班级、跨年级、跨校区的“破墙”，皆基于沙面小学公平、公正地对待每一个学生的理念，促使天赋、潜能、气质、性格各异的学生都能得到最充分的发展，也让每名教师拥有自我发展的意识与能力，争做学生需要的老师、学生喜欢的老师。

在行政管理方面，四校联动，协同共进，和而不同，每个校区有不同的定位和特色。在教研方面，学校重视老中青结对下的“传帮带”。协同式教师工作坊等组织的设立，旨在最大限度地发挥每个校区骨干教师的带头作用。同时，各校区会进行适当的教师轮岗，也会定期组织外出学习归来的教师进行经验分享。

6. 打破疫情“围墙”，传递战“疫”正能量

2019 年末疫情突如其来，沙面小学家校携手，共同抗“疫”。疫情期间，家校携手隆重推出“携手抗疫立德树人担当有为”——别样的“思政云课堂”系列活动。因为家校关系紧密结合，再加上家长们的有力支持、配合以及正确的引导，沙面学子在这次疫情期间创作了很多令人深思和饱含丰富的教育意义的佳作。例如，姚丹校长受广州市教育局的邀请到广州电视台参与录制“榜样的力量——英雄的平凡之路”一课，该课程被作为广州市中小学生复

学思政第一课，同时登上“学习强国”的全国平台。

沙面小学的学子们还时刻牵挂念着贵州兄弟学校的小伙伴们。沙面小学的美术科组与贵州毕节、金沙的兄弟学校通力合作，两地学子共同创作了朗朗上口、通俗易懂的“校园防疫三字经漫画”，同时配上原创的抗疫歌曲。两地学子用实际行动打破疫情“围墙”，传递战“疫”正能量。

（撰稿：广州市荔湾区沙面小学　姚丹　黄宏杰）

二、文化内生让百年老校焕发新样态

【专家导读与点评】

新碶小学的办学理念着实可爱、美好。或许，这才是一所小学应该有的样子，它培育的孩子有着小学生们应该有的样子。没有那么多的慷慨激昂，没有那么多的深沉锁眉，只是美好，只是把最好的给了孩子，只是把特别的爱给了特别的你，而美好是没有终点的，一路都有不同的风景、新生的小道，多么质朴而又本真的语言和心情啊。在这样的学校里长大的孩子，是丰盈的、温暖的、新奇的、没有畏惧的，学校为孩子们建造了他们一生都可以从中汲取力量的心灵港湾，使他们有足够的安全感去面对纷繁复杂、善恶并存的真实世界。

（撰稿：牛楠森）

【学校简介】

新碶小学创办于1906年（光绪三十二年），原址重建于2008年，校园面积25435平方米，现有教学班34个，学生1476名，教师85名。学校在百年的办学历程中逐渐形成了“以人为本、办学规范、质量过硬、特色鲜明”的办学特点，涌现了著名连环画家、线描大师贺友直，中国科学院院士贺贤土，世界象棋国际大师王铿，泳坛名将贺慈红等一批优秀校友。学校曾先后获得全国雏鹰红旗大队、全国棋类教学优秀实验基地、全国课外文体活动现场展示学校、省基础教育质量检测与评估项目最佳集体、省体育特色项目学校等荣誉称号。2017年学校成为中国教科院首批新样态联盟校，为了落实新样态学校的理念，办一所符合教育规律、眼中有人、面向未来的现代化城区小学，学校重新梳理形成“有人性”的办学理念；抓住关键因素，落实“有温度、有故事”的办学策略；结合学校特质，呈现“有美感”的校园文化。

打开一所学校，优秀或者平凡，最深处的基因是“文化”。文化需要积淀，更需要挖掘。认识、重构、形成一所学校的文化是一项“系统工程”，也是一场“静悄悄的革命”。

1.“美好教育”的回归——学校深处是文化

新碶小学作为城区办学历史最悠久的一所百年老校，有过辉煌的过去，也有自己独特的文化基因。但随着城区南扩，学校所处地段逐渐偏离中心，学校急需一个关键事件来破冰、解冻。

（1）故事一：一场与中国教育科学研究院的美丽邂逅

正当学校困惑迷茫时，2017年学校成为中国教育科学研究院首批新样态联盟校，原中国教育科学研究院基础教育研究所所长、新样态联盟创始人陈如平研究员来到学校现场诊断，他详细阐述了"新样态学校"的理论体系、建设途径及方法，提出：新样态学校的提出基于对当前学校现状的拷问和对学校本质的思考。它不是要否定什么，而是让我们更关注要坚持什么。挖掘学校原有文化基因，直指教育本源是新样态学校的核心要素。可以说重构文化，实践"新样态学校"理论是最契合当前学校情况的发展之路。

（2）故事二：一个以文化回归的名义发起的征集令

重建理念，关键是认识自我。在梳理、重构学校文化的过程中，学校采用"征集令"的方式，让全体老师、家长、学生参与进来，最终提出用"美好教育"概括新碶小学的文化特质和未来方向，并重新梳理了学校的理念系统，形成了以"把最好的给孩子"为办学理念，以"走好每一步"为校训，以"办一所充满美感、人性、智慧的现代化城区小学"为办学目标，以"让每一个孩子走成最好的自己"为育人目标的理念系统。

（3）故事三：一道会生长的风景线

学校文化是实实在在的"DNA"，呈现了学校的精神气。它既呈现在隐性的师生交往、生生互动中，也呈现在外显的校园环境建设中。学校把文化建设作为体现"美好教育"的重要载体，同时也作为落实新样态学校"有美感"校园的重要表现。例如在楼道文化的改造中，围绕"百年新小，百年树人"这一文化主题进行打造，四条楼道分别以"新小足迹""港口足迹""老街足迹""红色足迹"四个小主题进行呈现，以学校新的办学理念系统为主题背景，以胶片电影为呈现方式，同时留出展示学生作品的空间。

2."美好课程"的打造——把最好的给孩子

学校提出了"实事求是，收放自如"的办学策略。教育的核心是育人，育人的核心是课程。为打造"美好课程"，学校提出"基础课程校本化、德育课程主题化、社团课程精品化、实践课程基地化"的"四化"目标。

（1）故事一：成长"三部曲"

学校的"一年级入学礼""十岁成长礼""小学毕业礼"的成长"三部曲"课程，就是为孩子遇见美好而量身定制的。

（2）故事二：我与小麦的浪漫之旅

劳动课程是学校"美好课程"的一个重要组成部分。学校大队部开展"风吹麦浪——我与小麦的浪漫之旅”系列活动，分为“知麦生”“割麦穗”“吹麦哨”“赠麦礼”“品麦香”“画麦芒”六个内容，让学生学习劳动精神，感悟“麦芒精神”，勇敢独立，坚定理想！

（3）故事三：“榜样在我身边”

“榜样在我身边”课程是学校推出的一系列致敬榜样、学习榜样的主题课程，采用系列访谈的形式，让孩子发现身边美好的人和事。学校曾邀请优秀毕业生、世界冠军、象棋国际特级大师王铿，还有前往武汉一线战疫的北仑区人民医院护士长王燕辉参加访谈录制，同学们从身边的榜样中汲取了奋斗拼搏、无私奉献的美。

3.“美好生涯”的勾画——把爱给特别的你

美好教育需要美好教师。学校给足教师成长的空间，让他们在自己的一方天地中，用独特的方式，成为最“美好”的自己。

（1）故事一：一切从沟通开始

沟通是帮助教师寻找“美好生涯”的第一步。特别是当青年教师在职业中遇到困惑时，学校要帮助他们寻找职业的方向，给予其空间进行尝试，帮助教师就是帮助学校，成就了教师也就成就了学校。例如学校小刘老师对科学学科有浓厚的兴趣，学校做出让他由英语专职教师转变为科学专职教师的决定，重新设计了他的“个人成长三年发展规划”，并让其担任学校科学教研组组长一职。

（2）故事二：会发光的不一定是金子，沙子磨炼久了也能发光

人才更多的是靠培养，靠在课堂上的不断锤炼。锤炼久了，那些看似朴实无华的教师同样能在课堂上闪耀自己的光芒，铸就属于自己的“美好生涯”。例如丁老师工作十多年，在前几次参加的区内各类业务评比中，成绩很一般。但学校数学组肯定了丁老师身上具有的优势，同时把她列为学校“青蓝、中坚、卓越”工程中“卓越教师”培养对象，最终她代表区域参加宁波市教坛新秀比赛。

（3）故事三：抓住关键事件，找到教师成长的金钥匙

例如小吴老师工作不到八年，已成为学校的数学教研组大组长，主要是学校为其创设了“关键”事件，让其课堂教学能力日趋提高，使其成为市教坛新秀和区学科骨干。“关键”事件可能是一位良师，可能是一堂展示课，也可能是一本书。“关键”事件会偶然出现，但同样可以由学校为教师创设。

4.“美好未来”的实现——没有终点的前行

“美好教育”让危机成为一场机遇，后疫情时期，面对教育信息化的提前到来，我们有以下几点思考。

（1）思考一：家长将由“后方”转为“前线”

让家长由“后方”转为“前线”不是要家长成为教师，成为知识的传授者，而是要求家长更重视孩子的生存教育、生活教育、劳动教育，以此培养孩子的独立、自主、创新精神。学校开办的“家长成长学院”下的启帆讲堂、共享讲堂、卓越讲堂将会更重视在育人理念、沟通技巧、人格塑造等方面对家长进行培训。“美好家长”应该是能将积极、正向的信念传递给孩子，给予孩子有效的情感支持的家长。

（2）思考二：学生将由“主体”转为“中心”

面对未来教育，学生的学习可以时时、处处发生，去学校上课将不再是强制性的，而只是一种选择。这就要求学校、教师在日常的教育教学中，既要跟着未来，拥抱技术；又要跟着时间，拥抱改变。培养孩子的自主学习能力、自我管理能力就显得尤为重要。孩子的学习态度、学习习惯改变了，面向未来的美好教育才会真实发生。

（3）思考三：教师将由“上课”转为“辅导”

“停课不停学”告诉我们，原来教师可以不用重复讲课了，少数优秀教师的课例可以共享。不用在课堂中一遍遍重复普通质量的讲课，教师可以把时间和精力更多地用到对学生的个别辅导上，因材施教变得更可能实现。学校发现关注个体、辅导及时、互动性强的“直播”教学效果明显更好。

（撰稿：宁波市北仑区新碶小学　刘振宇）

三、后疫情时期的课堂教学创新

【专家导读与点评】

淮河小学秉承“一切皆有可能”的办学理念，坚持“为孩子的幸福奠基”的办学宗旨，从校园文化浸润、儿童课程开发、“阳光城”德育综合实践活动等方面，全方位落实立德树人的根本任务，积极培养“异想天开，脚踏实地”的小公民。新冠疫情期间，学校瞄准线上教学带来的问题和积累的经验，及时转变教学观念，取得了显著效果；同时在后疫情时期，直面疫情期间暴露的问题，在课堂教学的关键要素上，以更开放的姿态进行创新升级，寻找教学创新的策略，探索真正适应时代的教育方式和策略。

（撰稿：王玉国）

【学校简介】

学校创办于2004年，是紧挨北仑港区的一所现代化城区小学。学校先后获得教育部综合实践项目组实验学校、全国劳技特色学校、浙江省示范学校、浙江省数码艺术研究培训基地、浙江省劳动实践教育项目试点学校、宁波市智慧校园、宁波市美丽校园、宁波市文明校园、宁波市 STEM 种子学校等荣誉称号，并与英国 Scotts Primary School 结成联谊学校，定期开展特色文化研学活动。

1. 精设目标，凸显个体差异

疫情期间，每个学生居家学习的内容、进度和需求都体现出很大的差异。后疫情时期的教学目标，不应该单纯是适应全班学生的目标，而应该朝着凸显个性差异的方向为每个学生精心设定出不同的目标，让每个学生都得到最适合他们的发展。

（1）基于数据库的精准分析

通过课前的前置学习测评，为每个学生建立学习情况数据库，教师据此为学生设定出相应的学习目标。以语文课关于“人物品质”的教学为例，“积累表现人物品质的名言警句”是面对全班学生的普遍性要求，而针对性地对不同学生可提出三个层次的目标：①理解、背诵并准确默写表现人物品质的名言警句；②积累表现人物品质的名言警句，在具体语境中运用这些语句；③在语境中运用名言警句，模仿创编表现人物品质的名言警句。

（2）立足个体的个性化发展

经历疫情期间的居家学习之后，我们理应重新审视学生个体的学习特征，尤其要通过学习的过程与方法有意识地引领学生进行个性化的自主学习，给予扬长避短的方法指导。以数学“圆的面积”教学为例，可以在过程和方法维度设定三个层面的教学目标：①经历圆的面积公式的推导过程，体验实验操作、逻辑推理的学习方法；②理解圆的面积公式的推导过程，感受转化的数学思想；③自主设计圆的面积公式的推导方法，深刻理解转化的数学思想，并能举一反三。

（3）融入人与社会的关系

后疫情时期，重视教学目标中的情感态度与价值观维度，在每堂课中都去渗透对生命的尊重、对理想信念的启发、对人生价值观的体悟。去关注时代发展，关注社会动态，把目标设定在每个学生的个体上，贯穿于学习的全过程。如四年级语文教学《“诺曼底号”遇难记》《黄继光》等内容，课文里遥远的英雄人物，他们的惊人壮举，与疫情中各种人物平凡又不平凡的行动产生关联，让每个孩子拥有个性化的感受，结合学科的元素让人文目标显现。

2. 优选方法，突破时空约束

后疫情时期，需要对教学方法进行更为合理的选择，思考如何把线上教学的优势延续下去，把线上线下融合起来，从而突破课堂教学的时空约束。

（1）模块化教学实现优质共享

后疫情时期，延续在日常的课堂教学中采取的模块化的教学方式，实现教师的优质共享。首先学科年级组进行大单元集体备课。其次每位教师根据自身优势及特长，自选教学模块，设计教学方案。最后，该教师按教学进度到年级各班进行自选教学模块内容的授课。模块化的教学是学科教学的二次细分，专业化程度更高，让常态课堂教学体现出更高的教学效率。

（2）虚拟化空间实现跨班学习

在班级的课堂中组织研讨学习，针对一些实践类学习以某一主题的方式建立研讨学习群，供学有余力的学生进群研讨，通过让他们与不同班级的同学之间的交流感受思维碰撞的喜悦。例如：我们设计了“全媒体时代，我们怎样面对谣言”这个主题，采用年级大课形式，让全年级学生同时上网进入虚拟空间，各自选择感兴趣的话题，实现跨班协同分享。

（3）自主式探究实现主动学习

居家学习映射出“孩子的自我规划、自我管理以及自我调控”的明显不足。而自主式探究的学习方式需要学生借助网络、书籍等资源，通过搜索资料、实验操作、分析研究、形成成果等环节，完成知识探究的历程。以科学课“土壤”为例，在教师课堂教学的基础上，学生通过实验的方式研究土壤的组成成分，并借助书籍和网络资源进行深度学习，最终在理论与实践的基础上撰写出“土壤里有什么？”的研究小报告。

3. 重构流程，纵深延伸教学

学校以“342 智慧课堂”的方式把课堂教学向两端做教学纵深延伸，在课堂教学之前增加了课前的前置学习，在课堂教学之后增加了课后的作业和答疑，使课堂教学有了更为宽泛的边界。

（1）课前三环节：学习任务单、微课推送、前置作业测评

课前的环节对培养学生自主学习的能力会起到十分重要的作用。“学习任务单”环节是用简洁易懂的语言对学习任务进行表述，让学生知道下节课的学习准备、知识要点和重难点；“微课推送”环节就是把新知的铺垫性知识以微视频的形式推送给学生，引导学生进行知识的预习；“前置作业测评”环节相当于借助信息技术进行的摸底测试，目的是了解学生知识能力的基础和背景，为新课教学的设计打下基础。

（2）课中四环节：教学引入、合作探究、展示交流、巩固提高

课中的四个环节是基于 pad 技术的“智慧课堂”，教师和学生分别持有 pad 学习终端，借助信息技术手段进行的课堂教学。“教学引入”环节是在学生的课前前置学习和作业测评后数据分析的基础上，对新课教学予以引入。“合作探究”阶段，学生在教师的引领下开

展探究式学习。“展示交流”将移动终端的实时反馈、大数据统计、精准提问等方法贯穿其中，以便学生在课堂上进行最有效的学习和交流。“巩固提高”环节因为有了信息技术的支撑，学生的练习更有针对性，更体现个性化的特点。

（3）课后二环节：个性作业推送、在线答疑

有了 pad 技术和信息化平台的支撑，课后学习环节变得更为实时和精准，作业更加个性化，知识薄弱点在大数据分析之下一览无余。24 小时在线的空中答疑，让学习变得无处不在、无时不在。

4. 革新评价，升级技术平台

后疫情时代，教师在给学生提供各种表现自己所知所能的机会的同时，要搜集更多“人”的成长经历，升级技术平台，形成立体智能的评价方式。

（1）回应目标的多维评价

我们建立两套以目标为导向的评价体系，分别是学科评价体系和核心素养评价体系，对学生进行多维评价。第一种评价侧重学科评价，第二种评价侧重能力素养评价。两种评价体系分解子目标，并给出描述性的要求，让学生清晰地知道这节课的目标是什么，我当前处在什么位置，我努力的方向可以有哪些。

（2）呈现全景的技术平台

技术的融入使评价不再只是简单的纸面文稿。我们希望数据平台能客观记录每个学生在每堂课中成长状态的“过程性的元数据”，积累学生的活动计划书、设计的童趣文稿，珍贵的音频与视频资料等；也搜集家长提供的各类信息，尤其是学生在课前和课后的学习表现。评价包括学生在探究实践中自我规划、自我调控的能力等，还有教师的观察、评价，亦有学生自我的反思、同伴的观察和评价，小组的成果等。在更多“元数据”的支撑下去记录每个生命成长的点滴，让评价可听可看可回顾，成为关于学生的立体智能的成长档案。

（3）搭建开放的赋能平台

评价若能结合真实生活的情境，让学生体验成功的喜悦，就能给评价赋予新的生命。这种评价往往用在总结性评估中。学校开辟各种渠道，如作品展示区、微信公众号、居民小区电子屏、电视台等，展示学生学习成果。鼓励学生以研究报告、实物模型、设计图纸、小制作、海报、图片、戏剧表演等多种形式汇报学习成果。作品形成后，举行展览会、报告会、辩论会、小型比赛、儿歌比赛、讲座等多种形式的活动，为学生提供展示和交流的平台，便于其分享成功和喜悦，让展示平台成为赋能学生发展的引擎。

（撰稿：宁波市北仑区淮河小学 翁飞霞）

四、“润泽教育”的探索与实践

【专家导读与点评】

柴桥实验小学以“润泽教育”品牌建设为抓手撬动学校育人模式的整体建构，通过打造五育并重课程群、劳动实践主体活动等丰富学校特色课程，依托乡土资源挖掘具有生态化、本土化、艺术化特征的课程实施载体，整体推动教师队伍专业发展，为学校课程的实施以及育人模式建构提供关键驱动力。总的来看，学校在推动育人模式整体建构方面取得了一定成效，然而学校教育应始终秉持“百尺竿头更进一步”的奋斗精神，在以课程和教师专业发展为核心的育人实践中，应始终围绕“学校育好人了吗?”思考和探寻育人模式的改进。

（撰稿：李建民）

【学校简介】

柴桥实验小学创办于2006年，人性化的校园格局、园林式的景观设计，使校园充满着现代化的气息和丰富的人文内涵。2016年，学校启动“润泽教育”品牌建设，确定了“育人无痕，润泽成长”的办学理念，在君子文化引领下，以打造“和雅”校园文化、构建“崇礼”德育模式、完善“少年君子”课程体系、实施“敏学”高效课堂、探索“人本”学校管理为抓手，致力于培养健康、乐学、知礼、雅趣的少年君子。学校先后获得“浙江省标准化学校”“浙江省绿色学校”“浙江省少年儿童平安行动示范学校”“浙江省心理健康教育标准化学校”等多项荣誉和称号。

基于对小学教育“基础性”内涵的重新认识以及儿童视角的思考，学校提出“润泽教育”，以培养少年君子为目标，围绕“浓郁的家国情怀、强大的学习能力、健康的身心素质、高雅的兴趣爱好”四大核心素养，在潜移默化中为孩子的人生涂抹上丰盈的底色。

1. 打造有品位的校园景观

学校地处宁波北仑柴桥。柴桥人杰地灵，名人辈出，学校从本土文化中吸收养分，让校园成为一部鲜活立体的教科书，打造具有生态化、本土化、艺术化特征的君子园。

（1）生态化

学校根据柴桥水乡农耕文化特色，开辟了观光植物园（含孔雀园、兔子屋）、中草药种植区、果蔬区、有土无土栽培对比区、金鱼养殖区五大“田野课堂”。学生以班级、社团为单位开展劳动实践活动，积极探索大自然的奥秘，在亲近自然的过程中，充实生命、完善自我。

（2）本土化

将本土文化融入校园文化布设。例如，柴桥有着“中国杜鹃花之乡”的美誉，学校在校园里打造了杜鹃花长廊；柴桥名人辈出，于是学校开辟了以柴桥籍植物学家钟观光命名的

"观光园",种植了各种植物,还栽种了两棵以钟观光命名的"观光木";柴桥有很多古宅名居,学校在校园里放置了多处古宅造型的隔断屏风;芦江河是柴桥的"母亲河",学校在校园里摆放了十余个水缸,缸内种植了柴桥的不少水生植物;柴桥瑞岩河头被誉为"中国最美乡村",来自河头大溪坑的溪石成为校园里一道美丽的风景;种类丰富的柴桥美食简介展板形成了学校的独特的"柴桥老味道"小展厅……浓郁的本土文化氛围感染着孩子们的情绪,也润泽了孩子们的心灵,增强了学生对本土文化的认同感、归属感。

(3)艺术化

"我很想把学校的墙壁都画上,这样就变成画画学校了。"这是孩子美好的愿望。学校让学生尽情挥舞手中的画笔:井盖涂鸦创意彩绘活动,把"柴桥老味道""造跌"等古镇传统民俗文化绘于美术教室的墙面,将校园"君子八礼"以漫画的形式绘于楼道……学生的小小画笔,自由挥舞在校园的每一个角落,孩童的朝气与纯真在校园里蓬勃。

2. 锤炼有气质的君子教师

学校高度重视每一位教师道德与专业素养的提升,以道德与技能双向互促为目标,努力涵养柴实教师的"三种气质",成就优秀的教师团队。

(1)激情蓬勃的朝气

学校成立青年教师协作组,二十余位青年教师谨记"一日不学,一日不教。一日不学,一日不长。一日不学,一日不乐",静下心来,完成协作组规定的必修和选修项目。读书•浸润、争鸣•交融、实践•研磨三种方式促使青年教师踏上专业成长的快车道,也带动了校内中老年教师的教育教学研究热情。

(2)专业技能的底气

作为教师,只有拥有了足够的底气,才能在教育教学工作中游刃有余。每位教师都要制定切合实际的三年发展规划;开展形式多样的科研培训活动;开设柴实讲堂——班主任论坛、教科研论坛、青年教师论坛、教师读书分享会等。

(3)拔节而长的正气

全体教师分为语文组、数学组、综合组三个小团队,各商讨确定一个研究主题,通过日常化教研、主题式教研和专题性活动,集中群体的智慧解决身边的一个个问题、困惑。定期举行教研组长工作例会,共同分析各组的特色工作和存在的问题。期末采用"捆绑式"的星级教研组评比,表彰优秀的教师和团队。

3. 培养自信的少年君子

教育的最终目的是"培养德智体美劳全面发展的社会主义建设者和接班人",学校寻求以项目为载体的学校特色课程文化,致力于培养自信的少年君子。

(1)五育并重的课程群

学校从《论语·宪问》中的“子路问成人。子曰：‘若臧武仲之知，公绰之不欲，卞庄子之勇，冉求之艺，文之以礼乐，亦可以为成人矣。’”得到启发，构建并实施了将核心素养与课程融合发展的“少年君子”课程体系，形成“知·课堂、礼·课堂、勇·课堂、艺·课堂、乐·课堂”等五大课程群。做强基础性课程，做实拓展性课程，确保学生素养与能力的获得。如在“乐·课堂”中，学校立足古镇乡情，外聘当地的非遗传承人，开设了“柴桥老味道”、武术、造趺、中草药研究、柴桥行迹等地域文化课程，与基础性课程相融合，形成一个学校地域文化的主题课程群。如一到三年级语文课堂引入了具有乡土气息的古镇童谣，四年级将武术引入体育课堂，五年级的美术课程将“柴桥老味道”与漫画完美结合，推出了儿童连环画课程；六年级结合科学课开展中草药研究；在全体学生中开展寒假实践活动——“品味柴桥”，学生通过查找资料、实地调查、走访等形式，深入研究柴桥的历史文化，不断提升家乡自豪感，发展实践能力、研究能力和社会交往能力。

(2)劳动实践的主题活动

以学校“生态园”基地为载体，开展多种形式的劳动实践教育活动。在观光植物园(含孔雀园、兔子屋)、中草药种植区、果蔬区、有土无土栽培对比区、金鱼养殖区等五大劳动区域中，近100平方米的金鱼养殖区中有金鱼近千尾，投食、喂养、换水、繁殖都有学生参与，这项主题活动还被宁波电视台等媒体多次报道。“我和中草药有个约会”“种植毕业树”“向日葵栽培”“竞标校园农田”“桂花节”“我给校园拔拔草”等系列劳动实践活动得到了家长及社会的一致好评，区内外多所学校来校参观，被《宁波日报》《北仑新区时刊》等媒体报道。“生态园”劳动实践教育课程在区内外多次汇报交流。2020年，学校被评为宁波市中小学劳动教育示范学校。

(3)“真实成长”的评价体系

学校开设了必修课程——君子礼德育课程，通过君子礼、君子行、君子品三个维度促使学生养成良好的行为习惯。对学生的评价则继续秉承三级评价体系。从个人申报、班级评选、年段选拔到全校评选，逐级递升。优秀学生的照片与事迹展示在楼道内光荣榜和学校微信公众号中。这种阶梯式的三级德育评价策略促成“少年君子”核心素养的形成。

通过培养自信的少年君子，学生们进一步规范了行为习惯，找到了符合自己学习水平的课程套餐。学生的舞蹈节目登上了央视舞台，“炫酷实验室”被评为省级精品课程，每学年都有200人次以上学生参加省市区级的各类比赛并获奖或在各种平台上发表习作，学生文集《青青园中葵》已编辑两期。

(撰稿：宁波市北仑区柴桥实验小学　王巧君)

五、"品学管理"的组织结构变革

【专家导读与点评】

作为一所快速发展的学校，博平小学根据 SWOT 分析的数据，科学确定了以实践创新博平小学组织结构变革的"品学管理"为突破口，实现学校的整体改革。博平小学始终坚持系统论、人本主义理论和扁平式管理理论精髓，以学校内部的组织结构变革为切入点，创新性地将扁平式管理模式与博平小学的发展进行了有效整合，实现了管理理论的校本化和特色化。尊重教师的个性与特长，从文化建设、组织整合、教师培养、课程建构等方面进行整体优化，实现了学校文化品位的提升，以人定岗激活了教师的个性特长潜能和团队合作力，管理组织缩减为两个层级，进行扁平化管理，形成了博平小学高效自觉运行的管理文化。

（撰稿人：王玉国）

【学校简介】

博平小学创办于 2004 年 9 月，是一所设施完备、布局合理、环境优美的新兴全日制公办学校。学校占地面积 26140 平方米，现有教学班 33 个，学生 1452 人。学校提炼"厚德有容"作为核心价值，继承"博爱平等"的学校精神，坚守"博采自然"的办学理念。学校以"让我们都能闪亮"为校训，以"自强格物"为校风，以"知生开明"为教风，以"知书达理"为学风，提出了"博品多元文化，建构星光课程，办成博的学校，走向平的世界"的办学愿景，从而形成"博·教育"的办学特色。

根据 SWOT 分析的数据，学校确定了以实践创新博平小学组织结构变革的"品学管理"为突破口，实现学校的整体改革。

1."品"的管理，形成核心价值，提升文化品位

从"品学"的内涵入手，明确学校管理的价值追求，为学校管理层指明管理的方向。

（1）形成核心价值，明确管理目标

引用"厚德载物，有容乃大"的古代教育哲学，分析古今中外成功人物的成长规律以及王博平先生的革命事迹，并传承学校原有的博爱平等的教育理念，总结提炼"厚德有容"为博平小学的核心价值，用于引领和评价全体师生的行为。

（2）升级学校文化，促进持续发展

"品"的管理，从单纯的行为教育上升到了德性的思想高度，让学生心灵能得到文化的浸润，实现有品位的学习、有品质的生活。重新确定了博平小学的办学理念为"博采自然"。"博采自然"包含三部分内容：一是学校教育和学生学习都要博采众长；二是要遵循教育之道和自然之法；三是人的成长和学校的发展都要博采自然之精华，以使师生都能闪亮，做最

好的自己。

(3)促进民主管理,优化和谐氛围

"品"的管理,是扁平式的管理,也体现了博平小学"博爱平等"的学校精神,我们尊重每个个体,提出"让我们都能闪亮"的校训,体现人与人之间的平等。

2."品"的组织,实现系统建构,提升管理效能

设计了"品"的组织,形成了校长室和行政管理与文化中心二级管理系统。成立两大行政管理部门,即教学研训部和德育支持部。教学研训部整合了教导处、教科室、师训站三个部门,由一位副校长总体负责学校内的业务工作开展。德育支持部则整合了总务处、大队部两个部门,由另一位副校长负责德育、安全、卫生和后勤保障。针对重大活动、比赛以及各项教育教学改革,成立了六大文化中心,即国际文化中心、科学信息中心、艺术教育中心、体育健康中心、国学修养中心和思维拓展中心,如图 8-1 所示。

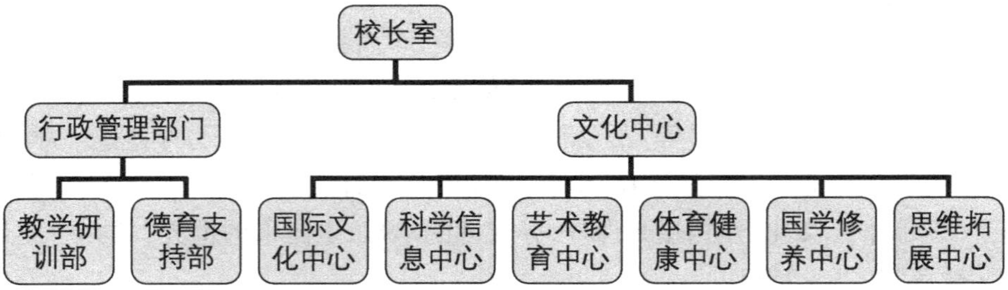

图 8-1　系统构建示意

(1)激发管理创新活力,提升品学管理能效

经历五年的实践发现,"品"的组织体系最大的特点是信息的传递链短,这大大提升了管理的效率。另外,各项工作的实施执行具有平等性,大大调动了教师参与工作的积极性。

(2)丰富学校文化内涵,发挥文化育人作用

成立的六大文化中心由学校中层以上领导直接挂帅,学校的班子会经常会成为丰富学校文化内涵的学术交流会,可以实现学校办学目标与文化建设的有效对接。而掌握强有力的话语权的部门领导,则会利用每周一升旗、每日晨会、专题讨论、各种节日等各种机会,将学校文化内涵传递给全体师生,从而发挥文化育人的作用。

(3)重视环境文化育人,促进师生主动发展

在师生参与下,建成了博草园、博馨园、博艺楼、百果园等,通过师生共同参与学校文化建设,使其获得幸福的情感满足,促进师生积极自主发展。把学校的核心价值、校训融入学校的建筑、景点、广场和道路的名称之中,并利用集会对学生进行文化内涵的介绍。学校建

成了博采广场、自然亭、厚德厅、有容池、格物路和自强路。在研究王博平先生时，将全体党员、美术教师、语文教师和擅长朗诵的学生组成一个团队，讲好博平先生的清廉故事，实现了文化育人的目的。

（4）实现资源综合利用，节省学校办学成本

六大文化中心成立后，中心主任的权责相当于学校副校长，他可以统筹学校内的一切资源，实现学校各资源的最大化综合利用。

3.“学”的管理，建设智慧组织，激活教师思想

（1）通过品学管理组织改革，进行教师队伍的优化组合

成立科学信息文化中心和艺术教育中心后，实现专业整合。倡导“带着思想进课堂”，文化中心里的教师相互探讨学科整合的管理改革，促进了自身的专业成长。

（2）通过品学管理组织改革，实现教师资源的有效管理

通过文化中心的建设，打破了学科的界限，教师可以根据自己的兴趣和特长，选择自己喜欢和善长的教学内容，参与各种拓展课程和文化中心活动。积极鼓励六大文化中心着眼校外，积极引进学生学习资源。通过几年的努力，学校引进一批有特长的校外教育力量，建成了器乐、舞蹈等有品位的校本课程，从而形成博平小学的特色品牌学科。

（3）通过品学管理组织改革，形成良性的教师培养体系

教学研训部将原有教研活动与文化中心的相关活动进行整合，二者合力，强化对青年教师的综合培养，同时利用名师工作点和“博平教育沙龙”等平台，引导教师广泛学习国内外的教育思想，开展一些深度的学习思辨活动，从而提高教师的学习力。六大中心还会每年组织教师外出进行教育参观考察和校际交流等活动，每年组织一些专题学校培训。希望通过智慧型组织建构使教师个体形成有独特个性的教学风格，学校形成“知生开明”的教风。

4.“学”的内涵，建构拓展课程，丰富学习体验

基于“品学”组织结构改革，逐渐形成“星光课程”体系。

（1）参与体验，感受文化，获得丰富的学习体验

学校将六大文化中心建设与平时的学科教学整合，体现校园文化与学科的融合，为学生们的成长提供生动、丰富的体验式学习资源。在体育方面，每位学生都参加了一项以上比赛，积极参与为期一个月的体育节和三天的体育运动会。其他各文化中心也组建了各种学生社团，有计划、有主题地定期组织开展各种文化体验活动。

（2）自主开展创新活动，形成良好的学习品质

提出活动课程化、综合化，进行学校文化布置的创新……这些要求旨在提高师生在参与各类活动，进行自主创新，提升学习能力时的思维含金量。创新设计了“博平之星”的争星评价激励机制，重视过程性的评价和激励，促使学生逐渐形成良好的学习品质。

（3）整体建构“星光课程”，促进个性与特长发展

以学生培养目标为分类标准，把学校课程规划分为七个课程群，即国文修养课程、艺术教育课程、数学思维课程、科学信息课程、国际交流课程、体育健康课程和德育礼仪课程。根据课程的培养目标，设计了博平明日七星（礼者、智者、逸者、思者、匠者、使者和强者），并逐渐建构学校的艺术特色课程——博平六艺（书法艺术、绘美艺术、表演艺术、击球艺术、盆景艺术和表达艺术）。

总之，系统建构“品学管理”，实现了管理体系的整体优化和特色化，使学校成为有序、高效的系统，提升学校的办学实力。

（撰稿：宁波市北仑区大碶博平小学　俞伟国）

六、小港湾走向大世界的整体创新探索

【专家导读与点评】

小港中心学校是一所带有独特海港文化的现代化学校。学校在国家“一带一路”倡议和宁波“书藏古今、港通天下”战略的启发下，秉持“尽精微，致广大”的教育理念，开启了“小港湾 大世界”的育人模式，并从凝练“微而有味、润物无声”的港韵文化、实施“微而有为、注重细节”的港情管理、打造“微而至著、知行合一”的港派课程三方面进行整体设计，推进学校的可持续发展，引领学生全面而有个性发展，取得了较为显著的办学成效。

（撰稿：王玉国）

【学校简介】

小港中心学校于2006年建校，是一所为促进区域教育均衡而生，勇于实践创新而兴的现代化学校。学校占地80亩（约53333平方米），建筑面积25000平方米。现有两个校区，53个班级，2200名来自全国各地的学生。学校先后成为浙江省标准化学校、浙江省足球特色学校。学校肩负“立德树人”的使命，秉持“开放、融合、创新”的精神，铸就“千里之行，始于足下”的校训，培养“有民族灵魂、世界眼光的港小少年”，致力于打造“有儿童立场、海港特质的育人之港”。学校提出港派课程，就是以“港”为教育原点的“一带一路”的再出发。以开放融合为基点，形成课程文化场；以资源创生为途径，构建主题课程群；以激励评价为手段，培养学生“有修养、敢担当、会学习、善探究、懂生活、能创新”的特质；以个性微创为补

充，满足学生的个性发展需求，让学生乐享“港派”课程的童真。

1. 凝练“微而有味、润物无声”的港韵文化

（1）“三色印记”让“小港湾”靓起来

红黄蓝三原色是学校的主色调，我们回到教育的原点，在“小港湾”里和孩子们一起为自己涂上人生的底色。走进校园，映入眼帘的是一抹鲜艳的中国红，它鼓励孩子们要成为有民族灵魂、世界眼光的下一代。广场上的玉兰述说着学校的成长故事，它是2006年学校成立时从老校区移植过来的，经历了学校从完小撤并到集团化办学的变迁，见证了学校从小到大的蜕变。蓝色的“新丝路”，以海上丝绸之路为主题，将小农场和校园小品串成一条时间线和故事线。“海港的歌”乐音缭绕，“小港的景”近在眼前，“港口的情”亲身体验，孩子们在“小港湾”里得到滋养，快乐成长。

（2）“港味文创”让“小港湾”活起来

水滴、浪花、脚印融于我们的心灵，每一个孩子都是一颗晶莹的水滴，每一朵浪花都有属于自己的绽放，每一个脚印都书写着一个成长的故事，这是学校的主题雕塑“启程”带给孩子们的故事。它诠释了校训“千里之行，始于足下”，指引孩子们从“小港”启程，走向“世界大港”，踏实走好人生的每一步。我的地盘我做主，孩子们最爱的吉祥物“海宝”，手中的班牌“浪花一朵朵”，校服“蓝澜”……这一切都是由孩子们自己亲手设计、更改、提议和审定的。在“小港湾”里，孩子们真正成了校园的小主人。

（3）“一带一路”让“小港湾”动起来

打造“小港湾”里的“一带一路”，让所有的时空都释放出教育价值，让所有的时空都成为课程场景，让孩子们的学习成果成为校园里最美的景观。“一带”就是打造快乐港校内活动站点。以校园港文化主题教育馆为核心，与学生的现实生活相联系，使学校从环境上成为真正的育人之港。学校开放校内各主题式功能区，发掘教育内涵。开放式的海港馆、校史馆、艺术馆、科技馆、图书馆等使校内的课程资源随处可得，校园的角角落落都有让孩子们驻足的站点。“一路”就是构建资源共享的研学基地。我们与区域内的中国港口博物馆、海警支队、三星重工（船舶）、北仑港务公司、宁波长山清风馆等单位共建校外教育生态链。

2. 实施“微而有为、注重细节”的港情管理

（1）让“制度细化”成为“依法治校”的常态

“常态管理”看变化。每学期初，学校都会对各类制度进行修订、细化和解读，装订成册的《航海手册》成为每一位师生必修的起始课程的内容。每一项制度的出台，每一次活动的策划，征求意见会从校级班子到家长委员会，再到每一位师生，让主人翁责任感体现在人人

参与管理的过程中。从管理好作业开始,从起点看变化;从备好常态课入手,从过程看成长;从写好三笔字出发,从终点看高度。以“三学三会”促成长,“三会”就是会学习、会生存、会生活,“三学”就是学自立、学自理、学自主。

(2)用“将心比心”换回教师的“职业幸福感”

让想做事的教师有事做,让能做事的教师干成事。近几年,学校的教师呈现了抱团式成长、共生式发展的良好态势,在连续三年的北仑区教师专业发展考核中,学校教师从中游到上游,从上游到三甲,获得了跨越式的发展与成长。教师在这里成长为骨干教师、名教师、浙江省特级教师。

(3)让“天天向上”成为“最好自己”的铺路石

生能日进,师能日长,校能日新。“每天进步一点点”成为全体师生自我目标管理的誓言。制定“N个1”计划,从读一本书开始,会一种乐器,喜欢一种运动……每一个孩子都能在这里找到适合他们个性健康发展的教育场。

人人自律,各司其职,各尽其责。通过同频共振一体化的教研共同体模式,从金字塔式的管理到扁平式的治理,让更多的教师一起参与学校管理。通过捆绑组团式发展的方式,实现管理制约、治理、智享。立足“三合一研修”实施主题式教研、菜单式培训、融合式支持,通过“潮汐评价”体现评价的弹性化、人性化、周期化。

3. 打造“微而至著、知行合一”的港派课程

着力打造利于儿童成长、合乎学校实际的港派课程,见图8-2,让“大世界”成为“微课程”。

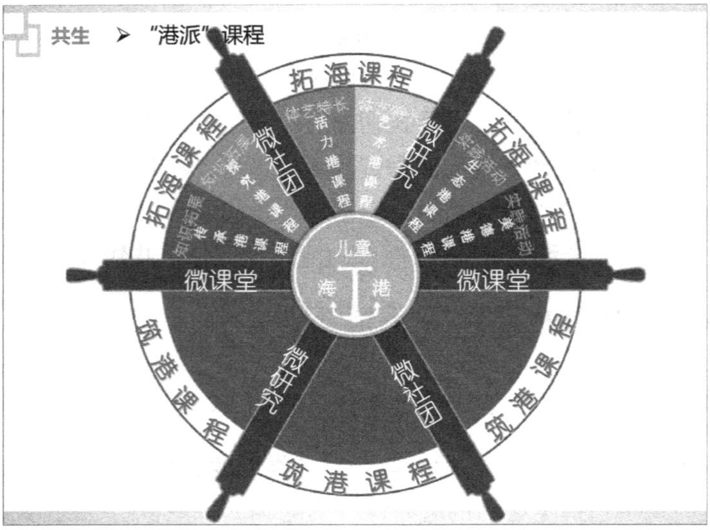

图8-2 港派课程

（1）“触手可及”的课程资源

构建多元力行的课程群，建设特色综合的资源包，达成悦见生活的课程方案。在课堂的“进出”中，贯通基础课程与拓展课程，实现国家课程校本化、拓展课程主题化。学校立足以知识拓展、体艺特长、实践活动为核心的传承港课程、生态港课程、活力港课程、艺术港课程、探究港课程、美德港课程六大课程群，通过主题节日、乡土文化、社团活动、传统活动等资源包的开发，实现课程的创生。

（2）“融合共生”的课程再造

课程建设走过了“学科叠加→跨学科整合→项目制课程”的旅程。在课程的再造中形成了“一个核心理念、三项实施原则、六大综合素养”的港派课程体系。基于党的教育方针、返本课程观、核心素养观和学校的微教育理念构建了基于儿童立场的港派课程哲学，形成了“港小世界大，儿童在中央”的课程理念。坚持开放、融合、创新的实施原则，关注课程的选择性、悦纳性、生长性。课程似航船，素养是彼岸，培养孩子成为视野开阔、善实践长创新、悦纳善思、身心两健、有艺术审美、勇于探究的港小少年。

（3）“微而足道”的课程体验

以“课程超市”为融点，以“微课堂、微社团、微研究”为平台，满足孩子的自主需求，如体育狂欢五分钟、生活 1+1 创客大观园、基地研学站……北仑海边常见的小贝壳来到 CHAC 儿童创意美术社团，社团的老师和学生以此为载体，开发了“贝壳创想”的社团课程，低段的玩个小创意、中段的贝壳变变变、高段的创想无极限，均受到了学生喜爱，并逐渐走进学校，走进家庭和社区。

（撰稿：宁波市北仑区小港中心学校　宋海浩　李旭霞）

七、“养正”课程设计及实践策略

【专家导读与点评】

九峰小学这所百年老校，在文化内生、课程再造的发展理念引领下，创造性地建构了“养正”课程体系。“养正”课程体系的亮点有三：一是秉持办学传统，坚持文化内生，确立了“养正至善·汇智行远”的办学目标，并以此为原点思考学校课程的建设；二是明确提出了“厚德品正·博识学正·开拓行正”的育人目标，并以此作为学校课程建构的起点；三是课程体系完整，富有逻辑性，以养正为核心要素的课程体系包含了“正”起课程、“正”展课程、“正”成课程和“正”和课程，为学生的全面发展奠定了坚实的基础。

（撰稿：李红恩）

【学校简介】

1905年(光绪三十一年),里人张荫乔等有感于培育幼苗之重要,出资改建原九峰书院,定名"养正小学堂",迄今已逾百年。逢2003年北仑二次创业,迁址至北仑九峰山支脉北麓的九峰东路新建九峰小学。学校占地面积18228平方米,目前拥有学生人数1270余人,在编教师60余人。学校自参加新样态学校建设后,依靠新样态理念进行"文化内生",逐步确定以"养正至善·汇智行远"为办学目标,逐步构建以养正为核心要素的课程体系,逐步打造"四廊一园"的美丽校园。先后获得"全国亲近母语实验基地""全国青少年篮球特色学校""青春健康教育全国试点单位""浙江省示范学校""浙江省卫生先进单位"等荣誉称号。

1."养正至善·汇智行远"办学目标的引领

九峰小学"养正"教育承担"厚德品正·博识学正·开拓行正"的育人目标,承载九峰师生的人生方向引领与道德教化的重要使命。学校理念阐述图如图8-3所示。

图8-3　理念阐述

学校坚持"笃于学问·明于睿思·志于成人"的校训,崇尚"乐于倾听·勤于反思·善于融合"的校风,秉持"爱岗敬业·严谨笃学·协作同行"的教风,实践"谦恭笃行·励志勤勉·锐意进取"的学风。学校办学框架如图8-4所示。

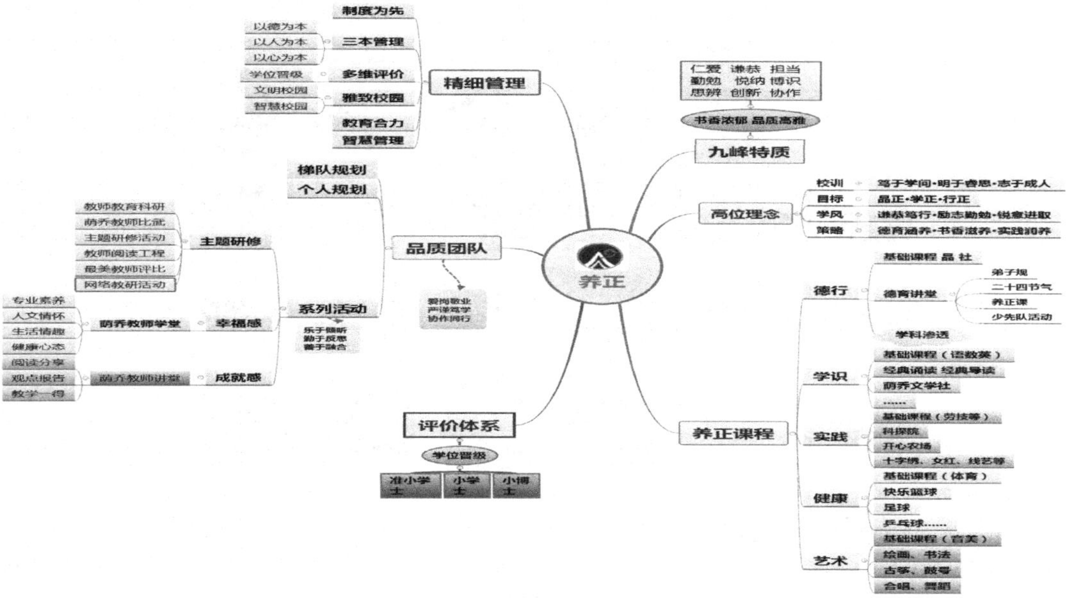

图 8-4　学校办学框架

2.“养正”课程体系建构的实施策略

学校以养正为核心要素的课程体系（图 8-5），进行“德行、学识、实践、健康、艺术”五大素养的培养，逐步形成科学的“养正”课程框架，努力建设实施“养正”课程：校本化的国家课程——“正”起课程，主要包括语文与人文、数学与科学、体育与健康、艺术与审美四大类课程；限定拓展性课程——“正”展课程，包括弟子规课程、诵读课程、导读课程、篮球课程、劳动课程、器乐课程；自主拓展性课程——“正”成课程，整合各类教育资源，开发供学生自主选择的课程，以“科技研究院、文学研究院、艺术中心、体育中心、生活坊、实践基地”的“两院二中心一作坊一基地”六位一体的课程群为载体，丰富学生人生体验。探索开发“正”和课程，契合学生生活和经验，师生共同建构一系列预设和生成的活动，借助于环境及多方资源，共同探求新知。

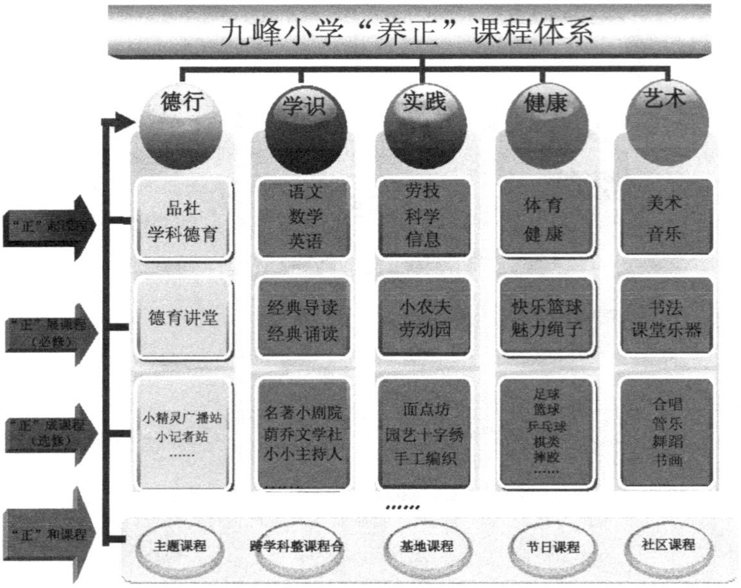

图 8-5 “养正”课程框架

（1）开齐开好“正”起课程

以“轻负高质、以学定教”为宗旨，把提高课堂教学效率作为主攻目标；加强学科整合研究，促进学科间的联系与沟通，探索综合课程；积极探索实行长短课时，科学、灵活安排课时，使教学时间的分配更符合学科学习的规律，更有利于提高学科学习的效率，促进学生全面而有个性地发展。

（2）开发完善“正”展课程

从学生成长需求出发，遵循学生身心发展规律和思想品德形成规律，在符合学生年龄、心理特点及认知的基础上，按不同年级开设弟子规课程、诵读课程、导读课程、篮球课程、劳动课程、书法课程、器乐课程。每个课程要逐渐形成自己的教材或教学方案，成为一个完整的、和谐的、富有弹性的、具有人性化氛围的九峰特色拓展课程。“阳光体育”“书香阅读”“创新实践”三大特色品牌进一步彰显。

（3）规范引领“正”成课程

经过前期探索，继续努力寻求适合地情、校情、师情、生情的拓展性课程。引导教师挖掘自身优势，积极开发“正”成课程，鼓励和帮助教师撰写校本教材。积极组织家校联动的主题活动，用好家长的智力资源，用好家长的社会资源，为教育提供更广阔的平台，形成“资源网”，尝试形成爸爸妈妈课程。密切与社区的联系，邀请社区老干部和有特长的热心人士走进学校，丰富学生可选择的课程。每学期以优秀拓展课程评比为载体，夯实“两院二中心一作坊一基地”六位一体的课程群。

(4)探索开发“正”和课程

围绕一个主题,追随学生生活和经验,师生共同建构一系列预设和生成的活动,借助于环境及多方资源,共同探求新知。主题课程、节日课程、社区课程等将为学生整合、重组、再现日常知识经验创设特定的背景,为他们延伸、拓展与整合习得的知识和经验提供了广阔的天地。应结合不同的主题,有选择地利用有价值的课程资源,使主题课程、节日课程、社区课程适应学生发展的需要。

3.“正展”课程实施,精致打磨优秀个案

(1)德育课程

学校德育工作领导小组已开发编制了《道德经典我会诵》《美德故事我会讲》《传统节日我会做》等德育讲堂教材,将德育工作纳入学校的课程体系,这无疑是“青少年德育讲堂”的创新之举(见表 8-1)。

表 8-1　青少年德育讲堂

课程名称	德育讲堂			
课程结构	养正课	弟子规	二十四节气	少先队活动
课程内容	“礼仪规范”	低段:“首孝弟”	“节气活动体验”	“少先队队课”
	“行为规范”	中段:“次谨慎”		“廉洁伴我行”
	“人、自然、社会”	高段:“爱众亲仁;余力学文”		“青少年心理健康”
	“我爱宁波”			

(2)书香课程

致力于“书香九峰”建设,推出的“经典导读”是对书院文化的一脉相承。例如本校书香课程中,除书法外,主要有经典诵读和经典赏析两大板块,见表 8-2。

表 8-2　书香课程

课程名称	书香课程		
课程结构	经典诵读(微课程)	书法(微课程)	经典赏析(微课程+整课程)
课程时间	周一、周三、周五的早自修 20 分钟	周二、周四中午 20 分钟	周三中午 20 分钟
			每周一节
课程内容	古诗文、蒙学经典、古文、儿童诗、现代诗	一、二年级(铅笔字)三、四、五、六年级(钢笔字和毛笔字)	文学导读课、阅读分享课、阅读欣赏课、阅读创造课
课程教材	《日有所诵》 《必背 75 首》 《“养正毓德”国学经典》	《写字》	《九峰小学阶梯式名著导读》

(3)小农夫劳动课程

用两年时间构建九峰小作坊的校本课程体系,成功打造五个校级作坊社团:面点坊飘香、刺绣坊静心、盆栽坊怡情、木工坊益智、生态坊撷趣。九峰小作坊的活动在无形中缓解了教师和学生的心理压力,九峰师生动手实践潜能得到了充分释放。

(4)快乐篮球课程

学校形成以社团"技术篮球"为核心,以"阶梯篮球活动"为外延的学校篮球校本课程。2018年九峰小学被评为全国青少年篮球特色学校。

(撰稿:宁波市北仑区九峰小学　水英)

八、以圆通课堂培养追求完满的人

【专家导读与点评】

坑口小学历史悠久,近些年来学校结合教育部"课堂革命"的要求,努力培养学生的创新精神和实践能力,并基于内生文化确立了学校课堂的精神长相——圆通课堂。圆通课堂通过任务驱动、自主研讨、问题解决、检验反馈的基本环节,实现了课堂教学的重构,努力培养追求完满的现代学子。校体艺特色项目凸显,学校有良好的足球运动氛围,足球竞赛成绩突出,在市区有一定的影响力。荔湾区中小学生足球赛以"坑口杯"冠名。

(撰稿:王玉国)

【学校简介】

学校始建于1931年,是广州市规范化学校、全国校园足球特色学校、广东省绿色学校、广州市体育传统项目(乒乓球、足球)学校。学校坚持"德育为先",始终把"绿色"教育与德育有机结合起来,促进学生全面和谐发展,围绕"习惯形成能力,能力构建人格"的养成教育指导主线,狠抓"六自"(即自强、自信、自励、自立、自省、自我超越)教育,实现"教育与自我教育、管理与自我管理、提高与自我提高"的德育目标。学校坚持"训教研三位一体",始终把关注学生的学习作为校本研训的主线,以学定教,将课题研究与课例研讨相结合,加强校本研究与校本培训,解决教学中遇到的问题,推动教师专业发展,提升学校教育教学质量,办人民满意的教育。

1. 为活力课堂寻精神长相

通过SWOT分析,厘定了"圆满教育"理念(学校课堂的精神长相),寄望于通过学校理念文化的系统构建及实践,促使学校课堂新样态的形成,并以此实现学校的育人目标——培养成就追求完满的人。

(1)圆满教育理念的缘起

基于球类文化的实践凝聚学校文化底色，结合对球类运动文化育人哲学的思辨以及“全人教育”思想的指引与“全面发展的人”的教育政策导向，确定学校教育价值指向是培养多方面和谐发展的人。学校教育主题确定为“圆满教育”，即以全圆为美的审美情趣、以动圆为道的思维方式、以满圆为境的价值观念的教育理念，以此指引学校创建充满生命活力的学校新样态。

圆满教育理念的体系包括：核心理念为“以圆运动文化成就完满的人”；校训为“做个追求完满的人”；校风为“生动活泼”；教风为“互动活力”；学风为“主动活跃”。育人目标是把学生培养成追求完满的现代少年；办学目标是办一所充满生命活力的新样态学校。

(2)学校发展战略主题的基本框架和路径策略

学校通过如图 8-6 所示的育人模式，以圆润教师、圆整课程、圆融管理、圆像环境育人。

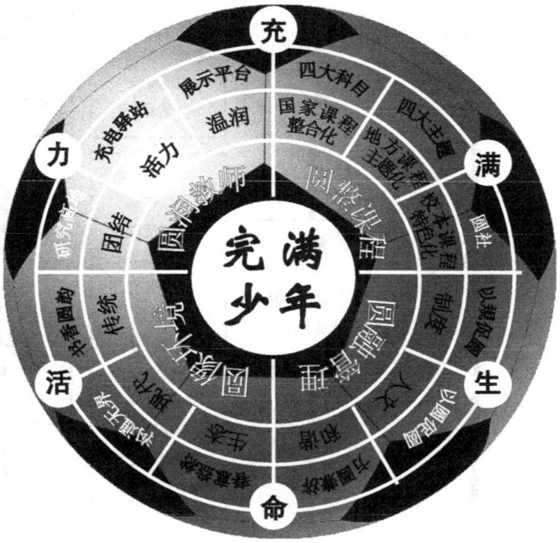

图 8-6　圆满教育育人模式图

2. 构建圆整课程育人体系

“圆整课程”以“追求完满”为精神引领，让每一位学生追求完整人格、完全智慧，为追求完美人生打下基础。围绕追求完满少年的目标，“圆整课程”育人体系由内向外的层级关系如图 8-7 所示。近几年，围绕学校圆满教育育人目标——培养追求完满的现代少年，建构坑口小学圆整课程实施体系，围绕四维品质、四大素养，培养学生健、真、善、美素养。

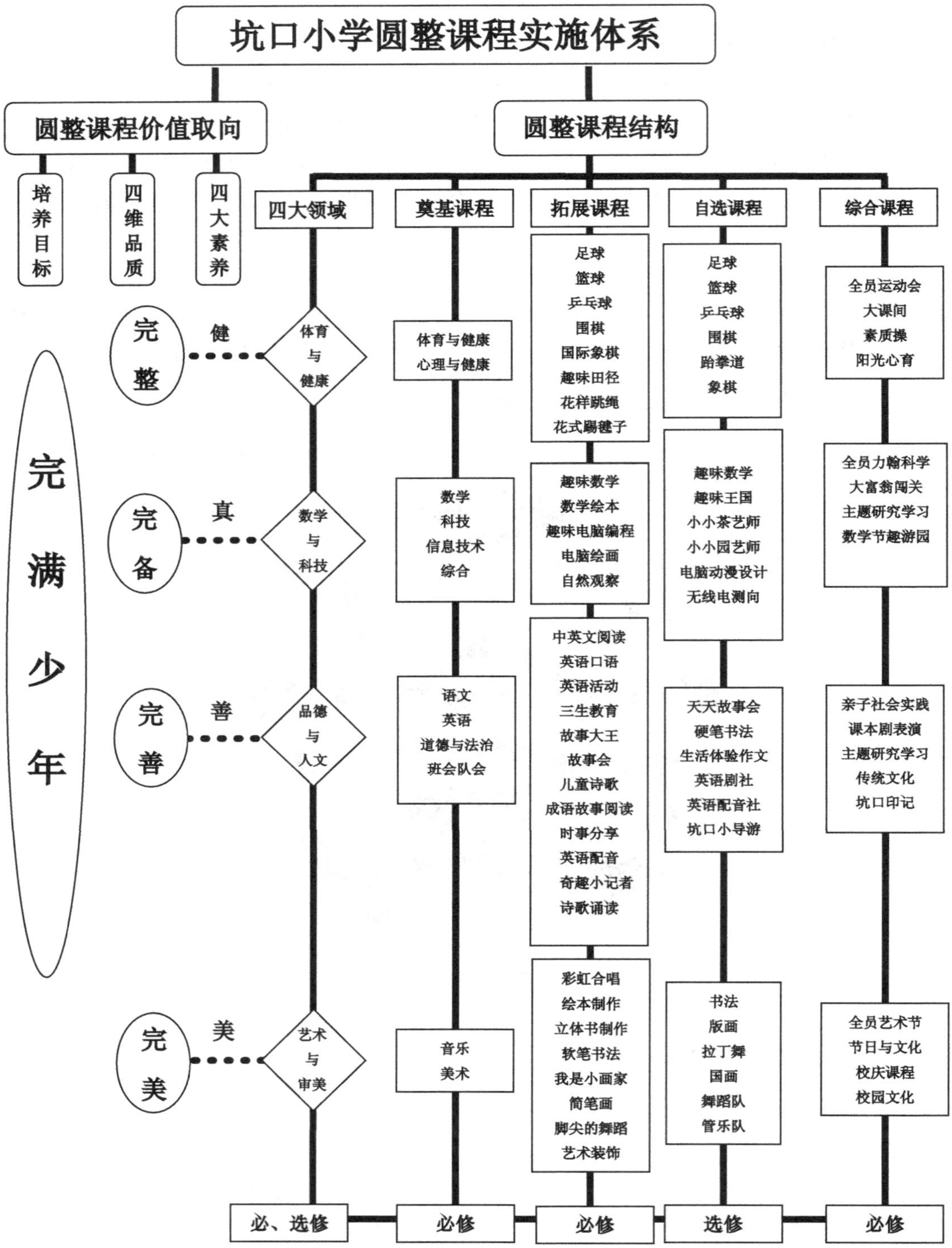

图 8-7　圆整课程实施体系

（1）奠基课程“整合化”

把十多个门类的课程整合划分为四大领域，在各个领域里尝试“两个整合”：一个是学科内整合，分为单元内部整合、同学年教学内容中的单元整合、同一教学内容不同年级的整合三种；另一个是学科间整合，是指学科教材与相关课程资源间的整合，找到相关学科在教学方法、教学内容、思维方式、知识背景等方面的切合点，相互渗透，有机融合，创造性地进行教学。

（2）拓展课程“普及化”“多元化”

一至六年级每周一节普及足球和乒乓球的课程。聘请专业的教练员授课，真正实现足球、乒乓球进课堂。学校先后开设了“足球”“乒乓球”“国际象棋”“国际跳棋”“书法”“葫芦丝”“电影”等40多门拓展校本必修课程，并将其纳入课时计划，实行“一师一特色”课程认领制，呈现出风格迥异、百花齐放的课程模式，培育具有坑口印记的现代少年。

（3）自选课程“个性化”

自选课程是个性化课程，设有“足球”“乒乓球”“五子棋”“跆拳道”“无线电测向”“书法”“版画”“拉丁舞”“国画”等30多门课程，利用每周下午国家课程之外的时间，全校学生走班上课，在“课程超市”中选择自己最喜爱的课程。

（4）综合课程“全员化”

综合课程主要指国家课程主题化整合后的课程，还包括校园节日课程、民俗传统课程和社会实践课程。校园节日课程是指每年常规性的“四节六周”，四节包括读书节（4月）、科技节（6月）、体育节（全员运动会、10月）、艺术节（12月）；“六周”有行为规范周、劳动教育周、法制教育周、安全教育周、国防教育周、综合实践周。

3. 打造动脑子的圆通课堂

课堂要生动、互动、主动，我们要打造一种举一反三、融会贯通、触类旁通的“动脑子”的“圆通课堂”。

（1）圆通课堂基本模式

“圆通课堂”的目标是培养学生的思维能力、品质、学习方法。总体来说，就是使师生在态度上是主动沟通的，在方法上是互动贯通的，在技能上是生动灵通的。其内容是按照思维体系对教学内容进行分析、建构、组合设计，找准学科思维发展优势点；过程是遵循思维发展规律，按照思维发展的逻辑设计教学过程、采用教学策略、构建教学模式；评价是以思维的发展作为导向的，制定课堂教学以及教学效果评价的科学体系。

学校建构了“圆通课堂”的基本模式（总模），如图8-8所示。

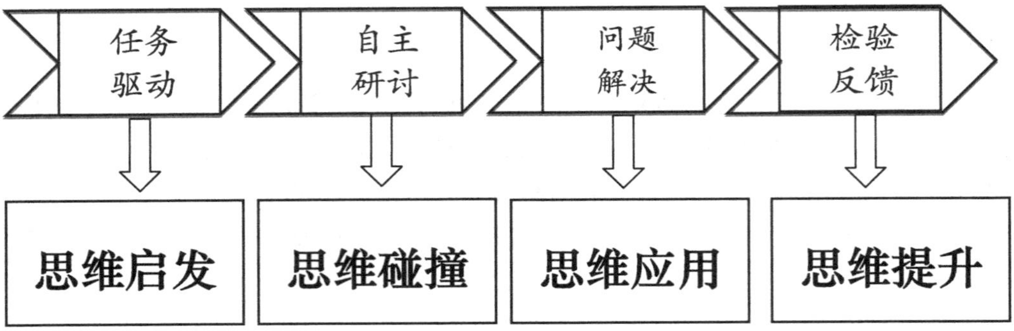

图 8-8 "圆通课堂"的基本模式

针对语数英教学，建构了具体的课堂教学模式，例如：语文课堂教学模式为新授导入—初识大意—品鉴精读—拓展阅读—迁移写作，前三个环节 20 分钟为新授，后 10 分钟为拓展阅读，最后 10 分钟为迁移写作，"新授、拓展、迁移"三位一体；数学课堂教学模式为"导、探、测、延"四步模式；英语课堂教学模式为 1+1+1 交际型课堂模式。

各学科根据不同课型构建的课堂教学的变式，被称为"变模"。课堂教学创建模式、使用模式，更多的是对新教师、年轻教师的要求，是为了让他们的课堂有形有样、规范、不跑偏，让他们的课堂尽快成为"合格课堂"。对于骨干老师，学校要求他们的课堂教学不要被模式所束缚，鼓励并要求教师的课堂教学要逐渐"超模"，即对课堂教学的内容、流程、环节等随着课堂上的学生学习情况变化而要灵活调控，随机应变，让课堂有神，逐渐形成"形散而神不散"的"品格课堂"。对于名优教师，学校要求他们的课堂教学要"脱模"，逐渐形成大课无形而神气十足的"风格课堂"。

（2）圆通课堂教学评价

圆通课堂的评价取向聚焦于培养学生学科学习的关键能力——思维能力。主要评价学生学科思维能力由低阶到高阶思维对应学校课堂教学模式四步和布鲁姆认知领域教育目标六个层次的六种思维状态，即爱思考、在思考、能思考、会思考、敢思考、善思考；六种思维能力，即会识别、会提问、会迁移、会探究、会质疑、会贯通（如表 8-3 所示）。

表 8-3 坑口小学圆通课堂学生思维能力达成目标评价要素

教学模式	达成类别	思维状态	思维能力
思维启发	知道	爱思考	会识别
	领会	在思考	会提问
思维碰撞	运用	能思考	会迁移
	分析	会思考	会探究
思维应用	评价	敢思考	会质疑
思维提升	创造	善思考	会贯通

对于圆通课堂的评价工具，学校整理出4个维度20个视角N个常用的观察点的课堂观察框架，建立了坑口小学LICC视点结构教学数据化课堂观测平台。这个平台主要通过对课堂进行教师教学、学生学习、课程性质、课堂文化四个维度的观测，来收集四个维度的观测数据（表8-4）。突破传统的评课方式，让评课能够更加客观、有可行性，有利于进行数据的自动分析，形成四个维度的数据化教学行为报告，从而通过数据指引发现教师教学行为的问题、学生学习发展的柱塞点，再进行教学纠正，使教师和学生的课堂行为更高效，从而提高学生课堂思维能力。

表8-4　荔湾区坑口小学LICC视点结构课堂教学评价大数据

观察要求 / 教学模式	教师教学	学生学习	课程性质	课堂文化	备注
思维启发	1. 2. 3.　4.　5.	1. 2. 3.　4.　5.	1. 2. 3.　4.　5.	1. 2. 3.　4.　5.	
思维碰撞	1. 2. 3.　4.　5.	1. 2. 3.　4.　5.	1. 2. 3.　4.　5.	1. 2. 3.　4.　5.	
思维应用	1. 2. 3.　4.　5.	1. 2. 3.　4.　5.	1. 2. 3.　4.　5.	1. 2. 3.　4.　5.	
思维提升	1. 2. 3.　4.　5.	1. 2. 3.　4.　5.	1. 2. 3.　4.　5.	1. 2. 3.　4.　5.	
思维+	1. 2. 3.	1. 2. 3.	1. 2. 3.	1. 2. 3.	

（注：1-5表示很好、较好、一般、不太好、不好）

（撰稿：广州市荔湾区坑口小学　李小田）

九、探索合创课堂教学新模式

【专家导读与点评】

汇龙小学坚持可持续发展教育理论，秉持“个个不一样，人人都发展”的办学理念，形成了“合启、合生、合创、和乐”的“合创文化”，积极培养学习有乐趣、生活有情趣、生命有志趣、人生有意趣的“和雅融活”的现代公民。在这一理念的指引下，学校将课堂作为落实学校办学理念的主渠道，确立了培养“和雅融活”素养的课堂教学新模式，有力促进了学校教学质量的提升。近些年来,学校获得了中国可持续发展教育 ESD 项目示范学校、广东省绿色学校、广东省现代教育技术实验学校等荣誉称号。

(撰稿:王玉国)

【学校简介】

广州市荔湾区汇龙小学以可持续发展教育理论为指导,坚守“教育公平”的基本原则,秉持“个个不一样,人人都发展”的办学理念,以校训“修己善群,博学求新”为行为准则,以互信、包容、合作的伙伴关系为基础,以“共育、共兴、共创”为基调,以“和雅、和谐、和乐”的校园环境建设为支撑,致力培育“合启、合生、合创、和乐”的“合创文化”,创建具有“合创文化”特色的未来学校,积极培养学习有乐趣、生活有情趣、生命有志趣、人生有意趣的“和雅融活”的现代公民。

1. 合创课堂的学生发展目标

①会学:能养成良好的学习习惯,掌握正确的学习方法,知道如何学,最后实现不教也能学。

②会用:能把学到的知识、方法迁移运用到学习、生活中,能用学到的知识、技能解决学习和生活中遇到的问题。

③乐学:能主动地进行自主学习,积极参与合作学习,在学习中有积极的情感体验,感受到学习有乐趣。

④乐创:敢于提出不一样的观点,乐于尝试不一样的实践、体验不一样的感受,形成灵活、批判、创新的思维品质。

2. 合创课堂的六个基本要素

合创课堂以“情境、问题、练习、拓展”为关键词,包含六个基本要素:自主学习、合作探究、精讲点拨、练习检测、总结归纳、拓展延伸。

①自主学习:课堂上教师精心安排自主学习任务,学生在自主学习的过程中存疑留难。对应这个要素的教学环节强调个人在教学中的主观能动性,侧重培养个性、求异思维、独立学习和解决问题的能力。教学方法有非指导性教学、启发式教学、求同存异讨论教学等。

②合作探究:教师精心创设教学情境,设计问题和学习活动,学生分小组开展学习、探究、展示等活动。对应这个要素的教学环节侧重培养人际交往沟通能力。一方面强调学习者以自己的方式通过别人的帮助,建构对事物的理解;另一方面强调教师与学生、学生与学生的相互影响和社会联系。其教学方法有情境法、探索发现法、基于问题式学习、小组研究、合作学习、群体讨论、角色扮演、社会科学调查等。这个要素主要作用于课时教学中高级知识的学习以及科学研究精神的培养。它主要是想推动教师进行有意识的研究并形成“通过小组形式组织学生进行学习”的有效策略,也要使“小组合作学习”慢慢成为一种教学常规。

③精讲点拨：教师根据学生学习情况和存在的问题，对重难点、关键点进行精炼的讲解、引导和点拨。对应这个要素的教学环节强调充分发挥教师的主导作用，教师要在学生学习知识遇到问题时有所觉察，根据学生的知识结构和认知水平对教学内容进行加工整理，力求使得传授的知识与学生原有的认知结构相联系。其教学采取的是直接传递的教学形式，在知识应用能力上借助“近迁移”，使学习结果能够与学生习得达成共识，主要用于课时教学中基础知识的学习。对应教学环节的课后反馈，科组教师要反复探讨“精讲点拨”的着力点，帮助执教者在此过程中凝练个人教学风格。

④练习检测：教师结合教学目标，采用问题、练习、操作、展示等不同形式对学生进行训练、检测，巩固学生学习成果，掌握学生学习目标的达成情况，并根据这些情况对学生进行点拨和启发。对应这个要素的教学环节要推动语数英学科教师逐渐形成一种“备练习”的价值观——没有设计练习题组就等于没有完成教学设计，练习题组设计得不好等于没有读透教材、读懂学生。

⑤总结归纳：师生共同总结归纳或在教师的引导下由学生进行总结归纳。对应这个要素的教学环节重视方法指导，不追求完美答案。在潜移默化地引导学生参与全课总结的过程中提升学生自主总结归纳的意识，逐渐掌握求同法、存异法、共用法、共变法、残余法等科学归纳方法与高阶思维。它的主要目的是触动“学生主场”的课堂文化生成。

⑥拓展延伸：通过深化问题、即时挑战、联系生活等途径让学生进行拓展学习，引导学生积极参与“讲、析、问、辩、演、唱、画、创、访、研、验”等拓展活动，把学用结合起来，课内与课外联系起来。对应这个要素的教学环节强调课时教学要“高于教材”，支持学生发现、生成、创造，达成情感激励与自我发现。

3. 合创课堂的四项实施路径

①情境导学。教师要注重创设具有生活性、形象性、学科性、问题性等特征的有价值的教学情境，以情境引导学生主动学习。

②问题导学。教师提出的问题要有可行性、开放性、准确性、灵活性，以问题引导学生主动学习。

③合作促学。教师要合理组建小组，并建立和形成有效的小组合作机制，让每个学生真正地参与合作学习，通过合作得到发展。与此同时，要处理好自主学习与合作学习的关系。合作学习要与班集体教学、个别化教学相结合，做到取长补短。在教学过程中，要把教师的讲解与学生的阅读相结合，把教师的指导与学生的自学相结合，把教师的提问与学生的质疑问难相结合，把传授知识与教给方法相结合。

④以练促学。在合创课堂中，教师采用问题、操作、展示等有效的练习与检测方式巩固学生学习成果，及时掌握学生的学习情况，并进行适时的点拨，减少问题的积累，提高教学成效。

合创课堂遵循有模式但不能成为定式的原则。之所以强调基本要素而不是强调基本环节，就是要避免走入定式的僵化误区，赋予模式本身以“和雅融活”的灵性。因此，合创课堂模式基于以下四个方面的价值定位——是引导而不是约束，是合创而不是命令，是启发而不是终结，是召唤而不是指令。不同学科、同一学科的不同课型、不同教学内容的教学，所采用的教学模式也会有所不同。我们对合创课堂只提出了六个要素，没有提出比较固定的教学环节，这样做有利于各学科结合本学科特点、课型特点、课时特点合理安排教学环节，围绕合创课堂六要素开展教与学活动，使合创课堂能够真正落地，并具有生命力。

（撰稿：广州市荔湾区汇龙小学　梁丽珠　黄雪锋）

十、闪光人生素养课程的建构与实施

【专家导读与点评】

东沙小学将“以人为本”的理念引入学校发展和建设中，从管理理念和方式转变入手，撬动课程和课堂建设，使学校真正服务于人的发展。例如，在管理方式上，从经验化走向专业化，通过校园环境建设、专业化教师队伍建设、多元化教学模式构建、德育工作机制建设等提升学校的专业化水平，满足师生发展需求。东沙小学以管理方式转型的方式推动学校发展水平的提升，丰富了育人模式整体建构的可选路径。同时也必须要看到，学校管理并不能取代课程建设和教学改革等核心任务，而应在学校办学理念的统领下，与课程、教学、教师等育人模式的关键要素相互配合，形成育人合力。

（撰稿：李建民）

【学校简介】

学校创办于1996年，目前共计有23个教学班，学生800余人，教师50人。学校秉承“人人都发展，个个都精彩”的办学宗旨，旨在打造一所集“美丽校园、文化学园、成长乐园、温馨家园、特色果园”五园文化于一体的学生喜爱的巴学园。近年来，学校先后获评“中国新样态学校联盟首批实验校”“校本德育创新联盟基地校”“全国学本课堂实验校”“PDC教育项目联盟校”，同时通过了广州市荔湾区第三批特色校园、标准化学校、区依法治校达标学校、规范化学校及语言文字规范学校的复评，并取得了一系列可喜的育人成绩。

1. 课程建设的目标体系

进入21世纪，学校提出了“促进师生个性健康终身发展——为闪光人生奠基”的办学理念，确定将三级课程共同指向幸福闪光人生的核心目标，构建闪光人生的“五大”素养（人文素养、健康素养、科学素养、艺术素养、实践素养）课程体系，通过培养“五大”素养培根铸魂、启智润心，使学生掌握闪光人生幸福生活的基本方法，形成必备幸福生活的素养。

2. 课程建设的实施路径

（1）明确指导思想

“闪光人生素养教育”课程是遵循学校发展规律、教育教学规律和学生成长规律，聚焦学生核心素养发展，按照学校“做闪光的我”的校训要求，搭建“人文、健康、科学、艺术、实践”五种闪光素养的发展平台，为学生创造一种闪光的学习生活。

（2）厘清课程结构

将原有课程分类整合后拟定为“人文、健康、科学、艺术、实践”五大学习领域，在每一领域开设“学科基础”“活动拓展”两类课程，两类课程直接指向本领域特有的学生培养目标。人文素养的培养目标是文化底蕴、着眼语用，围绕目标分设四个模块：人文基础、经典品读、自信表达、国际理解。健康素养的培养目标是尚武厚德、强健体魄，围绕目标分设四个模块：健康知识、身体素质、运动技能、合作交往。科学素养的培养目标是启迪智慧、实践创新，围绕目标分设四个模块：科学启蒙、立思导学、创意实践、融会贯通。艺术素养的培养目标是涵养情趣、展现魅力，围绕目标分设四个模块：艺术赏识、审美体验、艺术想象、创作展示。实践素养的培养目标是阳光心态、知行合一，围绕目标分设六个模块：成长仪式、安全自护、家校互动、常规自主、评价发展、爱心互助。在此基础上统一开设综合性课程，指向学生综合素养的培养，使学生体验闪光幸福的感受，具有创造闪光幸福的能力，从而提升闪光幸福的品质。

（3）实施校本化课程

以更好实现国家课程目标为指向，结合各学科特点和教师实际，整合教学内容、改变教学方式、调整教学时间。如语文学科尝试大单元主题教学，进行“导读课”“精读课”“带读课”“表达与赏读课”等“四读课”的模式探索。语文、数学、英语、道德与法治、科学、美术、音乐等学科在确保国家课程有效实施的前提下，对本学科内部重复、交叉的内容进行整合，并在此基础上拓展出有利于学生幸福成长的校本化学习内容。构筑基于学生学习的教学，力图建立凸显以学生“学”为主的教学方式，构建与实施东沙小学课堂新模式——问题导向型闪光课堂。

活动拓展性课程指分领域在国家课程基础上自主拓展开发的校本课程，依据学校课程建设目标和本学科的特点以及现实需要，拓展教学内容，开发学科拓展性校本必修课程。作为学科课程的有效补充，活动拓展性课程分为校级和年级两类课程。为了满足学生多元发展的需要，学校充分利用大专院校、社会优质机构、教师、家长等课程资源，拓展开发“人文、健康、科学、艺术、实践”五大类校本课程，建立校级选修校本课程“课程超市”，拓展学生课程选择空间，让课程关注每一位学生的发展，培养学生闪光人生素养。课程开发还要有规划、有目标，注重年级之间的衔接，统筹协调全校各年级上课时间，同时充分利用家长资源、社会资源。设计规划好后，进行年级活动拓展课程平台的建设。每周一次（周二至周四下午 4:00 至 5:00)开设兴趣课程。

实践探究性课程是在满足学生发展需求、适应学校办学定位的基础上,通过课程选择、课程改编、课程整合、课程拓展等形式,实现课程资源整合、学科边界突破,使各学科围绕内容整合、方式转变和能力提升开展教学,进而带动教学质量整体提升。课程整合的主要内容包括学科知识间的整合、学科知识与生活的整合、资源的整合以及学习方式的整合。整合有两种设计取向,一是学科取向的整合设计,二是超学科取向的整合设计。

综合性课程的开发形成了健康、语言、社会、科学、艺术五大领域并举的"以综合性课程为核心"的特色课程,五大领域的内容有学科整合课程、主题研究课程、创意实践课程、活动策划课程、项目群探究课程。课程的开发与实施将各学科有机整合在一起,将德育和教学有机整合在一起,将学校与家庭有机整合在一起,将校内与校外实践有机整合在一起,五大领域的课程实施综合体现五大素养,形成特色课程。

3. 加强课程管理与评价

在课程管理方面,一方面注重有机整合国家课程、地方课程与校本课程,鼓励教师在遵循国家课程与基本设计思想课标的前提下,结合实际设计多种个性化的课程实施计划,形成多样化、个性化、高效率的课程运行机制及课堂教学模式,达到国家课程校本化、地方课程多样化、校本课程立体化的目标。另一方面,拓展学校的课程自主权,创造条件开设丰富多彩的选修课,推动主题特色活动、节日活动、科技艺术活动、学生社团活动课程化。

加强评价以引导课程实施和课堂教学。第一,建立定量与定性相结合、静态与动态相统一、互评与自评相结合的有利于学生发展、教师发展、学校发展的多元、全面、系统的综合评价体系。第二,特别关注学生综合素质评价体系的建设。强调激励,促进发展,创造各种机会,运用多种方式,发现并展示每个人的闪光点。做好学校"闪光之星奖"的评选工作。第三,围绕学生发展目标,以课程、管理、教学、教师、资源、文化六大系统作为诊断评价对象,研制"校本化"的自我诊断与评价指标体系,并研发相应的科学合理、全面客观、使用简便的诊断评价工具。不断研究对校本课程开发与实施效果的评价,研究对校本课程课堂教学的评价,研究对学生综合素质的评价。制定东沙小学教师校本课程开发与实施评价表、东沙小学校本课程课堂教学评价方案、东沙小学校本课程学生学习情况评价表、东沙小学校本课程建设与实施质性评价单。探索学分制在小学的实施方法。第四,充分发挥评价的反馈调节功能,使外部质量监控和学校内部不断追求课程质量的完善相结合,促进课程建设与课程实施。定期对学校执行课程计划的情况进行分析评估,针对问题调整课程内容。鼓励学校和教师,在自评的基础上,诊断、发现学校课程设置与实施中的不足,使学校课程日臻完善。

(撰稿:广州市荔湾区东沙小学　吴瑜卿)

十一、香凝正气文化建设助力整体建构

【专家导读与点评】

以富有正能量的历史人物为校名，这对学校而言，是一件幸事。因为教育是一朵云推动另一朵云、一棵树撼动另一棵树的过程。榜样人物是重要的教育资源，而身边的榜样人物、"我们的"榜样人物，其教育意义更大、效果更深。何香凝纪念学校精准挖掘了何香凝先生的高洁品质，并创造性地将其转化为学校办学精神，以砥砺全校师生。更是将先生之风转化为当下儿童青少年应有之德行，做到无罅隙衔接，学校对待前贤的尊重之心，对后生的教育之情，对教育教学之认真，尽然展现，令人敬佩。何香凝先生一生坎坷传奇，其根在于"苟利国家生死以""为国为民第一事"，将自己与国家血脉相连。今日学校，在分析、赞扬先贤之风的同时，更要想办法，使学生同先生一般，将自己与国家血脉相连！何香凝纪念学校深知自身使命，更自觉进行教育资源挖掘与转换，"香凝正气"课程，有仁、有义、有才、有行，使课程体系正义之气沁人心脾。相信在这种课程中成长起来的儿童青少年，必然胸有星辰大海，志于爱国爱民。

（撰稿：牛楠森）

【学校简介】

广州市何香凝纪念学校前身为广东省南海县海心沙乡田心课堂，创办于 1931 年。因学校所在地系何香凝先生桑梓，为纪念这位老一辈革命家、政治活动家、美术家、教育家，学校得以重建并于 1992 年 9 月 1 日易名为广州市何香凝纪念学校。广州市何香凝纪念学校名誉校长、著名美术家关山月为学校题"育才第一，品德为上"的箴言，其成为学校的办学宗旨。自广州市何香凝纪念学校成立以来，学校师生一直将何香凝作为学习的精神榜样。通过对何香凝人生历程系统而深入的探寻和分析，挖掘其最突出的品质——爱国爱民、正直坚贞、博学多才、自强不息，进一步精练这些品质，凸显出的是何香凝的浩然正气。学校据此提出"香凝正气"，将其作为学校的品牌，亦作为学校的文化基因。

1. 文化建设育人模式的理念体系

（1）办学理念：修艺立品，成己达人

学校成立了"香凝艺苑"，在名誉校长关山月的领衔下，先后收藏 60 多位书画家的书画墨宝 200 多幅。学校提倡学生"修艺"，但并不局限于技艺、技能层面的学习。希望学生以何香凝为榜样，通过学习艺术、锻炼艺能和树立良好的品德，成就自己并影响、帮助他人。

（2）办学宗旨：育才第一，品德为上

何香凝纪念学校名誉校长、著名美术家关山月为学校题"育才第一，品德为上"的箴言，

其成为学校的办学宗旨,体现了学校发展的本质并满足时代要求。

(3)校训:爱国爱民、正直坚贞、博学多才、自强不息

“香凝正气”是学校的核心价值追求,是学校师生一切行为的最高准则,其具体内涵为爱国爱民、正直坚贞、博学多才、自强不息。学习将“香凝正气”作为校训,希望师生时刻以其要求自我,不断成长进步,最终像先生一样能成己达人。

此外,确立了“明明德,至至善”的校风、“厚学识,明大义”的教风、“求真知,乐义行”的学风。

2. 文化理念引领下的课程体系建构

“香凝正气”课程体系(图 8-9)包含四大模块课程,分别为仁德课程、明义课程、博才课程和毅行课程,各课程模块又下设多门主题课程,并结合四大重要校园节日“香凝文化节”“体育科技节”“学校艺术节”“学科活动周”进行课程成果展示。

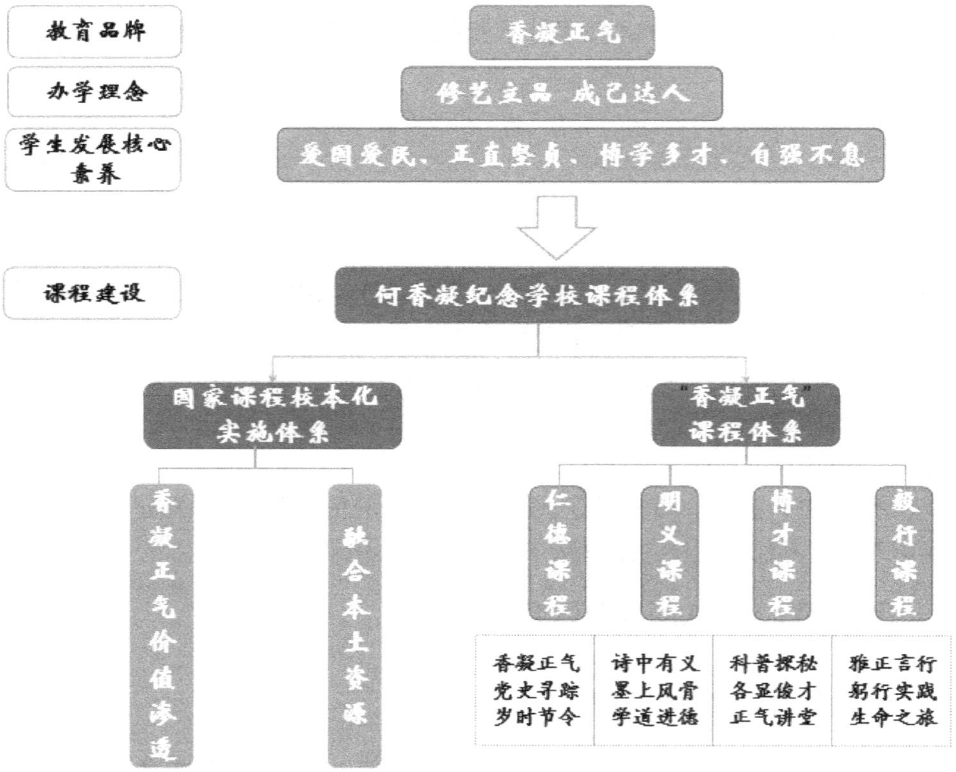

图 8-9 “香凝正气”课程体系

3. 整体建构学生发展的核心素养

学校育人模式整体建构以培育“香凝正气”下的学生核心素养为主,如表 8-5 所示。

表 8-5　核心素养内涵

学生发展核心素养	内涵释义
爱国爱民	1. 知晓国旗、国徽、国歌的内容和意义。 2. 了解国家的土地与海洋、民族的历史、优良的传统和多样的习俗。 3. 理解个人、家庭和国家的关系，懂得“没有国哪有家，没有家哪有我”的道理，有报效祖国的志向。 4. 尊敬师长、关爱他人，在他人遇到困难时，能给予力所能及的帮助。 5. 有集体主义精神和集体责任感，在班级中做好自己分内的事，为班集体积极贡献自己的力量
正直坚贞	1. 能够判断事情的是非对错，并坚定做正确的事。 2. 为人处世公正、坦率，不损害他人的利益。 3. 对于错误的事情能勇敢的指出并纠正。 4. 勇于承认自己错误的行为并改正。 5. 有远大的理想，在实现理想的过程中，面对困难依然能奋力前行
博学多才	1. 喜爱阅读，有良好的阅读习惯，知识面广。 2. 兴趣广泛，课余能对各学科进行拓展阅读与训练。 3. 在日常学习中，能随机应变，举一反三，对知识融会贯通。 4. 学以致用，能用书本知识解决生活中的实际问题。 5. 有自己的爱好，有一门以上的技艺特长，积极参与学校的各种活动
自强不息	1. 有不服输的精神和坚韧的品格。 2. 在学习和生活中，勤奋努力，积极进取。 3. 面对挫折，迎难而上，顽强克服。 4. 坚持实现自己制定的目标，不半途而废。 5. 了解中国梦，了解中国梦与自己努力学习的密切关系

（撰稿：广州市荔湾区何香凝纪念学校　冯艳云　梁爱宜）

十二、海拓文化引领育人模式整体建构

【专家导读与点评】

好一个“海蕴万千，中流拓远”！难得一所小学能有如此气魄。更可贵一所小学有此气魄。小学阶段，是奠基学生思维和品行的关键时期。正所谓蓬生麻中不扶自直。小学生是蓬，小学校则是麻，可见学校之重要。海是广阔天地，但也波澜凶险，在小学教育阶段就告知学生这一道理，避免温室育人，避免孩子过于天真。故而，要让学生在中流磨炼，敢在中流磨炼。如此一来，则海中小学的海拓文化可以说是气象万千、意义深远。建议学校还可增加“弹性意识”，培养学生的伸缩力、挫折力，如此，方可真正拓新致远。

（撰稿：牛楠森）

【学校简介】

学校创办于 1940 年，曾经是鸭仔田小学，1994 年 9 月迁入现址，2005 年广州市区划调

整后更名为广州市荔湾区海中小学。近年来,学校潜心挖掘学校资源、地域资源与龙舟、足球特色内涵,提炼出“海拓文化”办学特色,并逐步建立了符合自身发展的“海拓文化”特色文化理念体系。在办学理念的引领下,学校深入开展学校特色文化建设,创建特色品牌学校,办学质量得到了显著提升,成功获授“全国青少年校园足球特色学校”“全国体育场地开放学校”“全国学校体育联盟”“广东省义务教育标准化学校”。

1.“海拓文化”的起源和内涵

海中小学,海蕴万千,中流拓远!具有地域特色的龙舟文化、学校足球传统、“海中小学”校名,都是“海拓文化”的立足点。“海拓文化”的内涵包含两个方面:一是开拓进取,这是不畏困难、勇敢向前的精神;二是追求创新,强调突破原有局限,找到未来方向。

2.“海拓文化”整体理念系统

①办学理念:海蕴万千 中流拓远。海中小学地处南粤,以海为名,以海的精神成就教育事业的未来。这片教育之海,蕴含无数可能,汇聚万千之美,以教育的力量使学生从懵懂少年成长为社会栋梁,让每个人绽放最美的自己。“中流拓远”表达了海中人在前进的过程中,不畏挑战、开拓创新、不断超越的气概。

②办学目标:办一所充满活力、和谐发展、持续创新、特色鲜明的品牌学校。

③育人目标:培养“五会”海中学子。具体包括以下内容:

会做人——塑造完善的人格,培养健康的心理,形成正确的人生观;

会生活——养成良好的生活习惯,热爱生活,乐享生活,幸福生活;

会学习——掌握正确的学习方法,乐学且善思,并能做到融会贯通;

会才艺——在体育、艺术方面,挖掘特长,发展兴趣,人人有一艺;

会创造——有探索的热情,学会发现,有钻研的态度,敢突破创新。

④教师发展目标:慧师德,汇才识,会创新。教师需要进取、需要创新,以包容之心启发学生心智,不断创新教学方法,引导学生全面发展。

⑤校训:厚德中正,拓新致远。

⑥“三风”:“怀德、博学、敢为、明志”的校风,“心容、业精、启智、创新”的教风,“勤学、善行、健体、发展”的学风(图 8-10)。

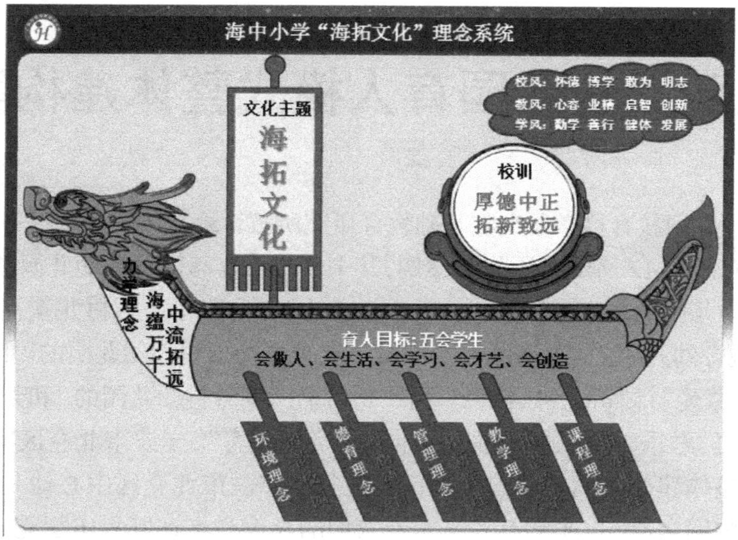

图 8-10 “海拓文化”理念系统

3.“海拓文化”特色实施策略

围绕以下五个方面制定学校特色实施规划，构建学校特色整体发展策略。

①以“海韵校园”为环境理念改善育人环境。将海之蓝、海之韵物化为校园环境的一部分，打造优美雅致的校园环境，彰显“海拓文化”之韵味。

②以“拓新管理”为管理理念实现管理创新。高瞻远瞩，创新敢为，目标一致，凝聚人心，合力推动学校发展迈上新台阶。

③以“海涵德育”为德育理念厚实学生心性品格。让每一名学生的心灵如大海般开阔、包容、有内涵，拥有坚强、仁善、宽容、进取的心性品格，身心健康、充满力量。

④以“拓潜教学”为教学理念提升整体教学实效。教师通过自我激活、自我拓展，不断突破、创立新的教育教学方法拓展学生潜能、带动学生发展。

⑤以“拓远课程”为课程理念培养学生综合素养。构建完善的课程体系，优化课程结构，利用优质教师资源，开发特色校本课程、特色活动项目，助力学生走好人生每一步。

（撰稿：广州市荔湾区海中小学　黄继和）

第九章　幼儿园育人模式整体建构案例

本章选取了中国教育科学研究院基础教育研究所教育综合改革实验区——广州市荔湾区和宁波市北仑区共12所幼儿园作为案例，其中广州市荔湾区协和幼儿园的“和乐”课程、第一商业职工幼儿园的“同悦课程”、二商幼儿园的“容爱课程”、芳村儿童福利会幼儿园的“美趣课程”、桃源幼儿园的“源乐课程”，宁波市北仑区梅山中心幼儿园的田园课程、戚家山中心幼儿园的“蒙爱”课程都各具特色。而广州市荔湾区芳村幼儿园的“和芳园”办学文化、上九路幼儿园的“融乐教育”、梁家祠幼儿园的“贤品教育”，宁波市北仑区实验幼儿园“源之教育”，都在整体建构方面探索出了自己的路径。宁波市北仑区中心幼儿园在疫情背景下，开启的“空中阅之旅”也非常有意义。专家们的导读和点评既肯定了亮点，也提出了各幼儿园存在的不足和努力方向，可为其他幼儿园提供有益的借鉴。

一、“和乐”课程整体建构

【专家导读与点评】

作为一所久负盛名的百年老园，将传统的办园理念和现实需要结合，根据社会发展的新趋势、儿童发展的新特点、教育发展的新规律，不断重构和完善园所教育理念，不断丰富园所课程，不断创新园所发展样态，是百年老园历久弥新的必然要求。协和幼儿园一直秉持“协力和衷，作育英才”的办学理念，植根百年老园的文化底蕴，适应新时代的变革步伐，形成了“和乐”教育的特色，并在此基础上构建了“和乐”课程。

“和乐”课程的整体框架完整，即课程目标、课程内容、课程实施模式、课程评价都有清晰的设计，这实际上也显示了整个幼儿园课程体系的顶层设计较为科学完整。“和乐”课程的具体实施也体现了幼儿园的创造性，特别是和乐教师课程和和乐家长课程的实施将幼儿园课程的内涵进行了扩展，并从实际上更有助于和乐幼儿课程的实施，也有助于推进“幼儿园、教师、家长三位一体”的家园合作模式建设，形成教育合力，这是对幼儿园教育的完整意义的理解和践行。

当然，无论何种课程，都需要立足于教育实践的土壤才会有生命力，任何漂浮于教育理论的沼泽或教育概念的丛林中的课程建构都将难以获得可持续发展的动力。

（撰稿：易凌云）

【幼儿园简介】

协和幼儿园始建于1911年，是由美国幼儿教育家碧卢夫人在广州西关创办的中国早期的幼稚园——“慈爱传习所”，至今已有110年的历史，享有“华南幼教先声”之誉，是全国百佳幼儿园、首批广东省一级幼儿园、广东省绿色幼儿园。幼儿园坚持遵循创校者提出的“协力和衷，作育英才”的办学理念和“和而不同，乐学乐创”的办园宗旨，树立了“教育基于和乐，英才始于习惯”的教育理念，创新性提出“新六艺”的育人目标，构建家园社一体化“和乐课程”，以养成教育为底色，构建幼儿生活习惯、保健习惯和学习习惯三维立体课程，以自然教育为本色、艺创教育为特色的多维度素养课程，努力建设适宜幼儿身心发展的健康幼儿园。

“和乐”课程的构建不仅仅局限于幼儿这一教育对象，而是树立一个整体的、全面的课程观，形成面向家园社的“和乐”课程体系。下面从文化选择的途径，即课程总目标、课程内容、课程实施模式、课程评价几个方面对该课程框架进行阐述。

1. 课程总目标

以培养新“六艺”儿童为育人目标，让幼儿、家长及教师获得“四和”能力，形成“四乐”志趣，实现幼儿、家长及教师的共同成长。其中，“六艺”指德行之礼、多元之智、想象之创、好学之乐、应用之数和兴趣之技，“四和”能力是身心和谐的内动力、家庭和谐的建设力、社会和谐的影响力、生态环境的保护力，“四乐”志趣是“由健而乐”“由爱而乐”“由美而乐”和“由创而乐”（图 9-1）。

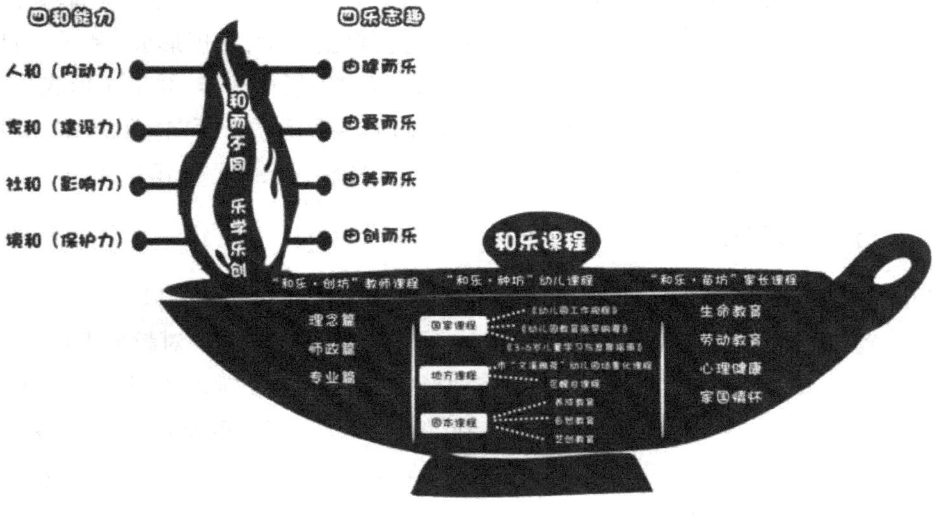

图 9-1　“和乐”课程框架

2. 课程内容

课程内容包含幼儿课程（和乐·种坊）、家园课程（和乐·苗坊）和教师课程（和乐·创坊）。“和乐”课程就像一盏明灯，焰心是幼儿种坊课程，内焰是家园苗坊课程，外焰是教师创坊课程，它们围绕幼儿这一核心共同点亮“协和”之光。三者相互联系形成共振效应，基于相通的“和乐”文化基因共同向家、校、社完成价值传递，奠定建构“和乐”课程的共同认知。

（1）“和乐·种坊”幼儿课程

“种”由“禾”“中”组合而成。以禾之结实为范式，两形会合侧重取“中”意，体现了协和幼儿园“和”文化的百年文化基因。“种坊”的本意指协和幼儿园的课程关注每一个不同的生命，致力于让不同的孩子、不同的种子茁壮成长，让每一个生命出彩。自 2014 年以来，在中国教育科学研究院专家的引领下，百年协和系统构建了“和乐”课程，2019 年在“和而不同，乐学乐创”的办园宗旨下，在幼儿园已有的课程基础上，依据最新的国家教育方针和政策，重构了“和乐”幼儿课程，具体包括“养成教育、自然教育、艺创教育”三大板块，细分为“四和能力”之下的“服务自我、健康生活、文明交往、热爱自然、积极探索、发现美好、文化认同、责任担当、实践创新”的九层面。

（2）“和乐·苗坊”家园课程

“苗坊”旨在家园共育共长，共同培养幼儿。作为家庭教育学院实验基地和中国新样态学校百年园，在中国教育科学院的指导下，幼儿园进一步深化构建家长课程，不断探索家园合作的形式。如，在防疫抗疫时期，为响应国家“停课不停学”文件精神、满足幼儿居家生活与学习的需要，协和幼儿园整合各方资源，发挥云端沟通的优势，以“有人性、有温度、有故事、有美感”的“四有”为指导，与家长携手丰富家庭教育新篇章，梳理形成“和乐·苗坊”家园课程，包含生命教育、劳动教育、健康教育、爱国教育四大板块内容，并相应形成“多彩生命树”“宅趣棒棒屋”“童言彩虹桥”“童真家国号”四大主题活动。面向家长定时定期开设共育课堂，形成专题讲座、亲子活动、网络宣教和公众号四种家长课程组织形式。

（3）“和乐·创坊”教师课程

作为广东省学前教育协会实验基地和区教师培训基地，协和幼儿园以“和乐”课程理念为引领构建教师课程，根据教师专业发展阶段和不同岗位的发展需要，对教师进行个性化的专项培训，彰显“有温度”的教师培训，探索多种形式的“和乐”研耕模式，彰显“有美感”的教研氛围，形成“师徒结对，责任担当”互助机制，彰显“有故事”的联动成长模式，采用全方位、多层次相结合的评价机制，彰显“有人性”的评价，致力培养一支“能做、能说、能写”的综合型高素质“和乐”教师专业团队。

三类课程共同培育了“和而不同 乐学乐创”具有协和印记的新时代儿童。

3. 课程实施模式

通过项目式学习方式的运用，实施“131”教学模式，将一周的学习分为三个阶段，即讨论——计划日、实践——体验日、反思——拓展日，促进幼儿对健康课程的自主探索，让课程深入幼儿的各项活动，提高课程的实施效果（图 9-2）。

图 9-2 “131”教学模式

4. 课程评价

以动态评价和静态评价相结合的方式进行课程评价，动态评价主要依据凯米斯行动研究循环理论进行，遵循“评价—调整—再评价—再调整”的循环过程，不断发现问题，解决问题，不断提升课程的理论及实践水平，保障幼儿园“和乐”课程实施的质量（图 9-3）。

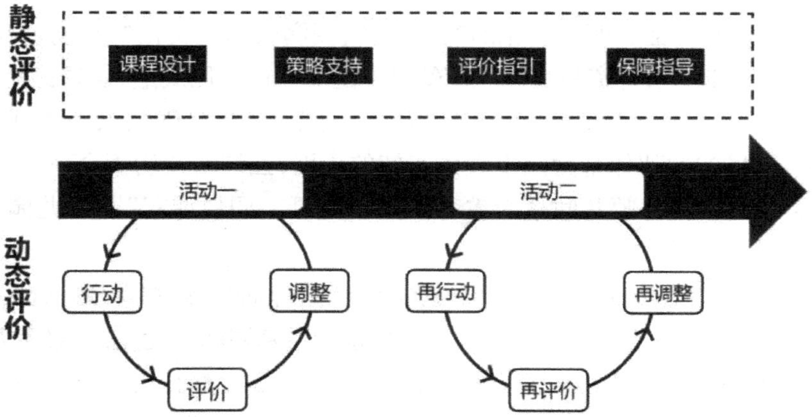

图 9-3 “和乐”课程评价循环过程

（撰稿：广州市荔湾区协和幼儿园　刘琨）

二、“同悦课程”体系建构及实施

【专家导读与点评】

广州市第一商业职工幼儿园（以下简称“一商幼”）秉持“同悦教育”的办园理念，将“同悦课程”作为践行办园理念的重要载体，通过促进幼儿悦行、悦耳、悦心、悦思、悦目，培养幼儿多方面能力全面和谐发展，为孩子一生幸福奠基。

“同悦课程”的建构有着清晰的课程目标，并且在幼儿发展目标与幼儿园五大领域（健康、语言、社会、科学、艺术）活动目标之间建立起紧密联系，实现了课程目标与育人目标的有机统一。以超市和商品货架的模式为课程内容的表征方式，新颖且有童趣，既符合“商道文化”的背景，也符合“学前儿童”的特点。课程体系的三大板块“悦商乐生活”“乐商悦自我”以及“同商育家园”基本涵盖了五大领域的内容，同时在课程实施方面强调了主题探究、自主游戏、家园互动、社区活动等，是对幼儿自主性、主动性和主体性的尊重，同时也是对幼儿自主发展的培养。

幼儿园课程是一个包含目标、内容、方式、评价等不同要素的完整科学体系，因此“同悦课程”的有效实施还依赖于课程资源的不断丰富、课程评价的持续推进。幼儿园课程建构是一个将已有成效和未来可能不断结合和重构的动态过程，因此如何在现有基础上将新时代高质量幼儿园教育所内含的特质融入课程，需要不断深入探索。

（撰稿：易凌云）

【幼儿园简介】

一商幼始建于 1955 年，是广州市一级幼儿园、规范化幼儿园。身处繁华热闹的广州荔湾西关商业圈中，见证着西关文化的兼容并蓄，浸润着商道文化的和悦包容。现有“一园两区”，教职工 121 人，师资精良。一商幼以商道文化的办园底蕴，强调德为先，信为本，善为果；以“同心同力，童悦童梦”的“同悦教育”为办园思想，强调人为先，同为本，悦为果；以“同悦课程”的框架体系为园本教育实施的指引，强调幼儿均衡全面发展为先，教学相长为本，幼儿、家长、教师共同享受教育的愉悦为果，“同悦课程”是幼儿园立足自身实际、学以致用、古为今用的最好体现。

以“商道文化”为底蕴，汲取“悦人悦己、同利天下”精神内涵，提炼出符合一商幼发展规律的“同悦教育”特色体系。“同悦教育”是以快乐为主基调和出发点，凝聚多方力量，同心同德、同心同力，培养幼儿多方面能力全面和谐发展，养成良好行为习惯，形成高尚德行修养，为孩子一生幸福奠基的教育思想。

1. 明晰课程目标

秉承“快乐三年悦享一生”的办园宗旨，以培养孩子行动力、审美力、创新力、表达力、交往力等多种能力共同发展为目标，构建“同悦课程”超市模式（图 9-4）。课程开发了多种多样、涉及各个领域的课程“商品”，通过丰富多样的实施方式，满足幼儿全面发展、快乐学习、快乐成长的需要。

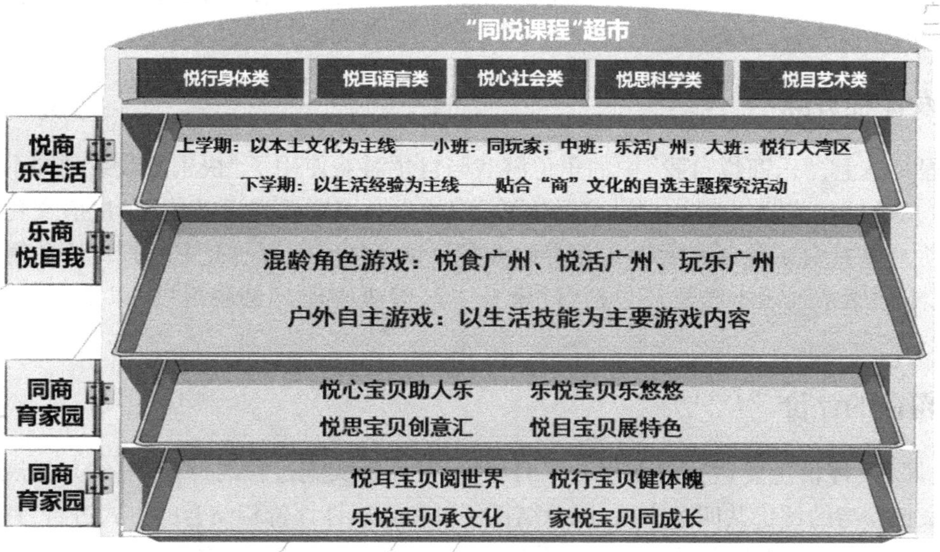

图 9-4　“同悦课程”超市

通过课程的实施促进幼儿在健康、语言、社会、科学以及艺术领域的发展，在尊重幼儿个体差异的基础上，设立课程的目标导向，指引教师在课程实施期间明晰幼儿的发展方向。具体描述如下：悦行——健康，乐于锻炼、愉悦心情；悦心——社会，乐于合作、交往力强；悦思——科学，乐于探索、创新力强；悦目——艺术，乐于欣赏、审美力强；悦耳——语言，乐于交流、表达力强。

2. 突出课程亮点

“商”文化为悦己悦人，同利天下。幼儿园据此衍生出“同悦课程”，有效沟通、积极主动、智慧明理、创新发展以及合作共赢是整个课程的主要目标达成方向。课程体系由“悦商乐生活”“乐商悦自我”以及“同商育家园”三大内容构建而成。课程内容的预设以提升和丰富幼儿生活经验为主导，课程的实施强调幼儿主动积极学习的品质养成，重视教育环境对幼儿的隐性支持，通过主题探究活动、自主游戏以及家园互动、社区活动等方式实现幼儿在课程中的成长。

①悦商乐生活。上学期生成小班“同玩家”、中班“乐活广州”、大班“悦行大湾区”三个系列主题内容。下学期以幼儿生活经验为主线，围绕“商”文化“悦己悦人，同利天下”的思想内涵，以主题探究活动让幼儿感受生活乐趣。

②乐商悦自我。包含“混龄角色游戏”以及“户外自主游戏”两大内容。混龄角色游戏由“悦食广州”“悦活广州”“玩乐广州”三大内容组成，在三大内容的统领下，分别创设对应的游戏区域，为幼儿提供感受生活、体验生活的平台。

③同商育家园。八大板块内容根据时间节点开展相应的亲子社区活动，为幼儿的成长构建全面立体的环境和资源平台，提升幼儿教育成效，深化教育成果，实现家园双方、园社双方共享教育的愉悦成效。

3. 开发课程资源

在课程实施上，“乐商悦自我”中的角色游戏与自主游戏使用了“快乐游戏系列园本教材”，包括《从游戏中发现儿童》。“悦商乐生活”中的主题探究系列活动使用《广府文化主题探究活动》《亲社会主题探究活动》《培养幼儿积极情绪情感教育研究主题教育活动集》。此外，幼儿园健康系列园本教材还包括《健康身体》《健康心理》《健康习惯》以及《安全防护》系列教材。

4. 全覆盖的评价

“同悦课程”评价主要包括对课程方案的评价、对课程实施过程的评价、对幼儿发展的评价和对家长参与的评价共四个方面，以总结性评价和形成性评价相结合的方式进行，评价主体以及评价对象由幼儿园领导、教师、幼儿以及家长组成。对课程方案的评价的考察内容主要为课程预设的整体性以及协调性。对课程实施过程的评价包括师幼互动、环境材料创设等内容，运用的评价记录包括“班级一日活动质量评价表”以及“四好班级评价表”。

对幼儿发展的评价，包括“同快乐，悦成长——幼儿成长档案”，“‘乐悦瞬间’学习故事”“乐悦小存折”（以下简称“小存折”）、“悦动故事——有温度的教育故事”。其中，“乐悦小存折”是一商幼评价方式的特色。“小存折”将商业中用于衡量物品重量的砝码引入小存折的记录中，设置了“悦行、悦心、悦耳、悦思、悦目”的快乐能力砝码。对家长的评价，通过“喜悦家长社团积分卡”对家长在幼儿教育工作上的参与度进行评价。

（撰稿：广州市第一商业职工幼儿园　周敏贤　张瑞琛　沈斐斐）

三、“容爱教育”引领下的课程建设

【专家导读与点评】

广州市二商幼儿园（以下简称“二商幼”）以“容成以德，大爱人生”为办园核心理念，形成了独特的“容文化”和“容爱教育”品牌，以容为底色，以爱为情怀，倡导教师和幼儿既要与自身相容，又要与世界相容，具有从容之行、兼容之学、包容之德、和容之爱，成为能够适应未来社会发展的人。

“容爱课程”是在“容爱教育”理念下的课程实践，包含基础课程、地方课程和特色课程，有较为完整的课程体系。其中特色课程是最能体现“容爱”特色的部分，也是幼儿园着力打造的园本特色课程。幼儿园整合各类资源，遵照幼儿身心发展规律，构建起帮助幼儿初步建立服务社会的意识的“容之情”课程、注重发展幼儿创造力的“创之乐”课程与承传传统文化的“节之美”课程。幼儿园还通过完善规章制度、开展园本教研以及重构游戏空间，支持“容爱课程”的有效实施。

无论从何种层级或者从何种角度进行逻辑划分，幼儿园的课程都应该具有整体性和系统性。可以发现，二商幼儿园还没有在基础课程、地方课程和园本特色课程之间建立从目标到内容、从要素到结构、从实施到评价之间的内在联系。三者之间的割裂性将会影响幼儿园课程的整体建构与实施。

（撰稿：易凌云）

【幼儿园简介】

幼儿园始建于1969年，先后被评为广州市规范化幼儿园、广州市健康幼儿园、广东省特级档案综合管理单位、荔湾区一级幼儿园并获得荔湾区幼儿园素质教育良好奖等。在五十多年的办学历史中，受广州城市规划的影响，虽几经易址变迁、几经风霜洗礼，但教师都一如既往、尽职尽责，以从容的态度接受新的挑战；家长支持理解，以包容的胸怀配合园所工作；社区全力扶持，提供资源、给予帮助，以和容大爱之心助力幼儿成长。在时间的沉淀和酝酿中，二商幼浸润在“容”的氛围里，积累“容”的基因，将“容”的种子悉心种植、精心呵护，培养有容有爱有德的幼儿，从而积淀、凝练办园核心理念——容成以德，大爱人生。

1.“容爱教育”的来源及理念体系

二商幼的“容爱教育”继承了商业中所蕴含的“容”之文化基因，借鉴到学校是指以大爱情怀和多元共生为底色，倡导教师、幼儿既要与自身相容，容纳并悦纳自己，发现自己的美好和个性，活出自己生命的精彩，成为最好的自己；又要与世界相容，有容量并分享自己，坦诚合作、与人为善，具有从容之行、兼容之学、包容之德、和容之爱，成为能够适应未来社会发展的人。

办园理念为容成以德，大爱人生；育人目标为培养有容、有爱、有德、快乐幸福成长的幼儿；园训为容德容心，立品立行；园风为蒙以养正，德才兼备；教风为宽以待人，教学相长；学风为学以致用，乐思会玩。

2. 课程体系的构建及实施策略

（1）课程体系

课程总目标即通过课程实施，促进幼儿健康水平以及情感、态度、认知能力各方面的发展，培养有容、有爱、有德、快乐幸福成长的幼儿。

具体目标包括：

①懂礼——丰富生活体验，习得礼仪习惯；

②自信——敢于大胆尝试，喜欢表达表现；

③求知——乐于操作探索，积极想象思考；

④善思——善于观察思考，喜欢动手动脑。

“容爱课程”主要围绕“塑造礼仪行为”“适应社会生活”“积极求知思考”“善于表达爱的情感”“提升审美素养”“培养学习品质”六大目标，通过一日活动实施途径，旨在促进幼儿全面和谐发展，培养“有容、有爱、有德、快乐幸福成长的幼儿”。六个方面的目标相互依存、相互影响、相互作用，是密不可分的整体。

（2）课程结构

①基础课程：二商幼的课程设置以《幼儿园教育指导纲要》和《3—6岁儿童学习与发展指南》为基础和指导，遵循幼儿身心发展和教育规律，坚持以游戏为幼儿最基本的活动的宗旨，开设全方位容纳健康、语言、社会、科学、艺术五大领域在内的幼儿园领域课程，使课程内容有机融合；在日常的教育活动中积极营造教育的氛围，实现幼儿的一日生活皆课程，从而促进幼儿各方面健康和谐发展。

②地方课程：以地方课程“醒目仔识广府事”为指导依据，充分开发和利用本土化的课程资源，让本土化教育资源走进幼儿园园本课程，让幼儿更了解西关文化，使其萌发爱祖国、爱家乡的情感。

③特色课程包括：帮助幼儿初步建立服务社会的意识的“容之情”课程；注重发展幼儿创造力的“创之乐”课程；承传传统文化的“节之美”课程。

（3）实践策略

课程内容回归生活，服务儿童成长。以小、中、大班层级递进的主题活动素材，贯穿“容爱宝宝”的培养目标。分别实施主题教育教学、自选游戏活动、两小时户外自主游戏、一小时体育游戏的户外自主活动，全面培养幼儿多方面素质。

整合家、园、社区资源，传承传统节日文化。从发掘家庭、社区资源着手，结合现代教育理念，进行创新性民俗传统节日教育模式的探讨与实践，思考家庭及社区资源对开展民俗传统节日的重要意义，努力建设幼儿园与家庭、社区三位一体的早期教育共同体。

“课程游戏化”重构课程游戏空间。课程游戏化即让幼儿园课程更加适合幼儿，更生动、丰富、有趣。因为幼儿的内心是游戏的，幼儿的心灵有游戏的种子，幼儿的内心更贴近游戏。

二商幼尝试以主题为背景，以关键经验为线索，探索三个层次的融合途径——宏观上区域活动与主题融合（在主题背景下），纵观上区域活动、集体活动、生活活动相融合，微观上班级区域相融合，拟定八大实施策略，为幼儿提供艺术创作、情景表演、角色体验、建构设计、阅读悦乐、区域游戏、科学探究、安全体验的实践机会，丰富多样的活动学习，有效地促进幼儿的发展。

3. 科研的保障及课程评价系统

扎实开展教学研究，切实形成课程保障。二商幼构建了适于幼儿园实际的园本教研平台（图 9-5），形成了以园长为首的层级管理的项目负责管理模式；以实际教学问题研讨为基础的行动研究教学模式；发挥教师能动性的、研以致用的级组主题教研模式；充分整合家、园、社区资源的节日策划教研模式。

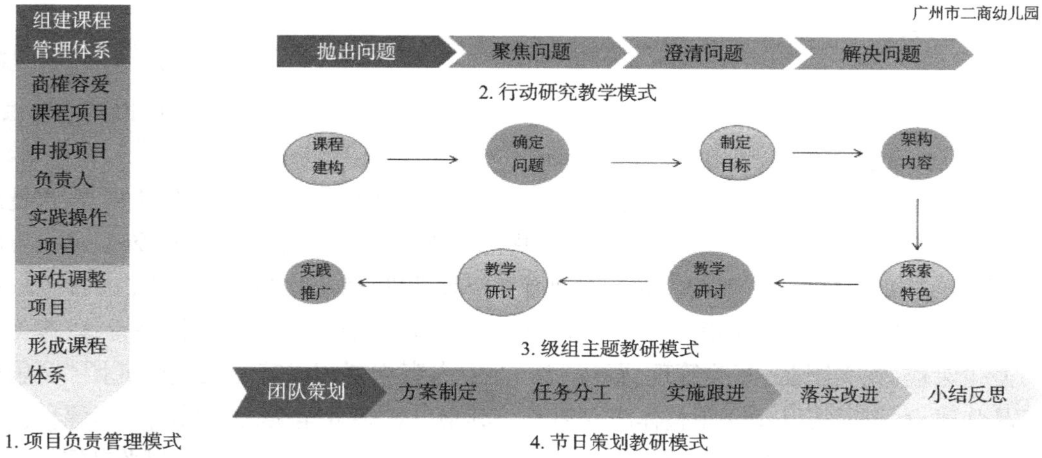

图 9-5 园本教研平台

建构“容爱”评价系统。建立了立体化评价体系，成立以评价手册、档案、操作活动、幼儿学习故事、家长反馈等为载体的容爱银行，通过自我评价、同伴评价、教师评价、家长评价四部分的结合对孩子进行客观、全面的成长评价。通过评价，我们能了解幼儿的需求，发现幼儿的特点，帮助幼儿富有个性的发展，并以此作为下一轮主题课程实施调整的参考依据，最终实现幼儿全面和谐的发展。

（撰稿：广州市二商幼儿园 冯雪薇 黎文辉 郑义君）

四、“美趣课程”体系建构和实施

【专家导读与点评】

课程是反映一所幼儿园教育理念、发展过程和独特气质的最重要载体。芳村儿童福利会幼儿园的课程体系建设之路完整映射了幼儿园的发展历史，充分展现了幼儿园特色活动—特色项目—独立特色课程—园本课程体系的发展过程。应该说，这是一条符合幼儿园课程建设规律之途。

“美趣课程”完全基于儿童的需求和发展，以“塑造健康行为”“适应社会生活”“积极探索环境”“善于表达交流”“感知美好事物”“培养学习品质”六大维度来构建，课程的内容由基础课程、特色课程和兴趣课程三大部分组成，对课程的评价也考虑到幼儿的发展、教师的发展以及课程实施过程的表现。从目标到内容，从实施到评价，基本考虑到课程建构和实施的各个要素和各个环节。

但目前来看，“美趣课程”还停留在理论构建的阶段，还没有结合园所实际形成系统的操作体系和操作策略、具体内容，还需要不断深化和丰富。此外，在课程内容的分类逻辑、具体内容和具体命名方面都还需要完善，如特色课程和兴趣课程的本质区别并不清晰，三类课程之间的关系也不明确。

（撰稿：易凌云）

【幼儿园简介】

幼儿园建于 1993 年，先后被评为广东省首批省一级幼儿园、广东省绿色幼儿园、首批广州市示范性幼儿园、广州市百家家长学校、广州市规范化园、广州市安全文明校园、广州市健康幼儿园、广州市依法治校学校。幼儿园现有 9 个教学班，幼儿数 290 人，教职工 53 人。在“美乐教育”幼儿园基础文化理念引领下，秉承“为了幼儿的健康成长”办园宗旨，以秀美环境、美趣课程、和美团队、淳美管理、贤美家园五个内容相辅相成着力推进幼儿园“美乐教育”品牌建设、全面提升幼儿园整体教育质量。其中，以“多元至美，趣在其中”为课程核心理念，坚持幼儿园“美趣课程”建设，致力于培养“有教养有气质、健康快乐、阳光自信的花样儿童”，实现幼儿健康成长的教育愿景。

1. 诠释“美趣课程”核心理念

“多元至美，趣在其中”是“美趣课程”实施的核心理念。

“多元至美”是指以幼儿发展为本，亲近自然，接近社会，为幼儿的生活、学习、游戏等活动提供多元的切入点、多样化的内容和方式，让幼儿在幼儿园的一日活动中享有充分发现美、追求美、创造美的时间和空间，实现幼儿全面、至美、健康成长。

“美趣课程”的美：其一在于课程内容的选择，包括充满魅力的古诗和歌曲、有趣的成语（寓言）故事、优秀的传统文化等，给予幼儿以“真、善、美”的体验；其二在于课程目标的定位，突出审美情感培养，给幼儿真善美的心灵陶冶，为幼儿人格的完善与精神成长铺就坚实的文化基础，为他们的人生画卷涂上一层美丽的底色。

“趣在其中”中“趣”有主动获得之意，有快乐、分享的味道。“趣在其中”是指幼儿园积极创设自然、开放、丰富、有趣的课程环境，教师有儿童立场，体现“玩中学”的理念，关注幼儿的生活经验，解读幼儿兴趣与身心需求，加强各类活动的游戏性、趣味性，让幼儿在自主、快乐、分享的环境中获得主动发展。

“美趣课程”的趣：其一在于活动中幼儿自主性的体现，教师要处理好主题活动中教师预设与幼儿生成的关系，树立正确的教育观，充分尊重幼儿、相信幼儿；其二，在于活动组织的过程，教学活动要的是游戏精神而不仅仅是游戏形式。

2. 美趣课程的目标和内容

“美趣课程”主要围绕“塑造健康行为”“适应社会生活”“积极探索环境”“善于表达交流”“感知美好事物”“培养学习品质”六大目标，通过一日活动实施途径，旨在促进幼儿健康及身体发展、社会性与情绪发展、语言和认知发展，培养“有教养有气质、健康快乐、阳光自信的花样儿童”。六个方面的目标相互依存、相互影响、相互作用，是密不可分的整体。

课程内容如图 9-6 所示。

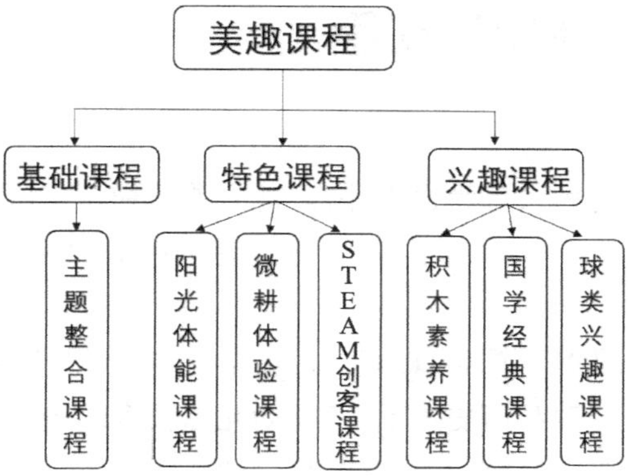

图 9-6　课程内容

3. 美趣课程实施效果评价

课程实施效果的评价包括幼儿发展的评价、教师发展的评价和课程实施过程的评价。

幼儿发展评价。以幼儿成长档案为载体，教师运用学习故事、教育轶事、观察记录等方式客观地记录和描述幼儿有意义的表现，收集分析幼儿不同活动、不同时期的作品，了解幼儿的兴趣、学习特点、学习进程与成长轨迹，及时为幼儿提供学习改进与完善的机会。学期末以抽样形式对幼儿进行水平发展测查，根据需要，有侧重地选取内容、选用多种评价方法，对评价所获得的信息进行综合考虑，全面地评价幼儿各方面的发展。

教师发展评价。以教师成长档案为载体，通过教师自评（自评表、案例反思）、他评（观摩活动、教学研讨、考核等），助力教师对课程实施的把握和专业成长。目前我们依据“一日活动组织评价表”对班级一日活动进行评价。

课程实施过程评价。由幼儿园管理人员、教师、家长以及有关专家一起参与课程实施过程评价工作。管理层组织相关人员定期对幼儿园施行的课程进行分析评估，针对问题寻找改进对策。鼓励教师、教研组在日常反思的基础上，诊断、发现幼儿园课程设置与实施中的不足，及时反馈调整。同时，注重收集来自家长的信息，并请有关专家对课程实施后的实际效果进行评估，使幼儿园课程日臻完善，形成课程不断革新和更新的机制。

在使用评价指标评估幼儿发展和幼儿园课程时，我们将幼儿园课程部分的评价与幼儿发展部分的评价有机结合。通过持续观察、访谈、检视作品和阅读资料等，综合教师、保育员、家长的意见，全面了解幼儿发展情况，检视幼儿园课程实施的成效，并不断进行自我改进和完善。同时，根据幼儿发展的实际需要，提供合适的课程支持。在课程实施过程中，我们设计了"课程实施反馈意见表""听课者观察记录表"，通过对课程实施的指导与检查，将课程实施的情况及时反馈上来，有助于课程编制的完善及提高实施指导的实效性。

（撰稿：广州市荔湾区芳村儿童福利会幼儿园　袁卫红）

五、源乐课程的建构与实施

【专家导读与点评】

桃源幼儿园的整个课程体系分为通识课程、地方课程和园本课程三个部分，是幼儿园课程常见的结构方式和分类维度，在理论上较为容易理解和接受，在实践中也容易操作和执行。

园本课程中的"崇礼课程""乐创课程"和"场景化课程"都是基于幼儿的实际需求，结合幼儿园所在地域的文化资源和历史传承，遵循幼儿园教育的规律等建构而成的，具有很强的园本特色。园本课程的丰富内容、实施方式符合幼儿年龄特点且多样化，特别注重幼儿的亲身探究和活动的游戏化开展。这些课程的实施成效也非常显著。

但目前幼儿园的整体课程体系还不够全面、完整和自成体系。作为基础课程的"通识课程"、作为地方课程的"文溪雅荷课程"和"醒目课程"、作为园本课程的"源乐课程"之间的关系更像是简单的拼盘，而没有建立有机的内在联系，在课程目标和内容等方面没有形成互补。从一定程度上来说，我们只是看到了园本特色课程的详细建构。

（撰稿：易凌云）

【幼儿园简介】

幼儿园成立于1952年，先后被评为"广东省绿色幼儿园""广州市优秀家长学校""广州市再生资源幼儿教育示范单位""广州市健康学校"。幼儿园整体文化建设呈现生态化、童趣化的特点，立志办成一所有教育使命、有文化内涵、特色显著的幼儿园。近年来，幼儿园在"以爱为源，以德为先；润德崇礼，好思乐创"的办园理念的引领下，以广州市教育研究院"文溪雅荷课程"理念为指引，依托优秀而独特的区域文化资源，与区"醒目课程"内容相融合，不断深化园本课程的开发与实施。以"立德雅行，乐思乐创"为课程理念，构建源乐特色课程，不断深化"和、乐、正、美"的园风建设，进一步提升幼儿园的办学水平。

1. 课程理念与目标

源乐课程（图 9-7）的理念是“立德雅行，好思乐创”。“立德雅行”是指知礼文明、举止文雅、情趣高雅、完美规范，启迪幼儿爱国之心、善良之心、责任之心、感恩之心。“好思乐创”是指表达积极、乐观、向上的学习状态，强调幼儿的思考能力、动手能力与创新能力的培养。课程整体目标是促进幼儿健康水平以及情感、态度、认知能力各方面的发展，培养幼儿成为爱生命、懂礼仪、勤思考、乐创新的儿童。具体目标表现在如下方面。

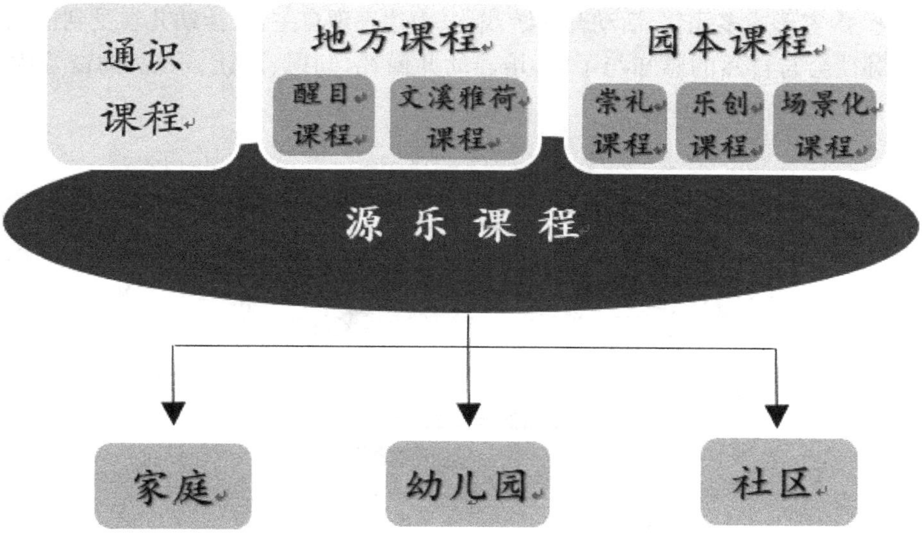

图 9-7　源乐课程

①体健——积极参与锻炼，增强胆识体魄。
②懂礼——丰富生活体验，习得礼仪习惯。
③乐群——乐于合作分享，体验集体力量。
④好思——乐于操作探索，积极想象思考。
⑤乐创——发现自然之美，乐于思考创造。
⑥感恩——热爱身边之物，心怀崇敬感恩。
⑦自信——敢于大胆尝试，喜欢表达表现。

2. 课程结构与内容

桃源幼儿园课程设置以《幼儿园教育指导纲要》和《3—6 岁儿童学习与发展指南》为依据和指导，科学实现幼儿园课程目标，体现课程内涵，着力特色课程建设，以此促进幼儿健康和谐发展。

3. 课程实施与评价

(1)“崇礼课程”的实施

在《幼儿园教育指导纲要》《3—6岁儿童学习与发展指南》引领下，“崇礼课程”的实施以已有的德育研究成果为基础，通过挖掘独有的西关本土优秀历史文化资源，以“一日生活皆课程”的大课程观为依据，以礼仪教育为切入口，以园本特色活动为载体，合理开发社区与家庭资源，强调游戏、学习、运动、生活的融合性管理，提出五化——课程创设本土化、环境创设生活化、内容形式多元化、活动开展游戏化、表达表现自主化，让幼儿在受到情感陶冶的同时增强对社会与自然的感知与了解，培养幼儿懂礼、知恩、谦让、乐观、勤奋等优秀品质（图9-8）。

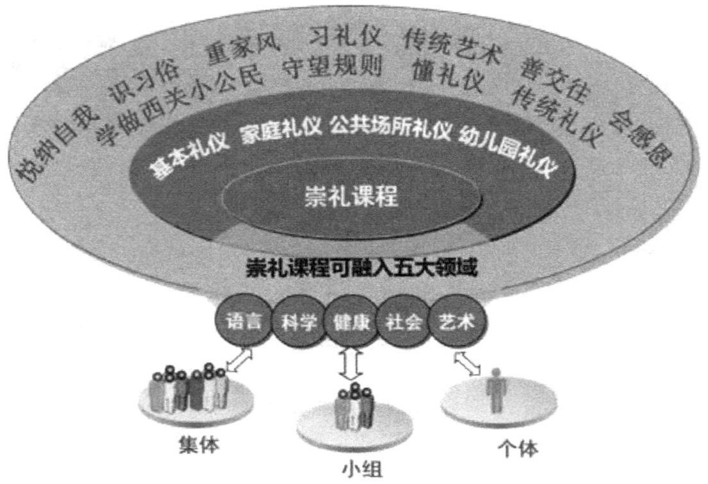

图9-8　崇礼课程

(2)“乐创课程”的实施

“乐创课程”的实施以发展幼儿创造力为根本出发点，营造丰富多彩的自主活动环境，充分发挥自主活动的教育价值，不断激活自主活动的学习魅力，支持幼儿积极思考、主动学习，培养幼儿勤思考、能坚持、肯动手、会合作。

“乐创课程”以双思维协同发展为线索、以启迪三心六力为框架，以四要素为实践载体（图9-9）。

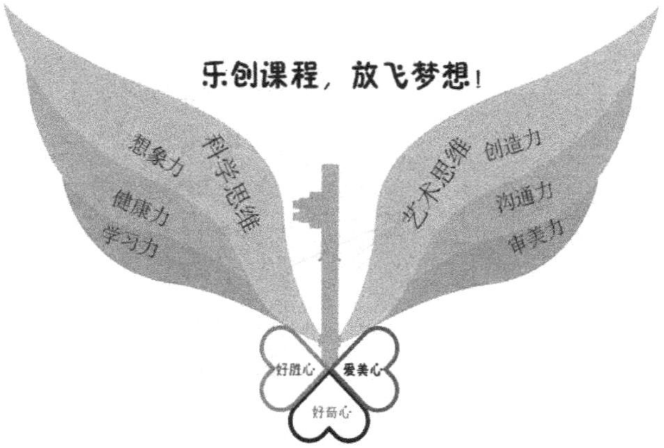

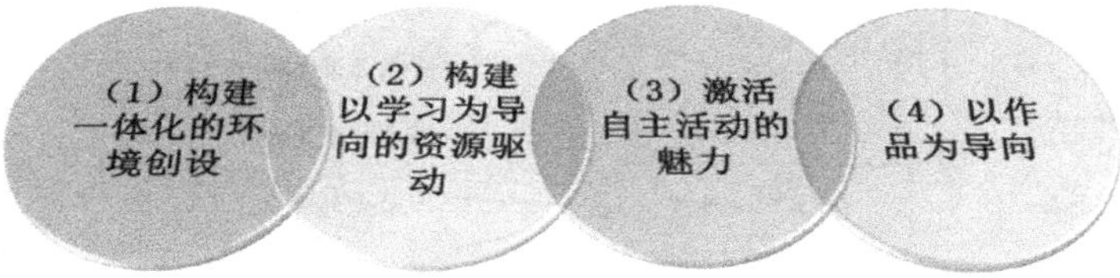

图 9-9　乐创课程

（3）“场景化课程”的实施

“场景化课程”依托优秀而独特的区域文化资源，筛选出最具典型性的、最有代表性的、能为幼儿所接受的内容加以整合，以场景化创设为支撑，整合语言、科学、健康、社会、艺术五大领域内容，多角度、多形式把教育内容贯穿于日常生活各个环节中（图 9-10）。

设定主题活动实施路径的四个环节：走进博物馆，发现和生成探究点——重构场景；探究与体验——运用经验；创作与表现——回顾与反思；构建新经验。

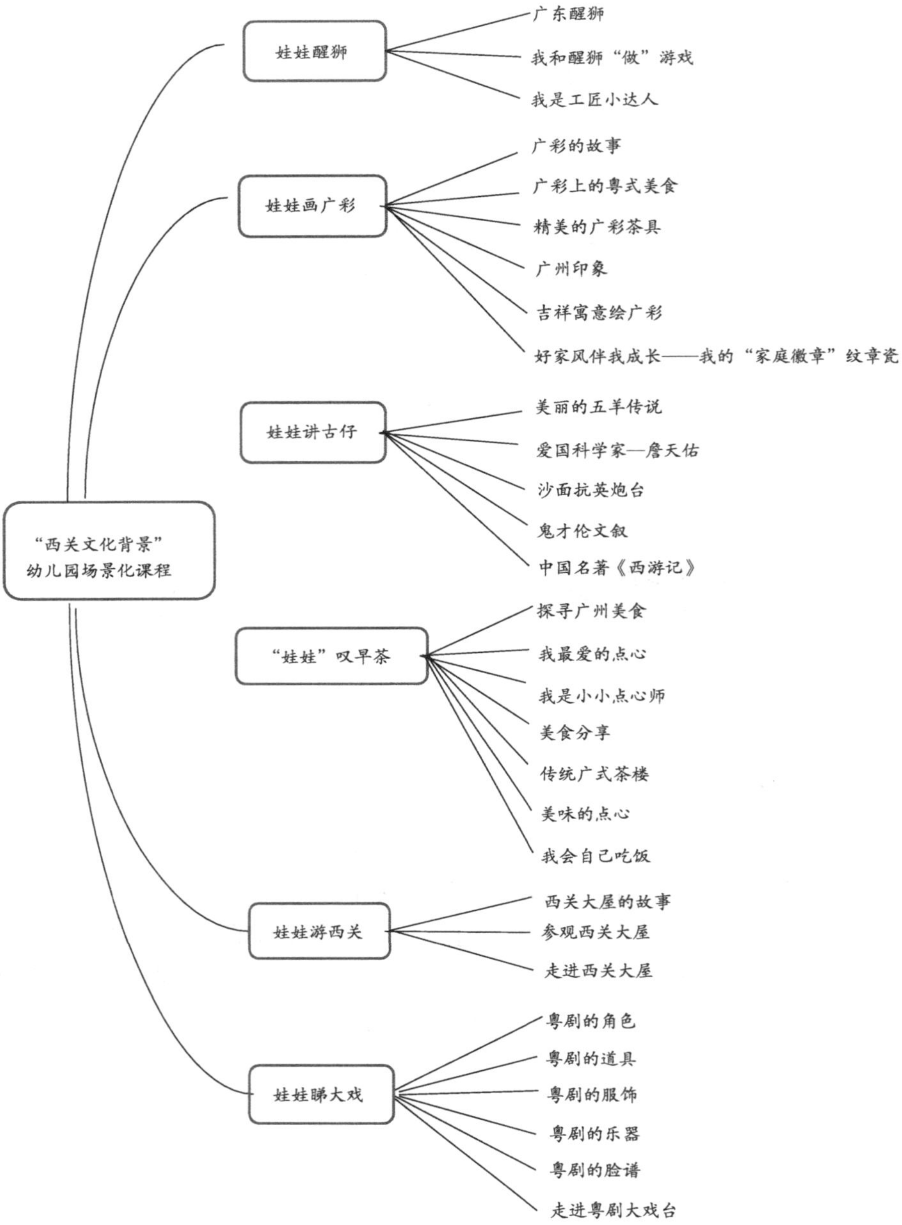

图 9-10　场景化课程

（撰稿：广州市荔湾区桃源幼儿园　李宏　陈丽媚）

六、“和芳园”办学文化整体建构

【专家导读与点评】

芳村幼儿园以幼儿发展为中心，以促进幼儿全面个性成长为目标，提炼了“和芳教育”

理念，构建了“和芳课程”，打造了“和芳园”品牌。“和芳教育”遵循行为主义的原则，强调教育与生活的联系性、教育与经验的同一性、教育与生长的互成性。

“和芳课程”在理念上重视全面、全程、全员、全方位，在时间中以主题为线索，以幼儿为中心，以经验为基础，以生活活动、体育活动、自主游戏、学习活动为形式，交互交织交融呈现于幼儿一日生活之中。基础课程、地方课程和特色课程的课程整体结构比较清晰也便于实践操作。在课程主题和内容的设计上，也能够结合语言、科学、健康、社会、艺术五大领域的核心经验来建构，并充分运用了幼儿园所处地域的丰富资源，课程内容既有鲜明特色又有丰富的教育价值。此外，指向内生机制的课程评价也呼应了“和芳教育”理念倡导的儿童性和主体性。

“和芳教育”理念的实现除课程这一载体之外还需要更多的教育要素共同完成。因此，芳村幼儿园需要对幼儿园的环境、文化、师资、管理、家园共育等方面进行进一步的设计和明晰。

（撰稿：易凌云）

【幼儿园简介】

幼儿园创办于 1955 年，是全日制公办园，广东省一级幼儿园。幼儿园目前有 11 个教学班，共有幼儿 349 名，教职工 62 人，人员配备充足，师幼比为 1∶5.6。基于“以美立园、育人以美”的办园宗旨，在探索艺术特色教育的基础上，有序地推进“灵动教育”特色品牌打造的工作。幼儿园五年发展目标为培和正之根、育和善之人、融和芳之气、达和悦之美。从育人环境、育人能力、育人关系三方面进行了“和芳园”整体发展规划，整合家庭、幼儿园、社区三方资源，带动幼儿园办园质量的整体提升，实现特色品牌幼儿园建设的目标。

1. 基于整体性建构的理念体系

“和芳园”理论在教育理念上，遵循杜威提出的“教育即生长、教育即生活、教育即经验”的思想；在教育内容上，遵循陶行知的生活教育理论；在教育方法上，遵循陈鹤琴活教育理论，重视“做中教，做中学，做中求进步”。和芳园的三性价值取向包括以下几点。

一是“和之性”：从育人环境、育人能力、育人主体三方面进行园所改造、教师发展、家园协同，实现环境之“芳”（即幼儿生长的花园）、发展之“芳”（即教师发展的乐园）、交往之“芳”（父母成长的家园），形成多环节整合、多领域融合、多主体契合的育人体系。

二是“儿童性”：每一个儿童——指每一个儿童获得的机会是均等的，是符合他（她）们这个年龄段身心发展规律并兼顾不同经验水平的；不同的儿童——尊重儿童与生俱来的诸多差异，注重环境及教育的影响给儿童带来的适宜发展；未来的儿童——谋求为儿童的未来发展、终身发展奠基的教育，即建立在儿童自身经验基础上的情感、认知、能力、社会性的建构和全面、和谐、健康的发展。

三是“综合性”：“和芳园”课程是全面的、全程的、全员的、全方位的。以主题为线索，以幼儿为中心，以经验为基础，以生活活动、体育活动、自主游戏、学习活动为形式，交互交织交融呈现于幼儿一日生活之中。

2. 基于整体性实施的“和芳课程”体系

（1）基础课程：基于生活活动

结合课程的基础性、启蒙性、全面性、生活性、整合性特点，“和芳课程”以主题为线索，结合幼儿的生活，结合幼儿已有的直接经验，组织实施主题活动课程，并以幼儿园一日活动中的四类活动形式即生活活动、体育活动、自主游戏和学习活动，组织实施。通过这些课程的实施，促进幼儿艺术素养以及情感、态度、认知能力等各方面的发展，逐渐形成健康、高雅的审美情趣，使之成为生气勃勃、主动发展、头脑灵活、身心和谐、具有初步责任感的儿童。基础课程占整体课程的 60%，如“好玩的玩具”“动物乐园”“粮食的秘密”（图 9-11）。

- 基础课程
  - 主题课程
  - 幼儿一日生活课程
  - 亲子课程

图 9-11　基础课程

（2）地方课程：基于地方教育行政部门课程资源

遵循国家教育方针、教育思想和课程观念，充分利用地方课程资源，选择广州市市本“文溪雅荷课程”和荔湾区区本“醒目课程”作为园本课程的资源，纳入课程体系。地方课程占整体课程的 10%（图 9-12）。

- 地方课程
  - 区本课程 — 醒目课程：粤语乐、扮靓靓、过大节、砌大屋、食滋味、好意头（岭南本土文化课程）
  - 市本课程 — 文溪雅荷课程：广州塔玩起来、话说龙舟、会变的“云吞面”、当陶泥遇上美食

图 9-12　地方课程

（3）特色课程：基于乡土、园本资源

芳村幼儿园以基础课程、地方课程为基础，进一步开发灵趣花园、花城寻觅、五莳花园等特色课程，其中灵趣花园包括一期一会和不期而遇；花城寻觅包括踏花香、走农田、进农场、探秘境、亲文化五个部分；五莳花园包括悦读、识花、喜木、乐耕、和味五个部分。以课程为载体达到“育和善之人”的目标。特色课程占整体课程30%（图9-13）。

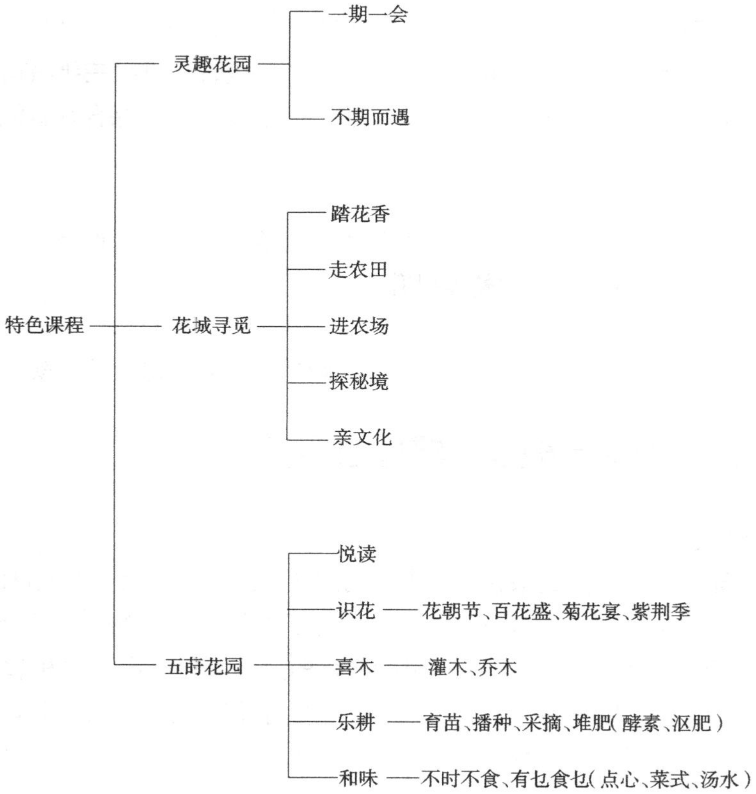

图9-13　特色课程

3. 指向儿童内生机制的多元评价体系

（1）幼儿发展角度的课程评价

从幼儿对课程内容与活动的参与频率、兴趣程度、主动性等，评价课程对幼儿发展需要的适宜性；从幼儿自选游戏区域、自选材料、自选玩伴、自定游戏规则中，评价课程对幼儿自主发展的有效性；从幼儿身体发育与动作的协调，社会交往与情感体验，认知能力发展与整合，语言理解与表达能力，欣赏自然之美与能以自己独特的方式呈现美等，评价课程在五大领域幼儿成长中的过程性。

（2）家园共育角度的课程评价

从家长对幼儿园课程的认识与合理建议，家长参与幼儿活动，融入角色，家长在参与互动时能记录互动过程，悦赏孩子、幼儿园以及班级的成果等，评价课程的认同度、支持度。

（3）教师发展角度的课程评价

从教师对活动目标的制定、活动内容的筛选、活动方案的设计等，评价课程方向的把控情况，提高教师对课程的整体认识；从区域设置、材料投放、环境打造等，评价课程的推进、落实的状态，提高教师对课程环境的创设能力；从建立园—级长—班级三级教研模式，评价课程在将先进教育理念转化为教育实践行为方面的有效性，提升教师综合教育能力。

（4）社会公众角度的课程评价

从社会对幼儿园的认同度和幼儿园的社会声誉、社会口碑，评价课程设置、课程实施、课程效果等，以达到幼儿园办园质量的整体提升。

（撰稿：广州市荔湾区芳村幼儿园　谢晓云）

七、基于顶层设计思考“融乐教育”

【专家导读与点评】

幼儿园文化建设的最重要成果就是提出明确的幼儿园教育理念。上九路幼儿园遵循尊重历史、基于实践、自上而下、具体可行等原则，构建了“融乐教育”的文化品牌，也形成了自身的园所文化特色。并且，从幼儿园构建园所文化的过程可以看出，“融乐教育”逐步形成的过程同时也是幼儿园不断挖掘、检视、反思和改进自身保教实践活动的过程。

“融乐教育”基本已经形成明确的教育理念体系和系统的实践操作体系。“融”“乐”“美”是对其根本理念的具体诠释，“融爱、尚美、乐思、善创的儿童”是对其明确的培养目标的表述。基于这样的理念体系，构建了实践体系，包括“融乐”温暖的心理氛围、“融美”优雅的校园环境、“融畅”民主的园所管理、“融结”专业的师资团队、“融乐美”的课程体系等。

当然，“融乐教育”还需要不断丰富和完善。一是在理念上更为清晰和深入地解读“融乐教育”的内涵与特点等，二是在实践中需要对环境、管理、师资，特别是课程等“融乐教育”的实施载体进行具体设计，结合幼儿园的实际进一步充实具体内容与活动，只有这样才能将“融乐教育”真正落实落地落细。

（撰稿：易凌云）

【幼儿园简介】

幼儿园建于 1986 年，是广州市规范化幼儿园、广州市健康幼儿园、广州市第二批艺术重点基地、岭南童谣传诵优秀校园。办园三十多年以来，坚持把发展作为主题，全方位打造育人平台，确立“融乐美”为办园理念，以“融美生活、融乐游戏、融情家园”为教育理念，以培养“融爱、尚美、乐思、善创”的幼儿为目标，从文化、环境、管理、团队、课程及幼儿发展等方面构筑“融乐教育”特色发展框架。多年来，幼儿园不断探索艺术教育发展道路，园本艺术教育特别是精品合唱教育已经成为幼儿园的名片，园本艺术教育成果被业内同行广泛认可，具有一定的社会影响力。

上九路幼儿园从三个方面对幼儿园“融乐教育”品牌建设的顶层设计进行思考与梳理：一是清理“地基”，即对幼儿园发展，尤其是办园历史、特色课程发展的文化之根和现实基础进行全面梳理；二是定位“顶层”，即对幼儿园的育人目标和教育理念进行准确定位；三是进行“整合”，即对幼儿园文化建设的各个层次环节、方面和要素进行统筹规划。

1. 挖掘融乐历史文化底蕴

进行园本文化建设首先就要重新审视办园历史与教育实践，只有明晰其中蕴含的文化要素，方能更好指导实践。上九路幼儿园建于 1986 年，建于国家经济繁荣发展时代，历经融合的办学阶段，不断探索艺术融美教育，渐而形成“融乐教育”品牌雏形，幼儿园的发展离不开“融”“乐”“美”。“融”有融化、调和、和谐、融会贯通、其乐融融的意思，“融”作为动词还可以与多个形容词进行组合，组成动宾结构；“乐”即快乐、欢乐的意思，表达了积极的发展势态与方向；“美”意为和美、美好，同时也能代表上九路幼儿园艺术教育特色。幼儿园将“融”“乐”“美”作为“融乐教育”的关键词，并由此进一步挖掘幼儿园教育顶层理念。

2. 定位融乐教育理念目标

（1）幼儿园的教育理念

教育理念包括融美生活、融乐游戏、融情家园。融美生活倡导幼儿教育应该与生活联系，教育内容从生活而来，让孩子在生活中发现美、理解美、追求美，让美的精神融入生活，教育方式生活化，教育的最终目的是让幼儿更美好地生活。融乐游戏倡导幼儿教育以游戏化的形式进行，珍视幼儿在游戏中积极快乐的情感体验。融情家园倡导家园合作，从“小家”走向“大家”，最终构建家园、社区一体化的教育模式。

（2）幼儿园的培养目标

“融乐教育”要培养“融爱、尚美、乐思、善创的儿童”，符合国家对幼儿在语言、科学、健康、社会、艺术五大领域的发展要求，同时凸显了上九路幼儿园艺术教育育人特色，具体概念如表 9-1 所示。

表 9-1　艺术教育育人特色

融爱	爱自我　爱他人　爱祖国
尚美	发现美　欣赏美　创造美
乐思	爱提问　会质疑　乐思考
善创	敢尝试　会实践　乐创造

3. 构建园所发展动力机制

探索环境、团队、课程等多种促进教育的动力要素，并思考如何利用这些要素形成动力机制推动“融乐教育”不断发展，具体内容如表 9-2 所示。

表 9-2　融乐教育动力机制表

融乐教育	融乐文化（引领）	融洽温暖、和谐自然的氛围
	融美环境（熏陶）	舒适有趣、唯美优雅的校园文化环境
	融畅管理（保障）	民主管理人性化、层级管理制度化、结队互助常态化
	融结团队（支撑）	专业的师资团队课程、合力的家长团队课程
	融乐美课程（载体）	基础之“融”教育、地方之“乐”教育、特色之“美”教育

（1）“融乐教育”引领——融乐文化

“融乐教育”的灵魂是融乐文化，为此，幼儿园设计了园徽（中间部分的舞动音符体现融然的旋律，乐然的和声，运用了渐变的暖色调，体现融洽温暖、和谐自然的氛围）、创作了园歌《音乐花园我的家》，让幼儿园幼儿、教师、家长沐浴在文化中，认可幼儿园的理念，下一步将对幼儿园的园服进行个性化设计。

（2）“融乐教育”熏陶——融美环境

童趣展馆、童画走廊、沙乐天地、自然乐园组成了幼儿园环境，囊括了音乐沙龙区、角色游戏活动室、美劳工坊、科学馆等功能室，包含班级沙盘、沙水乐园、沙盘游戏和心理绘画的爱心治疗室组成的沙乐天地等欢乐角落；更有班级自然角、户外幽幽竹林、瓜果飘香的秋之硕种植园等自然乐园，童画走廊缤纷涂鸦世界、色彩斑斓艺术天地以及特色舞台等。

（3）“融乐教育”保障——融畅管理

通过三大手段促进幼儿园管理的融畅和融通。一是层级化管理制度化，落实园长负责制，实行层级管理。二是民主化管理人性化，确保教职工的知情权、监督权。三是结队互助常态化，推行党群结队、干群结队、师徒结队。

（4）“融乐教育”支撑——融结团队

构建教师培训课程及家长培训课程，其中教师培训课程包含思政培训课程和业务培训课程，家长培训课程以专题讲座、亲子活动、幼儿园开放日、家长助教日以及志愿服务工作的方式开展。培训能让教师与家长达成教育的共识，增强家园共育的合力。

（5）“融乐教育”载体——融乐美课程

课程模块按照国家课程、地方课程、特色课程的三级理念分为三大内容，包括基础之“融”教育、地方之“乐”教育、特色之“美”教育，课程内容与“融乐教育”的培养目标是一一对应的。

基础之“融”教育，强调以五大领域课程让幼儿达到身心健全发展的要求，主要凸显幼儿与自我发展层面健康愉悦、好学乐创的目标，以四季为主线、为主题开展“融”教育。

地方之“乐”教育，结合作为广州市“文溪雅荷”第一批实验幼儿园课程的实践以及“醒目仔识广府事”荔湾区地方文化课程的实践，选取适合本园开展的活动内容，以实践活动的形式开展一系列“乐”活动，让幼儿“乐”在其中，并从中体验和感受岭南文化的趣味，认同本土文化。

特色之“美”教育，强调通过园本艺术课程的学习培养幼儿对美的认识与欣赏、表达与创造，主要凸显幼儿与自然发展层面关爱自然、尚美乐赏的目标。当前“美”课程的主要内容为合唱教育课程，我们将在工作中不断丰富该板块的课程内容，打造更完善的园本艺术特色课程。

（撰稿：广州市荔湾区上下九路幼儿园　李文玲）

八、“贤品教育”建设与探索

【专家导读与点评】

梁家祠幼儿园的“贤品教育”理念是基于幼儿园所在地域的文化资源、幼儿的成长需要与家长的诉求而创设的。“贤品教育”有完整的理念体系，从育人目标的确立，到园本课程的构建，再到校园文化的打造、师资队伍的建设、家园共育的完善等各个方面都围绕“贵行尚品，文化育人”的核心而进行。这充分体现了对儿童发展的关注和将理念一以贯之地渗透在幼儿园保教工作的各个方面的工作策略，从整体上也能较好地实现贤品教育的特质。

难能可贵的是，幼儿园创设的教育之“贤品”体现在“师之贤”“生之贤”和“家长之贤”的综合上，这是家园协同共育在幼儿园教育理念方面的深度体现。当然，任何教育理念的实践化和教育品牌的真正落地都需要一个长期的过程，并且需要在动态调整中不断完善，贤品课程如何提升质量，真正实现“贤品教育”的目标和体现“贤品教育”的内涵还需要进一步深入探索。

（撰稿：易凌云）

【幼儿园简介】

梁家祠幼儿园创办于 1958 年，广州市一级幼儿园。命名源于建园之处的祠堂“梁家祠”，梁家祠坐落在美丽的荔湾区，“一湾溪水绿，两岸荔枝红”。幼儿园毗邻美丽的荔枝湾，沐浴在西关文化中，承载着丰厚的历史文化记忆。这里有着许多名人生活的足迹。幼儿园创立了“贤品教育”品牌，提出“贵行尚品，文化育人”的办园理念，在“尚德尚学，求真求美”园训的感召下，形成了“善思善行，乐学乐为”的园风，以培养“一生好体魄，一生好品格，一生爱学习，一生爱艺术”的幼儿为目标，以岭南文化为蓝本，充分挖掘本土文化优势，探索、建构了具有岭南本土文化教育特色的园本课程实施体系。通过传统武术、童谣同唱、画广彩、学广绣、过民间节日、玩民间游戏等特色活动，让本土文化真正走进幼儿的心中，不断丰富、充实“贤品教育”的品牌内涵，促幼儿园走上更优质的可持续发展之路。

1.“贤品教育”的内涵

“贤品教育”是一种榜样教育，也是一种人格教育，以美好的人格作为榜样，促进孩子全面而有个性的发展。《弟子规》言：“唯德学，唯才艺，不如人，当自砺。”于梁家祠幼儿园而言，“贤品”可表现在学品、德品和艺品三个方面。其中，学品，启行思之动力，养创造之根基，侧重于态度、智力；德品，立生命之根本，养雅正之德性，侧重于思想、品行；艺品，引情感之源泉，养艺术之神韵，侧重于情感、才艺。具体内涵如图 9-14 所示。

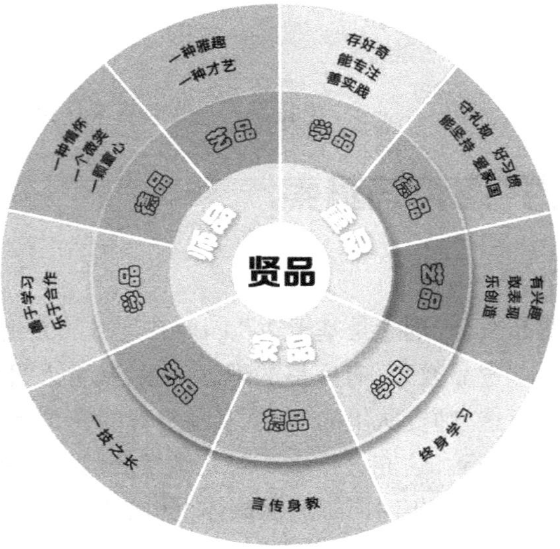

图 9-14 贤品教育的内涵

教师之贤品（师品）、儿童之贤品（童品）、家长之贤品（家品），共同组成了梁家祠幼儿园之贤品（园品）。

2.“贤品教育”的理念体系

“贤品教育”的理念体系如图 9-15 所示。

图 9-15　贤品教育的理念体系

3. 构建“贤品”园本课程

以《幼儿园教育指导纲要》和《3—6 岁儿童学习与发展指南》为指导，以江苏教育出版社出版的幼儿综合教育课程《主题活动》和南京师范大学出版社出版的“幼儿园渗透式领域课程”系列丛书为蓝本，结合幼儿的实际设置基础课程，占课程比例的 80%。基础课程包括一日生活课程等内容，在实施课程的过程中力求做到：以幼儿的需要和兴趣点生成主题，以游戏为幼儿的基本活动，将语言、科学、健康、社会、艺术五大领域目标与幼儿一日生活有效整合。

除基础课程，还包括特色课程，以开展本土资源探究为主。从幼儿的兴趣出发，创设“荔枝湾”园本特色课程，把西关文化有机融入幼儿发展的各个领域中，融入幼儿一日生活的各个环节，围绕“观乡景、寻乡俗、玩乡趣、听乡音、品乡味、察乡情”六大内容，在孩子与环境的互动中、在西关文化的浸润中、在家乡文化的品味中、在潜移默化的影响和熏陶中实现的课程价值（图 9-16）。

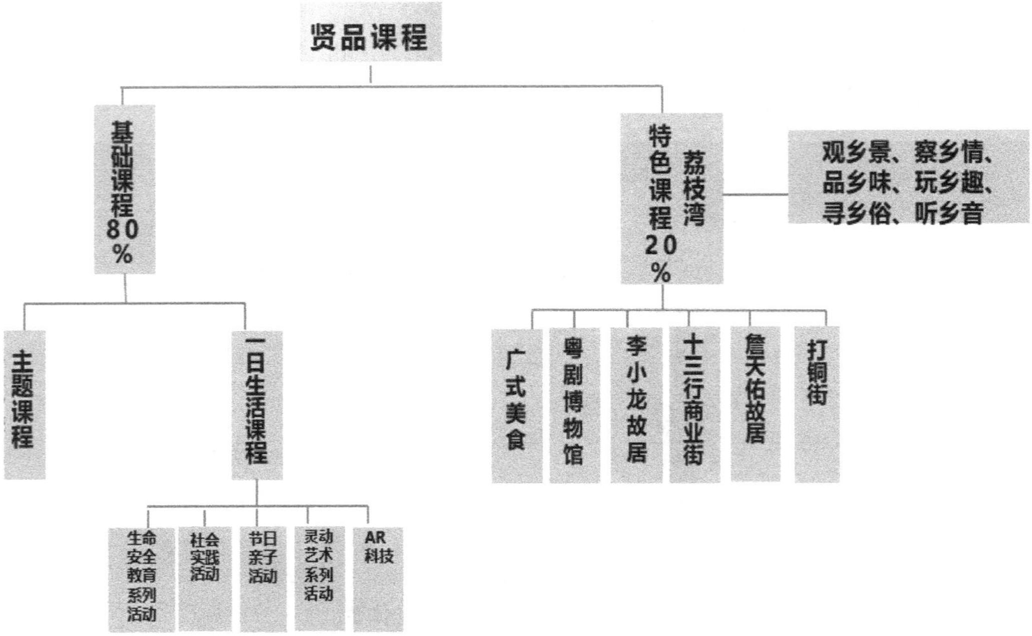

图 9-16　贤品课程体系

课程的实施路径多样化，渗透在集体活动、日常活动、环境创设、家园活动以及区域活动、自主游戏中。为了保证“贤品教育”园本课程的开发质量和有效实施，幼儿园吸纳园里的骨干教师成立园本课程中心，建立相应的课程开发保障机制，在人员、组织、经费、制度等方面给予保障。

课程的开展形成健全的体系，在环境和一日生活中渗透内容，在主题学习和专项教育活动中感知内容，在区域游戏和自主游戏中推进内容，在运动和家园合作中补充内容，在节日节庆中升华内容。同时，建立了多元评价体系，在课程中，注重课程组成员、教师、家长、幼儿、社会等多方评价主体，在一日生活中，对幼儿进行观察、记录、分析，建立档案，进行发展性评价；在每天的独立环节、单元活动、主题活动结束后，对活动目标、活动过程等进行回顾和反思，对积累的所有过程资料和反馈资料进行分析，形成总结性评价，保证课程不断完善。

（撰稿：广州市荔湾区梁家祠幼儿园　张洁　叶倩红　全娟）

九、“源之教育”整体建构

【专家导读及点评】

宁波市北仑区实验幼儿园建于 2014 年，是学前教育跨越式发展的产物，具有高规格、高起点，有特色、重体验的鲜明特点。北仑区实验幼儿园不仅园舍的设计和建筑体现了高质量和高标准，而且任用了经验丰富的园长，集结了优秀的教师队伍，这些基本条件都使幼儿园的发展站在了很高的起点上。

幼儿园建筑和环境设计的独特性源于对教育内涵与特色的思考,体现了儿童立场和儿童视角。幼儿园“五位一体”充满童趣的户外环境布局,既能让幼儿有野趣体验,又能开展传统游戏;既能让幼儿进行充满活力的自由探索,又有合作性活动的挑战。九大体验馆的设计体现了幼儿园对自主性体验课程的思考和实践,以及让幼儿在“游戏、体验”的适性课程中获得健康快乐成长的理念追求。

幼儿园对整体育人模式进行了思考和构建,以“源”为关键词,方向已经明确,框架初步建立,各教育要素的内涵与相互之间的关系还需深入研究和进一步探索,也期望北仑区实验幼儿园能够更加开放地利用园所资源,成为全区幼教发展和教师成长的资源体。

（撰稿:刘占兰）

【幼儿园简介】

北仑区实验幼儿园创办于 2014 年 9 月,隶属于北仑区教育局,是一所具有现代气息又充满童趣的童梦园。园所占地面积 15014 平方米,建筑面积 11888 平方米,拥有 27 个班级,在园幼儿人数达 780 余名,教职员工 120 名,专任教师 72 名,园内配备了一支由名园长、名教师、省优秀教师、市区教坛新秀、骨干教师引领的优秀保教队伍。2015 年,北仑区实验幼儿园参加了学校、幼儿园文化品牌建设推进行动,在中国教育科学研究院基础教育研究所学前教育专家指导下顶层架构了“源之教育”品牌特色,形成了悦趣环境、游戏课程、活力团队、同心家园、和美管理五大项目教育体系。2017 年,幼儿园成为中国新样态学校联盟首批实验园,在专家引领下尝试以课程项目为突破口,进一步推进品牌的落地并夯实完善整体建构。

1. 溯“本源”,再思“源之教育”之内涵

（1）“源”启于一段建筑与教育的对话

幼儿“个性之美”是绽放还是磨灭,取决于我们的育人模式和教育理念。在设计北仑区实验幼儿园 LOGO 标识的时候,我们选取了建筑中心那一处灵动的“源泉”,幻化出一位灵动的“水”娃娃,它明晰了北仑区实验幼儿园所要培育的儿童,即自然灵动、颇具个性的儿童。北仑区实验幼儿园所要倾力打造的幼儿园新样态,是帮助儿童“绽放个性之美”并使之“源启源长”,受益一生的育人新模式（图 9-17）。

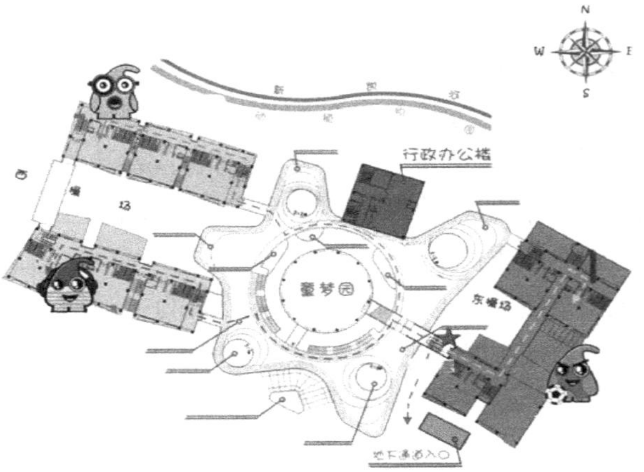

图 9-17　北仑区实验幼儿园

如何用好这一处蕴藏着绽放个性教育之梦的园所，我们进行了结构上的盘点，从空中的角度去理解建筑的布局，为在其中生活学习的孩子提供内外融合的多元体验环境。

“东南西北中”，体验户外活动的乐趣。在幼儿园建筑的周围串联出“五位一体”户外环境，架构了不同的体验主题——源自生活、护源传统、探源自然、活力运动、合作挑战，指向幼儿未来的幸福生活，有享受休闲的情趣、有传承民族的游戏、有探秘自然的兴趣、有活力运动的能力、有合作挑战的精神。

根据运动量的大小，我们将 5 个院落 18 个活动点引入了能量环的概念，橙色能量环更多指向中高强度的运动，蓝色能量环指向低强度的游戏。每位幼儿在一日中各轮转到一次以橙、蓝标识的户外活动，以达到平衡与共融促发展的目的（图 9-18）。

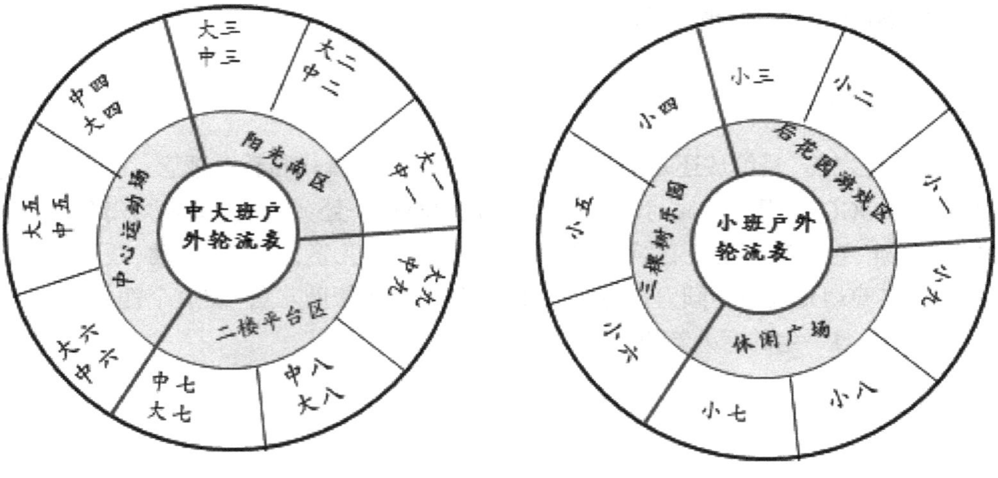

图 9-18　北仑区实验幼儿园户外活动

“九大体验馆”，沉浸室内体验馆的智趣。九大馆引入四季主题，结合关键经验，通过游戏体验、亲身实践、直接感知的方式促进幼儿多元全面发展（图 9-19）。

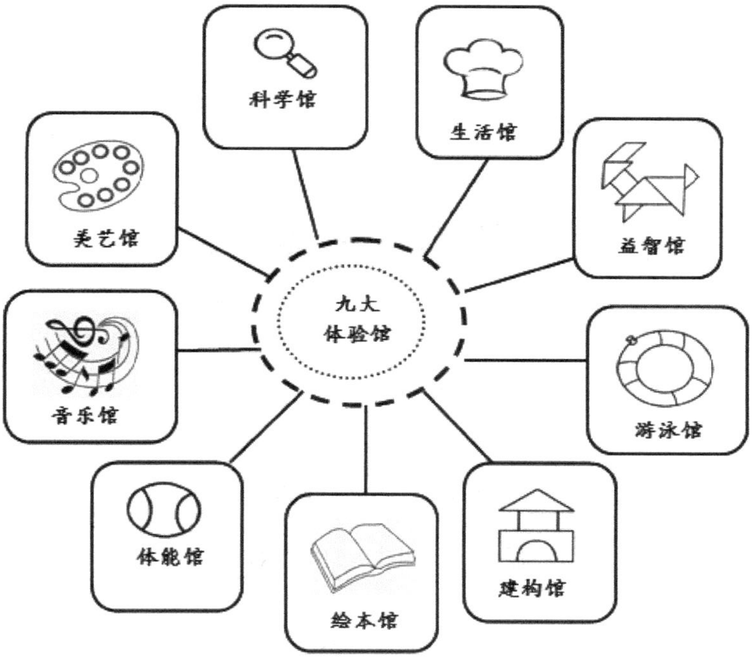

图 9-19　九大体验馆

(2)"源"启于一场新样态与旧程式的迭代

2015 年,北仑区实验幼儿园参加了学校、幼儿园文化品牌建设推进行动,在中国教育科学研究院基础教育研究所学前教育专家指导下顶层架构了"源之教育"品牌特色,形成了悦趣环境、游戏课程、活力团队、同心家园、和美管理五大项目教育体系。2017 年,幼儿园荣幸成为中国新样态学校联盟首批实验园,在专家引领下尝试以课程项目为突破口,进一步推进品牌的落地建设。至此,幼儿园"活之源,润童年"的游戏课程开始了深入的探索与实践。

绽放灵动之美,源自多元融合。如何激发成人的"灵动"?幼儿园从内部管理、家园合作、师资队伍三个层面提取了关键词:和源管理·和而不同,美美与共;汇源联动·同心合力,汇源成流;思源团队·思创兼备,初心为本。

2. 析"元素",架构"源之教育"之延展

(1)"源"长于成系列的多元体验课程

以中环体验馆作为阵地,通过持续而深入的体验课程课题研究,形成了自己的课程风格。从 2014 年至 2020 年,幼儿园多个关于体验馆课程建设的课题先后获得了宁波市科研课题一等奖、宁波市基础教育成果一等奖、宁波市教研课题一等奖,并获得了浙江省精品课程的认定。从雏形到日趋成熟,逐渐拥有了"1+2+1 体验"模式(图 9-20)、"四季体验课程案例"等多项实践成果。

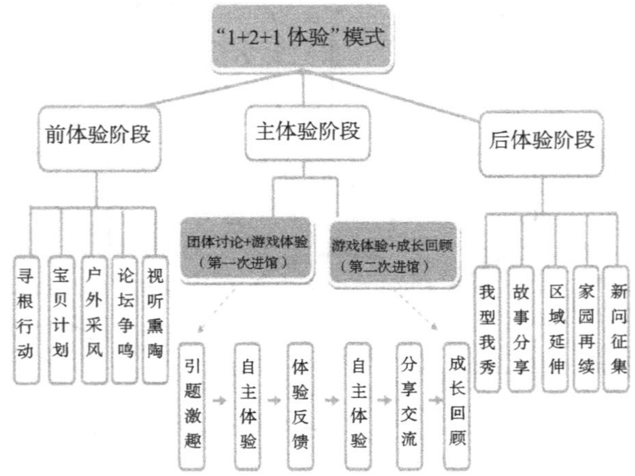

图 9-20　1+2+1 体验模式

契合年龄特点的分段式体验显成效，如图 9-21 所示。

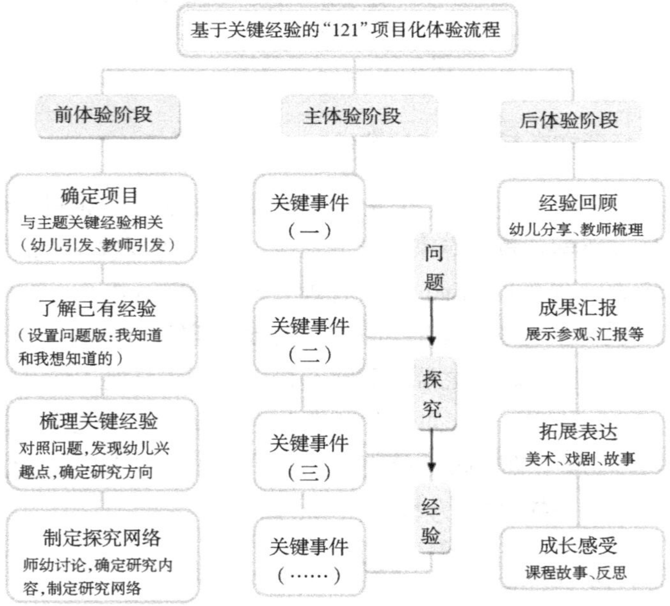

图 9-21　121 项目化体验流程

在课程实践中，项目体验的方式很好地带动了幼儿探索的积极性，绽放出自主体验良好样态。幼儿在这一过程中更加积极主动，有更多的表达表现，并且各项综合能力均得到了长足的发展。好奇好问是幼儿的天性，顺应着一个个关键事件的发生，幼儿以独特视角进行的发现活动频频发生，儿童主题得到了充分的尊重，而伴随着成人的同行，关键经验得到了很好的梳理。

遵循季节时序，开启四季多元体验之旅（图 9-22）。

在九大体验馆课程的跟进中，幼儿园还启用了“单馆递进”“多馆互通”等方式，使课程更加灵动。以“科技馆”为例，春季主题“运动和力”，夏季主题“探水之密”，秋季主题“光影斑驳”，冬季主题“趣玩磁电”，内容涵盖了《3—6 岁儿童学习与发展指南》科学内容的多个方面。还是以“科技馆”为例，幼儿园选择了“探水之密”这个夏季主题，通过情感态度、认识经验和方法能力三个维度解析关键经验，拓展体验内容（图 9-23）。

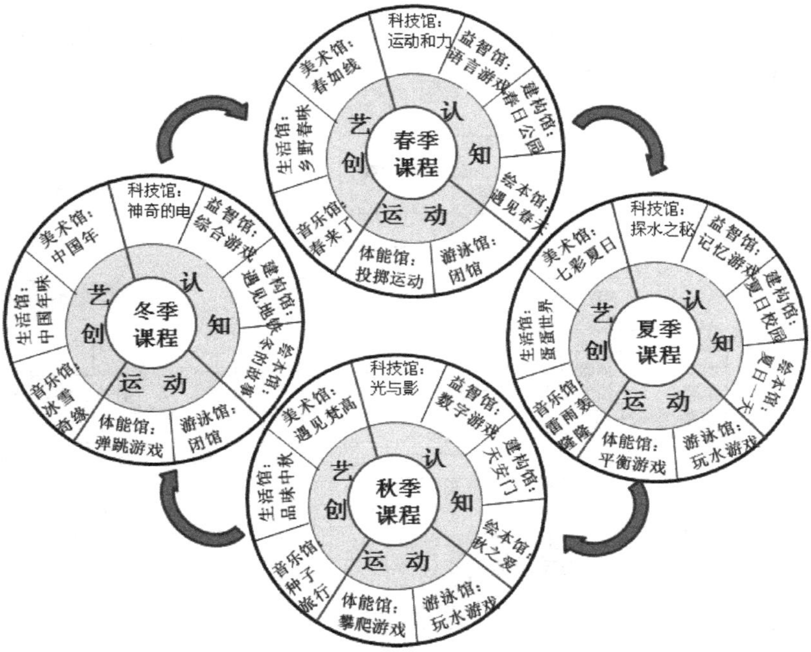

图 9-22　四季体系

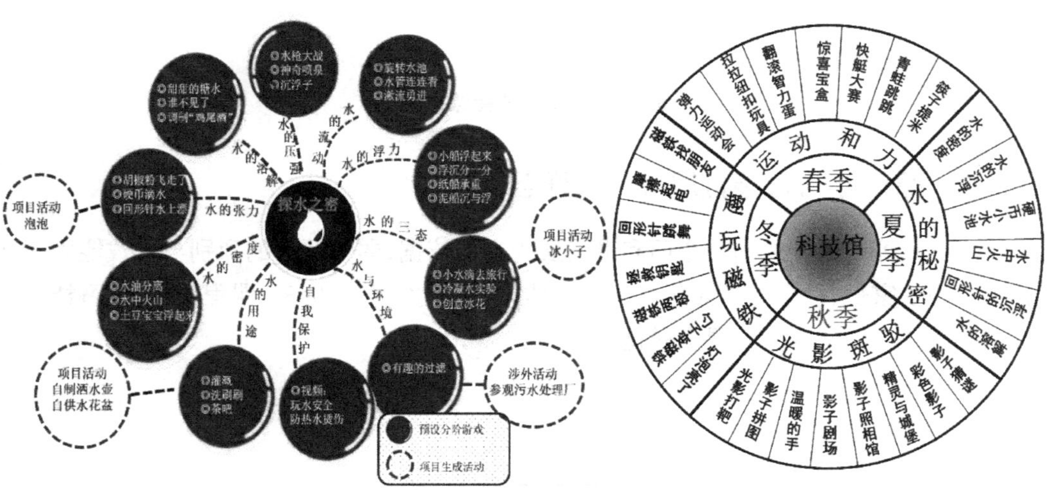

图 9-23　四季多元体系

（2）"源"长于兼容并包的课程实践走向

①园本化。将省编课程园本化分为两步走，即共性课程先导、个性课程后续，使幼儿在一个主题中所获得的关键经验不因教师个人的素养差异而形成明显差异。

②创生化。在放手让幼儿自己发现、自主探索、自由表达、自我成长的过程中，幼儿园积累了非常多来源于实践的体验活动。

③整合化。整合后的四季体验课程更加综合，指向全人发展。将幼儿园的节日活动——春芽童玩节、夏鸣艺术节、秋实科技节、冬运活力节纳入整个体验课程体系中。

四季体验课程体系如图 9-24 所示。

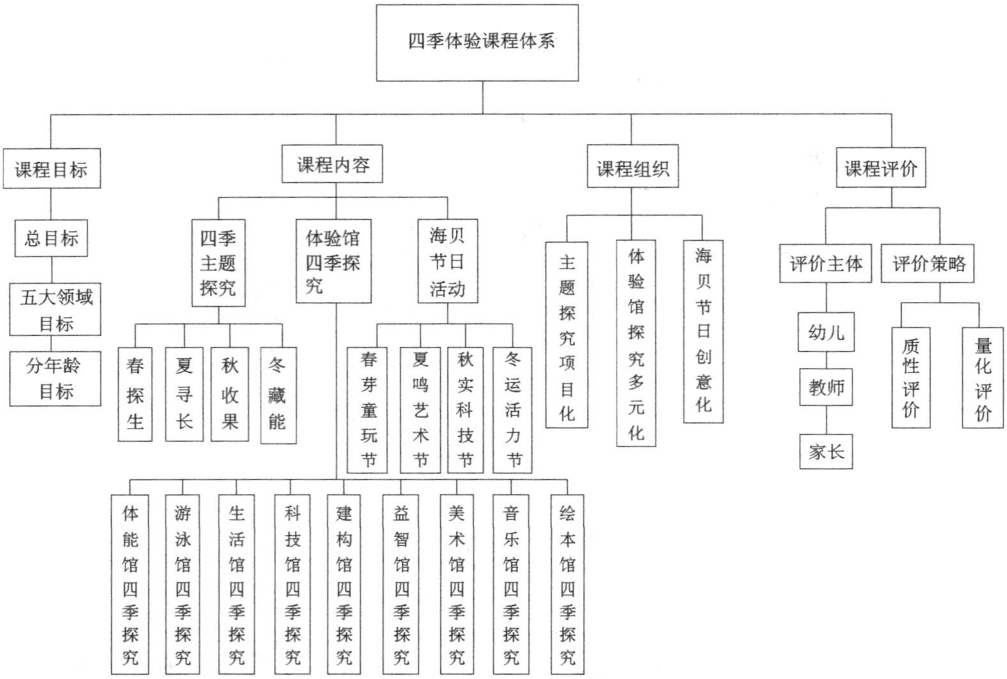

图 9-24　四季体验课程体系

3. 萃"源动力"，再接再厉践行新样态

体验课程评价以促进幼儿全面和谐发展为主要依据，弱化评价的甄别与选拔能力，构建了教师、幼儿、家长、社会等多元化的评价主体，选择用抽测、评价表、课程故事、学习档案、访谈等多种形式的评价方法开展多样化评价（表 9-3）。

表 9-3　体验课程评价

评价内容	评价指标	评价策略		评价方法
		质性评价	量化评价	
幼儿发展评价	健康领域发展目标 社会领域发展目标 科学领域发展目标 语言领域发展目标 艺术领域发展目标	幼儿成长档案 教师学习故事 区域游戏评价表 体验馆游戏评价 幼儿作品评价	学期幼儿五大领域发展班级自查 学期幼儿整体发展评估	观察记录法 作品分析法 个案分析法 访谈调查法
教师发展评价	环创能力（适宜性、教育性、丰富性、创新性） 引导能力（介入适时、引导有效） 观察能力（敏锐捕捉、分析判断） 评价能力（评价及时性、有效性、适宜性）	教师成长档案 教师工作手册 半日活动观摩 公开展示活动	教师绩效考核 教师基本功测评 班级环境创设、户外活动、区域开展情况、卫生保育月评比	访谈法 比较法 个案研究法 问卷调查法
课程实施评价	课程目标（目标适宜、符合年龄特点） 课程内容（结构合理、资源配置丰富） 课程组织实施（人员安排、作息合理、常规组织质量、课程保障等）	幼儿园课程推进会 课程实施专家指导 课程成果论坛交流 家长评课程	幼儿园自主评估 督导评估	调研法 访谈法 问卷调查法

（撰稿：宁波市北仑区实验幼儿园　胡蓉　张海静）

十、疫情背景下“空中阅之旅”的多维发生

【专家导读及点评】

宁波市北仑区中心幼儿园在疫情背景下开展了“空中教育”，是“阅之旅”教育的扩展与生发，是新形势下幼儿园教育的新样态，原有的“阅之旅”教育体系的内涵得到进一步延展和丰富。

团队研讨和课程审议是幼儿园“空中教育”产生与发展过程中的突出特点。教师们的团队协作和用情用心，不仅让幼儿在疫情期间感受到来自幼儿园和教师的持续不断的关怀和温暖，而且让家长和幼儿的家庭活动得到有质量的支持和指导。为了让幼儿园设计的活动更适合幼儿在家生活的特点，更适合不同家庭照护者的参与，教师团队不断追踪、深度调查，适时改进，适切生发，从而使幼儿园的“空中教育”充满活力、富有成效。

期望“空中教育”的路径和经验能够进一步提炼和丰富，并成为家园共育的常态。也期望能更多地调动家长的主动性和创造性，使家长在家园共育中贡献更多的智慧和力量。

（撰稿：刘占兰）

【幼儿园简介】

北仑区中心幼儿园创办于 1988 年，是一所北仑区教育局直属幼儿园、省一级六星级幼儿园。幼儿园占地面积 8127.5 平方米，建筑面积 8034 平方米，现有 18 个班级，531 名幼儿，教职工 88 名。幼儿园坚守“阅之旅”品牌文化，在“阅浸童年、快乐成长”核心理念的引领下，全面实施课程建设与改革。教师团队爱岗敬业、勤恳踏实，幼儿自信活泼、朝气蓬勃。作为浙江省示范园，始终秉持以幼儿为主体，以成长为核心，保教合一、科研兴园。先后被评为全国巾帼文明岗、省示范性幼儿园、省首批园本教研示范性幼儿园、省《幼儿园教育指导纲要》试点幼儿园、省 A 级餐饮服务食品安全示范学校食堂、省优秀家长学校、省优秀教师发展学校、市 2004—2014 教育系统平安学校、市精品校本项目园等。

1. 协同教研，让“阅之旅”更有深度

“空中阅之旅”是在幼儿园“阅之旅”品牌的基础上，借助网络的手段对幼儿及家庭进行的远距离的教育指导。2020 年疫情期间，幼儿园成立了“疫情防护小组”，开启了“空中阅之旅”（图 9-25）。

幼儿园通过前期调研，了解幼儿家庭现状；团队合作，研讨教育方案；分组落实，建设整理资源，组建了骨干教师引领团，生成 1~5 期的教育内容，并根据教师自选的形式，对相关内容进行制作（图 9-26）。

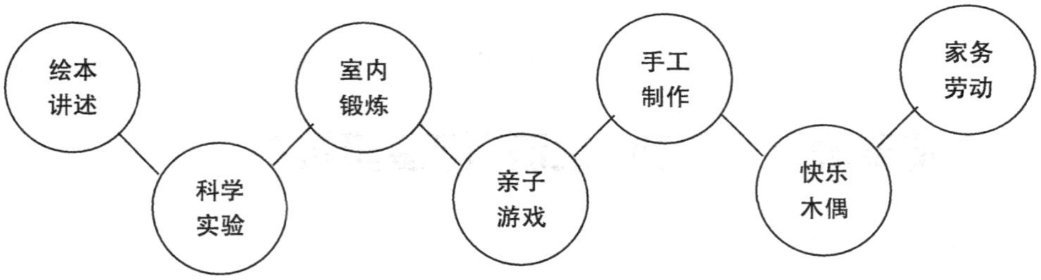

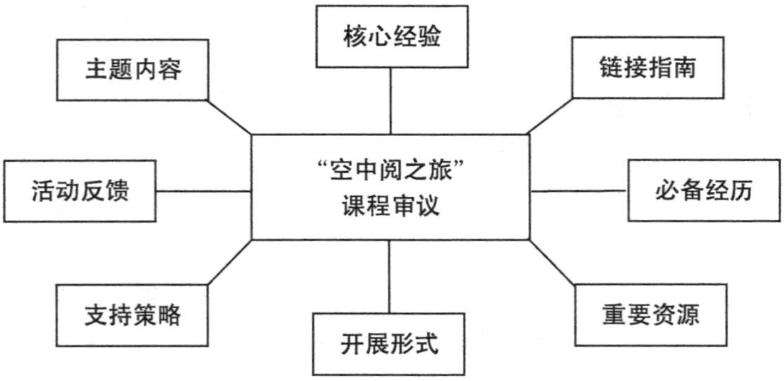

图 9-25 “空中阅之旅”课程

北仑区中心幼儿园寒假“空中阅之旅”活动计划

活动背景：2020 年春节突发新型冠状病毒感染的肺炎疫情，为避免相互传染，响应国家号召，原本的开学时间也相应延迟到 2 月 17 日之后。防疫期间，医务人员都是舍生忘死，作为幼儿园教师，也有自己的战场。为做好寒假延期的准备，为孩子、家长考虑，传播正能量，做好为人师表的正向引导。

活动目标：

1. 宣传正确防疫方式，利用平台渠道，为家长提供针对性的教育建议。

2. 发挥党员教师先锋作用，合理计划“空中课堂”活动内容，使幼儿在线下感受区幼专业的教学指导，丰富假期学习生活。

活动实施方式：教师以录像形式上传学习内容，公众微信号做好相应宣传，各班班主任做好班中宣传及后期反馈工作。2 月 11 日前发布一期公众号预告“空中学堂”内容，2 月 11 日——17 日之间每天一期“空中课堂”互动学习内容。

涉及相关人员：

策划组：黄碧锋、杨欢、占温梅、王丹凤、谢莲芬

宣传组：毛惠红、贺晶晶

审核组：张艺、黄碧锋、杨欢

班级宣传及后期反馈组：各班班主任

一次行动：“空中学堂”学习内容各项分工

内容	形式/内容	人员	审核时间	审核人员
绘本讲述	录音或视频	7 人	所有素材请在 2 月 6 日之前上交给相应审核老师，以视频方式的请加上一段文字说明（如绘本视频的请编辑一段绘本介绍的文字），其他请用 word 图文结合进行编辑	黄碧锋
科学实验	图文结合（选自网络的话请注明）	2 人		占温梅
室内锻炼	能够在家中进行相应的体育锻炼，视频或图文结合	2 人		黄碧锋
亲子游戏	视频或图文结合，能够丰富亲子活动，加深亲子情感	2 人		朱伊丽
亲子手工	视频或图文结合 结合废旧材料，就地取材	2 人		王丹凤
木偶制作	视频或图文结合 结合废旧材料，就地取材	1 人		谢莲芬
家庭劳动	图文结合	7 人		杨欢

后期审核教师将过审的素材发给毛惠红老师，由毛惠红老师与贺晶晶老师整理成微信公众号，由张艺老师最终审核。

注意：材料一定要就地取材，家中可以完成的。

各班班主任请做好后期反馈工作，我们会在每期内容后布置一些小任务，请家长用照片形式反馈参与情况，请大家及时收集反馈给相应审核教师。

一份课表：具体每日“空中课堂”课表安排

日期	2.11	2.12	2.13	2.14	2.15	2.16	2.17
内容	绘本故事	绘本故事	绘本故事	绘本故事	绘本故事	绘本故事	绘本故事
	亲子游戏	室内锻炼	亲子手工	科学实验	木偶制作	室内锻炼	亲子手工
	家庭劳动	家庭劳动	家庭劳动	家庭劳动	家庭劳动	家庭劳动	家庭劳动

一份安排：幼儿在家一日活动安排表（由第一期“空中课堂”公众号推送给大家）

时间	具体安排
7：00——8：30	起床穿衣，盥洗整理，吃好营养早餐
9：00——10：00	捧起小书，拿起画笔，动起小手，学习时刻
10：00——10：30	美味水果，多喝温水。（一日中多喝温水）
10：30——11：00	小小游戏，锻炼身体
11：00——12：00	美味午餐
12：00——13：00	饭后散步，家中走一走
13：00——15：00	静静午睡，精神百倍
15：00——17：00	游戏时刻，自主安排
17：00——19：00	美味晚餐
19：00——21：00	家庭自主安排，亲子阅读，进入睡眠

图 9-26　“空中阅之旅”活动计划

2. 持续跟进，让“阅之旅”更有温度

幼儿园“空中阅之旅”内容认领情况如表 9-4 所示。

表 9-4　北仑区中心幼儿园“空中阅之旅”内容认领

内容	形式	人员/内容	审核人员
绘本讲述	录音或视频	1. 黄碧锋《不一样的鼠年》 2. 徐寅《彩虹色的花》 3. 李丹《世界上最好的爸爸》 4. 林圆梦《兔子的胡萝卜》 5. 朱嘉艺《不睡觉的世界冠军》 6. 张薇《春节的故事》 7. 顾成杰《长颈鹿不会跳舞》	黄碧锋
科学实验	图文结合 （选自网络的话请注明）	1. 占温梅：和米做游戏 2. 黄立春：空气的秘密	占温梅
室内锻炼	能够在家中进行相应的体育锻炼，视频或图文结合	1. 周柯夷：一次性杯子的玩法 2. 卢燕琴：好玩的球	黄碧锋

续表

内容	形式	人员/内容	审核人员
亲子游戏	视频或图文结合,能够丰富亲子活动,加深亲子情感	1. 陈芬娜:水桶游戏 2. 贺晶晶:纸杯对对碰	朱伊丽
亲子手工	视频或图文结合 结合废旧材料,就地取材	1. 谢莲芬:可爱的小老鼠 2. 张静波:制作小雨伞	王丹凤
木偶制作		1. 乐袁梅:纸袋变手偶	谢莲芬
家庭劳动	图文结合	1. 张艺:煎荷包蛋 2. 杨欢:做汤圆 3. 毛惠红:水果圆子羹 4. 朱伊丽:叠衣服 5. 吴婷燕:蔬菜水果沙拉 6. 乐燕芬:鸡蛋饼 7. 周飞波:植物护理	杨欢
备注:所有素材请在 2 月 6 日之前上交给相应审核的教师,以视频方式的请加上一段文字说明(如绘本视频的请编辑一段绘本介绍的文字),其他请用 Word 图文结合进行编辑。			

“空中阅之旅”首推阶段,给家长提供了适宜的作息时间表,让孩子的生活作息更有规律;创设了教师线上家访活动,关心关爱每一位孩子;增设了疫情专线,让家长与孩子第一时间了解疫情发展的状况及预防措施。丰富的内容,多样的形式,让“空中阅之旅”的教育更有温度。

线上定期互动,优化亲子关系。教师要引导家长珍惜当前的亲子陪伴时光,多陪伴、多观察、多记录幼儿行为特点以及发展状况。鼓励家长积极主动地通过亲子互动的形式参与幼儿的游戏、运动、阅读、艺术制作等活动,优化亲子关系,实现高品质陪伴。借助“空中阅之旅”平台开辟了线上家访的活动,教师深入每家每户,关心关爱幼儿,并指导家长开展亲子教育(图 9-27)。

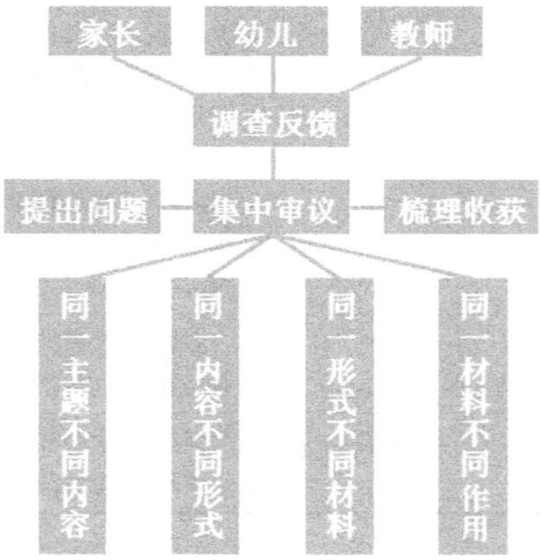

图 9-27 “阅之旅”反馈

3. 持续升级，让“阅之旅”更有厚度

（1）同一主题、不同内容

每期的内容要围绕一个共同的主题，生发出相对应的绘本故事、亲子游戏、体育锻炼、劳动教育的内容，使“空中阅之旅”的内容具有主题性。

（2）同一内容、不同形式

针对同一内容，通过不同的形式进行展现，如“杯子乐”内容，可以设定亲子小游戏，如纸杯对对碰，亲子体育游戏，好玩的纸杯等。

（3）同一形式、不同材料

在和纸玩游戏这个主题中，因为材料的准备相对比较简单，生发出两项亲子手工创意。围绕手工创意这一形式，可以运用不同的纸材料进行手工创意制作。

（4）同一材料、不同作用

在材料的选择上也会更为用心，尽可能是家里现成有的，或是可以以物代替的，让幼儿和家长能不出门就玩到有趣的游戏。

4. 线上发布，让“阅之旅”更有广度

（1）多彩内容推送——让孩子更爱游戏

在推送游戏内容时都会附上详细的年龄段游戏指南，针对不同的年龄段，设定不同的游戏目标，以符合各年龄段幼儿的游戏能力，满足各年龄段幼儿学习需求。

（2）闪亮的星时刻——让社会更多关注

在“空中阅之旅”平台又增设了闪亮星时刻专线，将亲子齐乐的学习、游戏成果，通过文字、图片、视频等方式推送出来，让更多的家庭观看学习，达到学习资源共享的作用。

（3）多渠道互动沟通——让家长更懂教育

开设了“空中阅之旅”家教指导栏目，通过自创和转载相结合的方式，帮助、指导家长做好家庭教育，促进和谐亲子关系的形成。

总之，在新冠肺炎疫情的背景下，“空中阅之旅”能始终坚持以儿童为本、儿童优先的原则，利用网络平台为幼儿推送“空中游戏”，时刻关注幼儿的心理变化、生活习惯、游戏学习，让教育更有爱；对家长进行“空中指导”，随时解决家长的焦虑困惑、关注亲子陪伴的有效性，让教育更有心。切实有效地落实了“停课不停学”的教育政策，实现了“宅家也快乐”的

教育理念，实现了空中教育多维度的发生。

（撰稿：宁波市北仑区中心幼儿园　杨欢）

十一、田园课程的园本建构模式

【专家导读及点评】

梅山中心幼儿园（以下简称“梅幼”）的田园课程以自然主义教育为理论基础，强调顺应幼儿的天性，遵循自然节律；充分挖掘和利用幼儿园和周边的自然资源与文化资源，支持幼儿的自由探索和自主游戏。

幼儿园建构的田园课程以不同的活动形式涵盖了《幼儿园教育指导纲要》和《3—6 岁儿童学习与发展指南》中五大领域的学习内容。其中，田园项目活动也体现了课程的生成性和对幼儿兴趣的尊重；田园自主游戏也符合幼儿园以游戏为基本活动的特点和理念。总之，从课程的内容和形式我们可以预知，幼儿将在生动有趣的活动中，在与自然事物的互动中感知体验、主动探索、快乐学习。

园本课程的构建是一个不断探索和追寻科学教育规律的过程，是努力尊重个体差异使每个幼儿都能得到适宜教育的过程，也是教师创造性地工作和积蓄教育智慧的过程。因此，园本课程的建设也是一个不断完善的过程。梅山中心幼儿园田园课程的七种活动形式所承载的教育内容、所体现的路径方法还有待于进一步的逻辑思考和研究探索。

（撰稿：刘占兰）

【幼儿园简介】

幼儿园创建于 1980 年 9 月，是浙江省一级（五星级）幼儿园。幼儿园地处海岛农村，土地资源丰富，传统文化浓厚，还拥有两亩（约 1333 平方米）多的土地作为田园课程的实践基地，为实施田园课程提供了有力的保障。幼儿园园舍环境优美，设施配套齐全，是幼儿生活、游戏、活动的乐园。梅山中心幼儿园结合当地的自然文化资源，依托苏霍姆林斯基的“田园教育”，让孩子们到田园里去，并且得到精神和心灵的回归，最终达到本真健康的发展。

田园课程以“田园主题课程、田园项目活动、田园自主游戏、田园节日文化”四种形式开展，打造“园内南瓜乐园、园外农业基地、家乡自然风景”三类活动实践基地。教师和幼儿互为评价主体，整合实践田园课程。

1.“萌于自然，达本真之发展”的育人理念

梅幼以“回归自然、顺应天性、本真发展”为宗旨，形成育人理念。梅幼利用海岛广袤的自然资源和质朴的乡村文化，打造顺应幼儿天性的自然主义教育最好的实践基地，坚定以“萌于自然，达本真之发展”为宗旨的育人理念。田园课程倡导生态、自然、淳朴的教育，顺

应幼儿的天性，借助周围自然环境和自然资源，关注幼儿的亲身体验，遵从儿童的种种需求，运用直观性原则，让儿童去了解一切事物，发展他们的独立精神、观察能力和灵敏性，使其成为身心和谐、有灵性的人。

2.“激发兴趣、积淀经验、培育灵性”的课程目标

梅幼形成了“激发兴趣，积淀经验，培育灵性”的田园课程教育目标，旨在使幼儿喜欢参与真实劳动，发展各项体能，学习生活自理；乐意与人自然交流，喜欢创编故事，喜欢表达想法；喜欢体验田园活动，乐与同伴交往，关心热爱梅幼；乐于观察周围环境，发现自然现象，发展探究能力；能够崇尚自然之美，乐于创造想象，大胆艺术表现。

3.“立足生活，贴近自然，融合开展”的课程内容

以田园活动与季节时令的关系为线索，以“田园主题课程”“田园项目活动”“田园自主游戏”“田园节日文化”四个方面开展，从不同维度、脉络，深入全面开展田园课程。季节和自然的变化是田园课程的风向标。比如幼儿园开展田园主题课程时，因考虑到与动植物的生长周期的密切联系，在实施主题活动时一般会将主题划分到“春夏”及“秋冬”两个时间段进行，一个主题为2~3周时间。

4.“走进自然，注重体验，积累经验”的实践课程活动

充分利用“南瓜乐园”这一课程基地让课程更加接地气，更加亲自然，更加重实践。结合健康、语言、社会、科学、艺术五大领域核心经验，幼儿园通过多种活动形式来开展田园课程：田园劳作活动——亲近自然，体验先行；田园探究活动——探索自然，启蒙随行；田园故事活动——热爱自然，抒发伴行；田园艺创活动——艺创自然，诗意同行；田园项目活动——感悟自然，兴趣前行；田园自主游戏——体验自然，快乐随行；田园节日文化：崇尚自然，快乐践行。

（1）开拓课程资源

形成田园课程的三类活动基地，基地之间相互连接、互为补充，成为保障活动的可利用资源。

①园内基地：南瓜乐园。南瓜乐园分为蔬菜种植区、水果采摘区、动物饲养区。

②园外基地：农业基地。梅山具有良好的生态环境基础，早在2014年就被评为“国家级生态乡”，幼儿园充分利用梅山的地域特点，通过社会实践活动、春游秋游等方式，将农业基地转化为教育资源，作为园内资源的补充，扩大了幼儿的活动区域。

③自然风景：家乡自然。整合了以幼儿园为中心方圆五公里的家乡自然风景，如梅山花海、牛头山自然风景区、梅东大闸自然公园等，连接幼儿园周围的资源网络，形成文化规约。

在建设三类活动基地之后，通过筛选、改变、和应用，幼儿园能够将基地资源转化为教育

资源，并在田园课程实施中均衡性地加以运用，为课程实施提供支持和保障。

（2）开展课程评价

以“形式丰富，主体多元，内容科学”为导向，开展课程评价。在评价中关注个体差异，将终结性评价与形成性评价相结合，重视评价指标的多元化、评价方法的多样化和评价主体的多元化，针对三个维度进行评价，即幼儿发展的有效性、课程方案的合理性、实施过程的科学性。

评价幼儿发展要聚焦观察，了解幼儿发展水平。评价实施过程要进行及时调整，以保证课程实施过程中的科学性。对于课程方案的评价，其评价主体除了教师本身以外，还加入了家长和来园观摩的教师，从第三方的角度审视和评价幼儿园的课程方案，汲取和交流意见，完善课程方案。

（3）完善课程管理

以“执行制度，人性管理，实效开发”为保障，完善内部管理。从人员安排、课程实施制度、教师培训等方面明确保障机制，从而确保课程能得到较好的实践与发展。

健全课程管理网络，保障园本课程开发的实效性。形成园长负责制下的园本课程管理，形成横向协作、上下联动的管理机制。成立课程领导小组，由园长亲自领导，由教科研组长、骨干教师代表组成。

创新课程研讨模式，提升教师研究科学性。通过教研训多种方式，多途径提升教师的专业素养，包括专家引领、自我培训、同伴交流。

（撰稿：宁波市北仑区梅山中心幼儿园　唐丹妮）

十二、“蒙爱”课程的建构

【专家导读及点评】

戚家山中心幼儿园建于2014年，也是学前教育快速发展时期的产物。非常可贵的是幼儿园所建构的“蒙爱”教育体系和“蒙爱”课程，充分考虑了园内幼儿90%以上为“流动儿童”即新北仑人的现实状况，试图通过爱的教育让这些孩子们有归属感和安全感，顺利适应和融入新环境，获得快乐幸福的童年生活。

“蒙爱”课程“三爱三亲”的课程内容、四大类活动形式既充分考虑了幼儿的年龄特点和认识规律，又贴近幼儿的生活实际，符合幼儿社会性学习的特点。可以预知：这些课程活动能让新北仑儿童深入了解和爱上北仑，使其感受到从幼儿园日常生活到社区社会生活的各个方面和各种职业的人们，对他们浓浓的关爱和真诚的接纳。

戚家山中心幼儿园“蒙爱”课程的理念和构建思路是北仑区园本课程建设的典型代表，对我们深度思考幼儿园园本课程的理念与价值、适宜性和有效性具有重要的启发和借鉴意义。期望“蒙爱”课程的内容进一步丰富和深化，“蒙爱”课程的体系不断改进和完善。

（撰稿：刘占兰）

【幼儿园简介】

戚家山街道位于宁波市北仑区西北隅，戚家山因民族英雄戚继光在此地抗击倭寇而得名。戚家山中心幼儿园于2014年9月1日正式开学，隶属北仑区教育局和戚家山街道，是一所北仑区辖区中心幼儿园。幼儿园总占地面积约6059.6平方米，共有12个班级，在园幼儿350名左右。幼儿园本着“以人为本，幼儿发展优先”的教育理念，充分考虑到园内90%以上的幼儿为“流动儿童”的教育对象结构特点，提出“蒙爱”教育的理念，明确幼儿园“爱的教育”定位，让爱转化为关心与陪伴、尊重与倾听、信任与鼓励、保护与教育，让幼儿在蒙受满满的真、善、美的同时，激发起他们内心最初的真、善、美。

1.“蒙爱”课程的内涵

“蒙爱”课程是“蒙爱”教育的载体和核心（图9-28至图9-30），就是以爱为灵魂，以社会领域为核心，由多样化的活动构成的涉及健康、语言、社会、科学、艺术五大领域的综合性幼儿园课程。

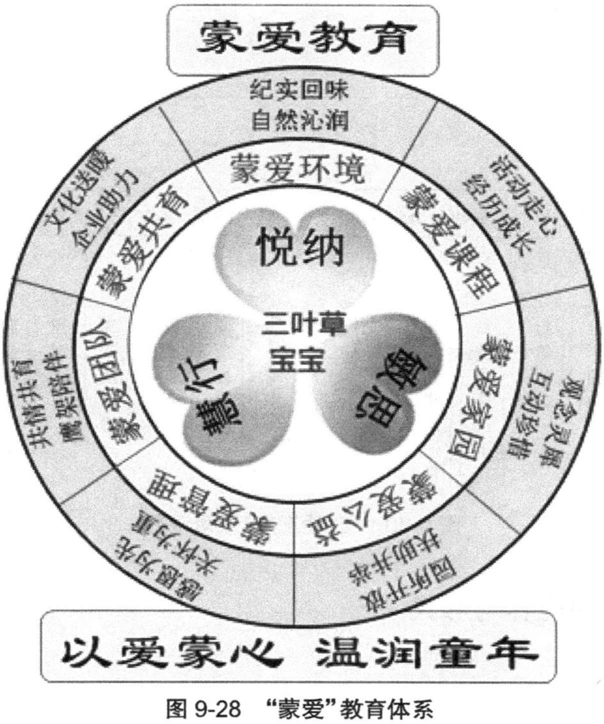

图9-28　“蒙爱”教育体系

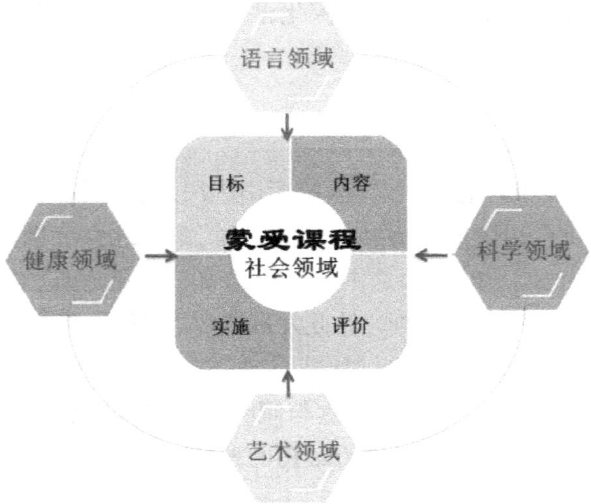

图 9-29 “蒙爱”课程内容

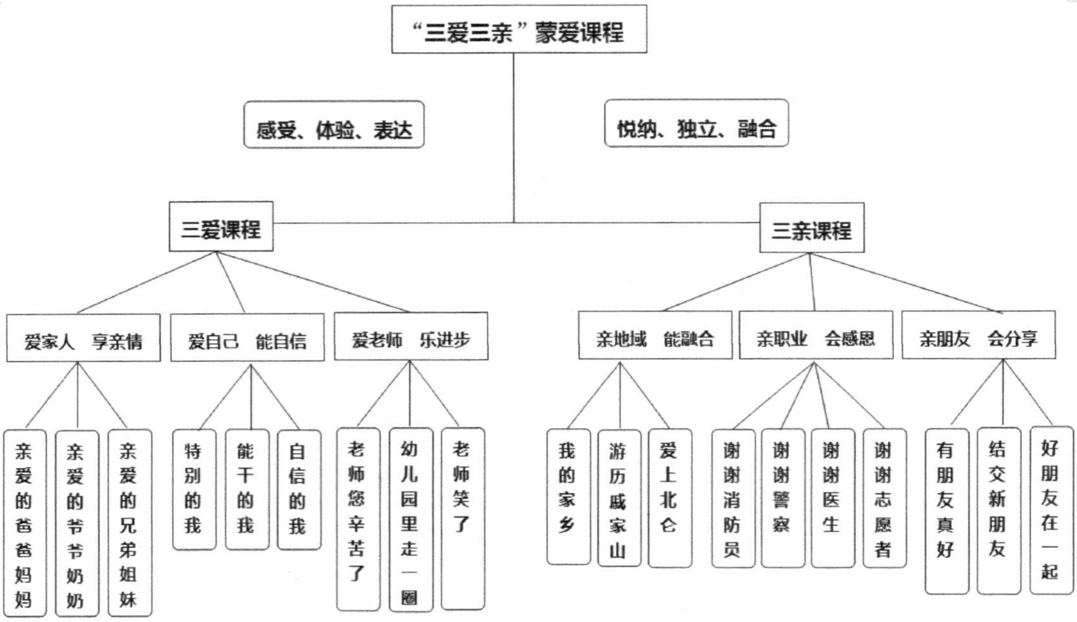

图 9-30 “三爱三亲”蒙爱课程

2.“蒙爱”课程的内容与形式

(1)基地式社会活动

基地式社会活动主要指通过挖掘周边社会资源,建立联动基地,包括文化和生活两大类。

1）文化类基地及活动

北仑的公共文化基地设施见表 9-5。文化基地以三馆（中国港口博物馆、北仑图书馆、北仑文化馆）为主，都是市、省乃至全国级优秀馆，资源丰富、活动精彩，是“蒙爱”课程的重要地方资源。

表 9-5　公共文化基地设施

文化基地	指向	幼儿园请进来	家长送过去
		了解并感受 → 参与并喜欢	
中国港口博物馆	港口文化	介绍港口，介绍港口博物馆分布，介绍港口博物馆活动（尤其是孩子能参加的），带着孩子们一起拓印古船上的文宝	参观北仑港码头，参观中国港口博物馆，关注博物馆微信公众号并根据上面的信息不定期参加博物馆活动
北仑图书馆	书香文化	介绍图书馆分布，介绍馆内优秀绘本藏书，介绍图书馆活动（尤其是孩子能参加的），向孩子赠送绘本，工作人员带孩子一起阅读，幼儿园申请集体会员，一季度一次 200 本绘本借阅的优待	参观北仑图书馆，不定期带孩子去幼儿图书部阅读和个别借阅，关注图书馆微信公众号并根据上面的信息不定期参加图书馆各种公益活动
北仑文化馆	民俗文化	介绍北仑民风民俗、民间艺术及大师，介绍北仑文化中心分布，介绍“文化加油站”活动，介绍北仑的各种民间文化活动（尤其是孩子能参加的），和孩子一起开展部分文化活动，如舞龙舞狮、做鹞子、包宁波汤圆等	参观北仑文化中心，关注文化馆微信公众号并根据上面的信息不定期参加北仑当地的各种文化公益活动，如庙会、画展、儿童剧演出、制作香袋等

2）生活类基地及活动

孩子们近距离接触各行各业（包括消防队、派出所、医院、以社区为平台的企业公益站）的人和事，感受他们对自己生命、生活的重要和关爱，以便对各行各业的人萌生敬重和感恩（图 9-31）。

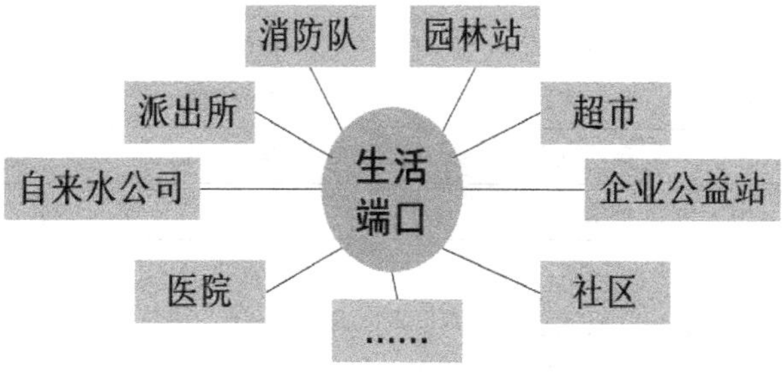

图 9-31　生活端口

相对于再现性体验而言，原创性体验更指向幼儿亲身参与某项活动或事件后所获得的一手的有关知、情、意、行的感悟。所以，尽可能创设条件让幼儿时时置身于一切活动与事件的真实情境当中去，这也离不开社会各界的共育支持。

（2）主题式节日活动

开展主题式节日活动，首先要找出明确的“蒙爱”主题。比如，考虑到幼儿园90%以上的幼儿都是外来务工者的孩子，幼儿园就把国庆节活动的主题定为“来自五湖四海的你”。

（3）载体式心辅活动

主要载体包括绘本故事、微视频、纪录片、小游戏、小实验、小操作等（表9-6）。

表9-6　心理辅导活动

心理目标	悦纳	独立	自信	感恩
具体活动	其实你很好	我会照顾自己	大胆说出来	爸妈辛苦了
	特别的我	试一试才知道	勇敢面对拒绝	有朋友真好
	公平不公平	快乐小当家	困难我不怕	关心我们的人
	不一样没关系	独自睡觉好	紧张怎么办	来之不易
	小波生气了	生活我做主	再坚持一下	送你一个惊喜
	……	……	……	……

（4）体验式游戏活动

幼儿园创设了7个游戏场。每班每天使用转盘式轮流方式选择当天能玩一个游戏场。这不但丰富了孩子自主游戏的内容，还能提高其各项技能（表9-7）。

表9-7　体验式游戏活动

名称	内容	名称	内容
交通驿站	骑行游戏	快乐涂鸦	涂鸦创作
蒙爱剧场	装扮表演	万能工匠	建构游戏
沙水世界	玩沙玩水	蒙爱小家	野餐野趣
爱心农场	种植饲养		

3.“蒙爱”课程的组织与实施

（1）践行系列活动——知情意行

“蒙爱”课程各活动都以系列活动的方式进行，尤其是社会活动和节日活动，系列网更是完整的。在整个系列活动中，前期都是让孩子蒙受爱的小活动，而后期则是侧重让孩子萌发爱、表达爱的小活动。每一个系列活动都指向孩子健康、语言、社会、科学、艺术五大领域的学习、锻炼与发展。

(2)聚焦内心体验——心流(fow)特质

幼儿社会学习具有四个特点:模仿、同化、强化和体验。前三种侧重形式参照,而体验是驱动内因的、走心的学习方式,有利于幼儿在抽象的社会性问题上形成自觉性和主动性。因此,体验环节是“蒙爱”课程中不可或缺和替代的重要组成部分。因此载体式心辅活动更需要教师的巧妙设计。

(3)丰富价值指向——多元发展

1)以社会领域为核心的五大领域共同参与

图 9-32 中每个系列活动除了重点指向社会性培养,同时指向其他各领域的学习、锻炼与发展。

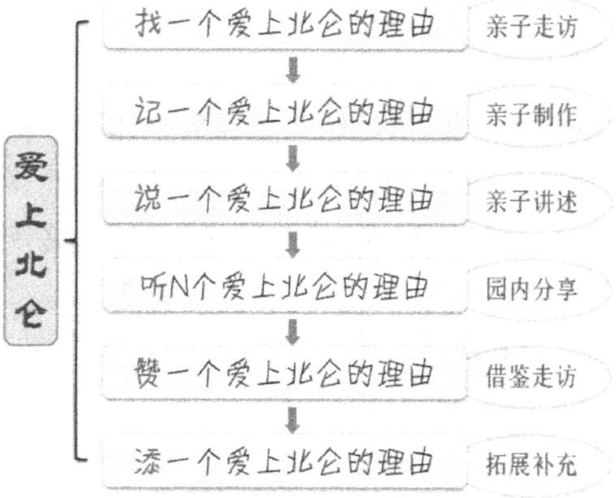

图 9-32　爱上北仑

2)以心理体验为核心的各种感官共同感受

创设各种途径让孩子通过各种通道去全方位感受。

3)以充分理解为核心的各种素材共同运用

绘本、微视频、纪录片都是孩子们喜闻乐见的心灵旅行载体,能带给孩子从“其他形象→我们→我”逐步渐进的自我心理理解过程。还可以利用实验、操作、游戏尝试等,如中国港口博物馆的叔叔阿姨们进园带孩子们一起亲手体验拓印文物。

4)以个性表达为核心的各种方式共同融合

不同孩子,表达爱的形式也是多样的。一个微笑、一个拥抱、一句赞美、一次惊喜、一张卡片等,都是孩子们最纯真美好的表达,同样值得悦纳与感恩。

(4)营造流淌爱意——环境熏陶

1)爱的熏陶和感染

每月一诗、每季一书、每角一景都营造着相关的美的意境,流淌着积极的情感,触动了孩子们内心深处爱自然、爱家乡、爱生命的情感,带领着他们去主动想象、追求和创作。

2)爱的回味和延伸

将孩子参与过的一系列活动从头到尾进行梳理,并通过文字、照片、图片等各种记录方式呈现在环境中,让孩子对活动有一个整体的回忆,家长也可以驻足欣赏,看看孩子的表现,了解孩子在园表现。

3)爱的传递与互动

通过千面墙、心愿墙、提示墙等无声的提示进行爱的教育,孩子们可以通过图片、标识、文字、线条等知道做什么、怎么做,感受到幼儿园无时无刻的关爱和温暖。家长们也可以通过"会说话"的小标识解决需要个别化关注、沟通的问题。

4)爱的自然与生态

爱心农场让孩子们萌发对自然的喜爱和探索欲望;生态绿地让孩子们在野草地里发现各种各样的秘密和惊喜;自然部落让自然角突出每个孩子各自的需要,进行各种种植实验活动。

4."蒙爱"课程的评价

参考全美幼教协会(CNEYC)编制的《幼儿园课程整体评价标准(价值标准)》和我国台湾蔡秋桃著的《幼稚园课程通论》中的《幼儿园课程整体评价标准》等,对蒙爱课程进行评价。

①评价的目的:对课程的价值、适宜性、效益等做出判断,必须坚持客观、真实、自然,从而对课程的改进和应用做出指导。

②评价的主体:家长、社会、主管部门等多方共同参与,评价幼儿、教师。

③评价内容及方法如表 9-8 所示。

表 9-8 评价内容及方法

阶段	评价内容	评价方法
实施前	需求评估,明确"蒙爱"课程对整个幼儿园课程的补充作用以及对孩子发展的意义	调研发现本园幼儿 90%以上幼儿属于外来务工人员的孩子,流动性大,爱缺失严重。需要有这样的课程给予他们"蒙爱"安全感和成长的幸福感
实施中	四种活动的分类、方案及流程实施合理。 在实施过程中,幼儿参与活动的主动性、有爱的思想、情绪、语言、行为的表现跟踪比较。教师自身的内心成长和设计、实施能力的提升。 师幼互动质量。 学习环境的促进	发放家长问卷:幼儿回家后的活动反馈、反馈语汇量、反馈时的情绪及正面描述倾向等;家长参与活动的感想、发现孩子以及自身的变化。 幼儿活动现场事件记录、幼儿自身的感受、清晰描述问卷。 教师学习故事的记录分析及对自我感悟与成长的描述。 在课程展示过程中,观摩教师的感受与评价
实施后	课程达成的程度、实效良好	来自社会各单位各部门的反馈。 报纸、杂志等发表。 幼儿、教师获得的发展性成果
备注:形成性评价和终结性评价相结合,定性评价和定量评价相结合		

(撰稿:宁波市北仑区咸家山中心幼儿园 金晓芸)

后　　记

本书系中国教育科学研究院中央级公益性科研院所基本科研业务费专项资助项目:学校育人模式整体建构的理论与实践研究(课题编号:GYH2019007)资助成果。

本书是集体研究的成果,各章撰写成员如下:第一章方铭琳、第二章牛楠森、第三章李建民、第四章李红恩、第五章王玉国、第六章单志艳。中小学案例点评专家也是前六章的撰写者,幼儿园案例点评专家特邀中国教育科学研究院资深研究员刘占兰博士、易凌云所长。全书写作框架由方铭琳、李建民、易凌云共同商定,统稿由方铭琳完成。

本书要特别感谢中国教育科学研究院马涛副院长、于发友副院长、合作发展处李晓忠处长、基础教育研究所李铁安所长、中国教育科学研究院原基础教育研究所所长陈如平研究员的大力支持和指导,还要感谢中国教育科学研究院教育综合改革实验区宁波市北仑实验区王明良局长、康海东副局长、张曙波副局长,广州市荔湾实验区扶元泳局长、荔湾区原教育局徐启贵局长、原教研院陈秋兰院长、刘琨主任、刘婉莉老师。

由于时间和水平有限,本书难免有错讹之处,请读者批评指正。